„Bücher sind wie Fallschirme. Sie nützen uns nichts, wenn wir sie nicht öffnen.“

Gröls Verlag

Redaktionelle Hinweise und Impressum

Das vorliegende Werk wurde zugunsten der Authentizität sehr zurückhaltend bearbeitet. So wurden etwa ursprüngliche Rechtschreibfehler *nicht* systematisch behoben, denn kleine Unvollkommenheiten machen das Buch – wie im Übrigen den Menschen – erst authentisch. Mitunter wurden jedoch zum Beispiel Absätze behutsam neu getrennt, um den Lesefluss zu erleichtern.

Um die Texte zu rekonstruieren, werden antiquarische Bücher von Lesegeräten gescannt und dann durch eine Software lesbar gemacht. Der so entstandene Text wird von Menschen gegengelesen und korrigiert – hierbei treten auch Fehler auf. Wenn Sie ebenfalls antiquarische Texte einreichen möchten, finden Sie weitere Informationen auf www.groels.de

Viel Freude bei der Lektüre wünscht Ihnen das Team des Gröls-Verlags.

Adressen

Verleger: Sophia Gröls, Im Borngrund 26, 61440 Oberursel

Externer Dienstleister für Distribution & Herstellung: BoD, In de Tarpen 42, 22848 Norderstedt

Unsere „Edition | Werke der Weltliteratur“ hat den Anspruch, eine der größten und vollständigsten Sammlungen klassischer Literatur in deutscher Sprache zu sein. Nach und nach versammeln wir hier nicht nur die „üblichen Verdächtigen“ von Goethe bis Schiller, sondern auch Kleinode der vergangenen Jahrhunderte, die – zu Unrecht – drohen, in Vergessenheit zu geraten. Wir kultivieren und kuratieren damit einen der wertvollsten Bereiche der abendländischen Kultur. Kleine Auswahl:

Francis Bacon • Neues Organon • **Balzac** • Glanz und Elend der Kurtisanen • **Joachim H. Campe** • Robinson der Jüngere • **Dante Alighieri** • Die Göttliche Komödie • **Daniel Defoe** • Robinson Crusoe • **Charles Dickens** • Oliver Twist • **Denis Diderot** • Jacques der Fatalist • **Fjodor Dostojewski** • Schuld und Sühne • **Arthur Conan Doyle** • Der Hund von Baskerville • **Marie von Ebner-Eschenbach** • Das Gemeindekind • **Elisabeth von Österreich** • Das Poetische Tagebuch • **Friedrich Engels** • Die Lage der arbeitenden Klasse • **Ludwig Feuerbach** • Das Wesen des Christentums • **Johann G. Fichte** • Reden an die deutsche Nation • **Fitzgerald** • Zärtlich ist die Nacht • **Flaubert** • Madame Bovary • **Gorch Fock** • Seefahrt ist not! • **Theodor Fontane** • Effi Briest • **Robert Musil** • Über die Dummheit • **Edgar Wallace** • Der Frosch mit der Maske • **Jakob Wassermann** • Der Fall Maurizius • **Oscar Wilde** • Das Bildnis des Dorian Grey • **Émile Zola** • Germinal • **Stefan Zweig** • Schachnovelle • **Hugo von Hofmannsthal** • Der Tor und der Tod • **Anton Tschechow** • Ein Heiratsantrag • **Arthur Schnitzler** • Reigen • **Friedrich Schiller** • Kabale und Liebe • **Nicolo Machiavelli** • Der Fürst • **Gotthold E. Lessing** • Nathan der Weise • **Augustinus** • Die Bekenntnisse des heiligen Augustinus • **Marcus Aurelius** • Selbstbetrachtungen • **Charles Baudelaire** • Die Blumen des Bösen • **Harriett Stowe** • Onkel Toms Hütte • **Walter Benjamin** • Deutsche Menschen • **Hugo Bettauer** • Die Stadt ohne Juden • **Lewis Caroll** • *und viele mehr….*

Peter Rosegger

Als ich noch der Waldbauernbub war

Jugendgeschichten aus der Waldheimat

Inhalt

Ich bin daheim auf waldiger Flur

Ich bin daheim auf waldiger Flur,
Mein Hüttchen ist ein grüner Baum,
Mein Ruhebett der Wiesensaum
Am Herzen der Natur.

Ein Rehlein kommt durch Zweige dicht,
Mir dringt ans Ohr sein weicher Laut,
Es sieht mich an, es spricht so traut,
Und ich versteh' es nicht.

Nun kommt ein blühend Mädchen noch,
Und sinnend steht es auf der Flur;
Es sieht mir stumm ins Auge nur,
Und ich versteh' es doch.

Von meinen Vorfahren

Bauerngeschlechter werden nur in Kirchenbüchern verbucht.

Das Kirchenbuch zu Krieglach, wie es heute vorliegt, beginnt im siebzehnten Jahrhundert mit dem Jahre 1672. Die früheren Urkunden sind wahrscheinlich bei den Einfällen der Ungarn und Türken zugrunde gegangen. Zu Beginn des Pfarrbuches gab es in der Pfarre schon Leute, die sich Roßegger schreiben ließen. Nach anderen Urkunden waren in jener Gegend schon um 1290 Rossecker vorhanden. Sie waren Bauern. Teils auch Amtmänner und Geistliche. In Kärnten steht noch heute eine Schloßruine, Roßegg oder Rosegg genannt; man könnte also, wenn man hoffärtig sein wollte, sagen, die Roßegger wären ein altes Rittergeschlecht und obiges Schloß sei ihr Stammsitz. Aber diese Hoffart brächte zutage, daß wir herabgekommene Leute wären. – Bei Bruck an der Mur in der Steiermark steht ein schöner Berg, der auf seiner Höhe grüne Almen hat und einst viele Sennhütten gehabt haben soll. Dieser Berg heißt das Roßegg. Man könnte also, wenn man bescheiden sein wollte, auch sagen, die Roßegger stammten von diesen Almen, wo sie einst Hirten gewesen, Kühe gemolken und Jodler gesungen hätten. – In der nächsten Nachbarschaft der Krieglacher

Berggemeinde Alpel, in der Pfarre Sankt Kathrein am Hauenstein, der Gegend, die einst von Einwanderern aus dem Schwabenlande bevölkert worden sein soll, steht seit unvordenklichen Zeiten ein großer Bauernhof, von jeher insgeheim „beim Roßegger“ genannt, trotzdem die Besitzer des Hofes nun schon lange anders heißen. Möglich, daß genannter alter Bauernhof das Stammhaus der Roßegger ist. Diese sind ein sehr weitverzweigtes Geschlecht geworden; in Sankt Kathrein, in Alpel, in Krieglach, in Fischbach, in Stanz, in Kindberg, in Langenwang usw. gibt es heute viele Familien Roßegger, deren Verwandtschaft miteinander gar nicht mehr nachweisbar ist. Zumeist sind es einfache Bauersleute. Ein Priester Rupert Roßegger hat große Reisen gemacht, darüber geschrieben und auch Gedichte verfaßt. – Das, was ich von meinen Ahnen weiß, hat mir größtenteils mein Vater erzählt, er hat besonders in seinen alten Tagen gerne davon gesprochen. Was daran Tatsache, was Sage ist, läßt sich schwer bestimmen.

Der Bauernhof in Alpel, zum untern Kluppenegger, in diesem Buche auch der „Waldbauernhof“ genannt, gehörte zu Anfang des achtzehnten Jahrhunderts einem Manne, genannt der Anderl (Andreas) in Kluppenegg. Das soll ein wohlhabender Mann gewesen sein und in der Erinnerung der Familie wird er noch heute der „reiche Kluppenegger“ geheißen. Er hat ein Pferd besessen, mit welchem er für die Gemeinde Alpel den Saumverkehr mit dem Mürztale (Fahrweg hat es damals noch keinen gegeben) versorgt haben dürfte.

Der Anderl in Kluppenegg war einmal beim „Graßschnatten“ vom Baum herabgefallen und hatte einen hinkenden Fuß davongetragen. So soll er des Sonntags auf seinem Rößlein in die Kirche geritten sein, auch beim Wirtshause sich den Krug Wein aufs Rößlein habe reichen lassen und ein großes Ansehen gehabt haben.

Dieser Anderl hat wahrscheinlich auch das stattliche Haus gebaut, welches auf seinem Trambaume die Jahreszahl 1744 führt und dessen Zimmerholz an vielen Stellen heute noch hart wie Stein ist, weil man zu jener Zeit das Bauholz aus reifen Waldungen genommen hat. Der Anderl hatte einen Bruder bei sich in der Einwohne, der Zimmermann war. Zur Zeit gehörten zum Hofe zwei „Gasthäuseln“; in dem einen, das gleich oberhalb des Gehöftes stand, wohnte ein Schneider, in dem andern, das tief unten an der steilen Berglehne war, wohnte ein Schuster; der Anderl selbst verstand die Weberei, die Lodenwalcherei und die Hautgerberei, also hatte er die wichtigsten Gewerbe beisammen und konnte den Nachbarn damit aushelfen. Auch hatte er unten im Graben eine zweiläufige

Getreidemühle gebaut und gleich in demselben Gebäude eine Leinölpresse. Der Anderl soll fast Tag und Nacht gearbeitet haben, sich ausgeruht nur auf dem Pferde. Von einem Kluppenegger geht die Sage, daß er eines Tages auf dem Pferde sitzend tot nach Hause gekommen sei; ob das von dem Anderl gilt oder von einem noch Älteren, das kann ich nicht berichten.

Der Anderl hat nur ein einziges Kind gehabt, eine Tochter. Die soll viele Freier abgewiesen haben. Da kam der junge Nachbar vom Riegelbauernhof.

Das Riegelbauernhaus ist das zuhöchst gelegene in Alpel und von ihm aus sieht man rings über die Engtäler des Alpels hinweg in der Ferne hohe Berge. Man pflegte in alten Zeiten die Höfe hoch hinauf zu bauen, so hoch, daß man oft nicht einmal einen Brunnen hatte, eben wie auch bei diesem Riegelbauernhofe, wo man jeden Tropfen Wasser unten an der steilen Berglehne holen mußte. Das Gebäude der Riegelbauern ist erst vor kurzem niedergerissen worden. In diesem Hause tauchten jetzt die Roßegger auf. Ihrer sollen zur Zeit viele Buben gewesen sein und einer davon, der Josef, ging zur Kluppeneggertochter herüber. Also hat die Kluppeneggertochter vom Riegelbauernhofe her den Josef Roßegger geheiratet, welcher geboren worden war am 16. März 1760.

Der Josef soll ein kleines, rühriges Männlein gewesen sein, an seinen kurzen, rundlichen Beinen niedrige Bundschuhe, grüne Strümpfe und eine Knielederhose getragen haben, auf dem Haupte einen breitkrempigen Filzhut, unter welchem lange graue Locken bis zu den Achseln herabreichten. Ein kleines hageres Gesicht, stets wohlrasiert, graue lebhafte Äuglein und im Munde allzeit ein harmloses Späßlein, so daß es immer zu lachen gab, wo der „Seppel“ dabei war.

Der Seppel hat auch die Kunst zu schreiben verstanden. In einem alten Hausarzneibuche steht mit nun freilich verblaßter Tinte schlicht und schlecht geschrieben: „Groß Frauentag, 1790. Ich, Joseph Roßegger, habe am Heutigen den Erstgeporenen Suhn Ignatzius bekemen. Empfelche das klein Kind unserer Lieben Frau.“

Vom Seppel erzählt man auch, daß er schon in seiner Jugend graue Haare bekommen hätte. Er sei nämlich während eines schweren Nachtgewitters auf einer hohen Tanne von wütenden Wölfen belagert worden und habe Todesangst ausgestanden.

Der Seppel soll eine Alm gepachtet und sich nebst Ackerbau und Holzwirtschaft viel mit Viehzucht befaßt haben. Er hatte zeitweilig acht Knechte und ebenso viele Mägde gehabt, zu denen nachher noch die eigenen Kinder kamen.

Die Söhne hießen Ignatz, Michel, Martin, Simon, Baldhauser, Jakob. Von diesen Brüdern ist die große Verträglichkeit und Einigkeit in der ganzen Gegend sprichwörtlich geworden. In jeder Arbeit halfen sie einander, und wo an Sonntagen einer der „Kluppeneggerbuben“ war, da sah man die anderen auch. Keiner ließ über die anderen ein böses Wort aufkommen, jeder stand für alle ein. Wenn es um einen Bruder ging, so hob selbst der Friedfertigste, der Ignatz, seinen Arm. Wer einen dieser Burschen überwinden wollte, der mußte alle sechs überwinden, und der, für den einer derselben eintrat, hatte sechs gute Kameraden.

Mehrere dieser Brüder kauften sich später Bauerngüter im unteren Mürztale oder erheirateten sich solche. Dadurch entkamen sie der Militärpflicht. Soldat ist nur einer gewesen, derselbe starb zu Preßburg an Heimweh. Der Baldhauser, welcher die Soldatenlänge nicht hatte, brauchte sich um einen Besitz nicht zu bemühen, er blieb im heimatlichen Hofe als Knecht.

Der Josef erreichte ein hohes Alter. Auf einem Besuche bei einem seiner verheirateten Söhne im Mürztale ist er fast plötzlich, über Nacht, gestorben (1815). Bevor er zu jenem Besuche fortging, soll er gebeugt und auf seinen Stock gestützt, hastig dreimal um den Kluppeneggerhof herumgegangen sein und dabei mehrmals gesagt haben: „Nicht geboren, nicht gestorben, und doch gelebt!“ Als er hierauf nicht mehr heimgekommen war, hat man das so gedeutet, als hätte er sagen wollen: In diesem Hause bin ich nicht geboren und werde darin nicht sterben, und habe doch darin gelebt.

Zur selben Zeit war schon sein Sohn Ignatz (geboren 1790) Besitzer des Kluppeneggerhofes.

Er heiratete eine Tochter aus dem Peterbauernhofe, namens Magdalena Bruggraber. Diese Magdalena hatte auch mehrere Brüder, wovon einer sich das nachbarliche Grabenbauernhaus erwarb; sein Bruder Martin war bei ihm Knecht. Seit jeher waren diese beiden ein paar gute Genossen gewesen zu den Kluppeneggersöhnen; jetzt in Verwandtschaft getreten, standen sie noch fester zu ihnen. Und doch ist es einmal anders geworden, wir werden das später erfahren.

Der Ignatz Roßegger soll ein schöner, stattlicher Mann gewesen sein, sonntags in schmucker Steirertracht, wie sie damals der Erzherzog Johann wieder zu

Ehren gebracht hatte, ins Pfarrdorf gekommen sein und gerne gesungen haben. Dem „Natzl in Kluppenegg“ seine helle Stimme war in der ganzen Gegend bekannt, und keinen Tag gab Gott vom Himmel, ohne daß man den „Natzl“ jauchzen hörte auf der Weiden oder in den Wäldern von Alpl. Im Gegensatz zu seinem Vater trug er kurzgeschnittenes Haupthaar, ließ aber seinen blonden Schnurrbart stehen. Die Herrschaft (das Grafenamt Stubenberg) sah es damals nicht gerne, wenn die Leute ihren Bart stehen ließen, das war „neuerisch“, aber den harmlosen lustigen Natzl hat sie deshalb nie zur Verantwortung gezogen.

Den Ignatz soll nie jemand trotzig oder zornig gesehen haben, mit jedermann war er gemütlich und verträglich, die Alpelbauern sagten viel später noch, einen besseren Nachbar kann sich kein Mensch wünschen, als es der Natzl gewesen ist. Weitberufen war er als Kinderfreund und wo ihm auf Wegen und Stegen ein Kind begegnete, da tat er sein rotes Lederbeutelchen auf und schenkte ihm einen Kreuzer. Auch selbst war er mit Kindern reich gesegnet, sieben Söhne, Lorenz, Franziskus, Sebastian, Thomas, Anton, Jakob, noch einmal Franziskus, zwei Töchter, Margareta und Katharina, wurden ihm rasch nacheinander geboren; mehrere starben in früher Kindheit, die übrigen wuchsen auf unter den strengen Züchten der Mutter Magdalena. Der Ignatz hatte sich aber, wahrscheinlich aus Ursache seiner Leutseligkeit, einen großen Fehler angelebt. Er saß gerne in den Wirtshäusern. Wenn er auch nicht viel trank, so trank er doch wenig, wenn er auch nicht um Hohes Karten spielte, so spielte er doch um Geringes, wenn er auch nicht schweren Tabak rauchte, so rauchte er doch leichten, und wenn er auch nicht Schulden machte, so ward sein kirschroter Geldbeutel zum mindesten immer um einiges dünner. Die Woche über arbeitete er fleißig, des Sonntags aber, wenn er in die Kirche ging, da kam er nie zum Mittagessen nach Hause, wie es sonst der Brauch, da setzte er sich in ein Wirtshaus, ließ sich's wohl geschehen, jodelte ein wenig, spielte ein wenig, war stets heiter, und erst wenn es finster wurde, ging er den weiten Weg ruhig nach Hause.

Seine Magdalena muß ein scharfes Weib gewesen sein. So spät er auch kommen mochte, immer hat sie ihn wachend und gerüstet erwartet. Das soll dann stets ein Wetter gewesen sein, daß das ganze Haus erbebt hat, erbebt mitsamt den Kindern, die es nicht begreifen konnten, wie die Mutter wegen seines Nachtheimkommens so herb sein konnte, da er ja doch heimgekommen war. Er soll die heftigsten Vorwürfe ruhig und schweigend über sich ergehen lassen und nur immer die Kinder beschwichtigt haben, die sie durch ihr Lärmen aus dem Schlaf geschreckt.

Manchmal nahm er auch einen oder den andern seiner Knaben mit in die Kirche, was den Kleinen allemal ein Festtag war. Nur der Knabe Lorenz, so lieb er sonst seinen Vater hatte, wollte bald nicht mitgehen, denn der bekam Heimweh, wenn er den ganzen Sonntagnachmittag neben ihm im Wirtshaus sitzen mußte.

Der Knabe blieb also im Schachen hinter dem Hause stehen, bis der Vater nachkommen würde. Die Schatten der Schachenbäume wurden länger und vergingen endlich, ein Gewitter stieg auf und ging nieder, vom Riegelbauernwalde war es manchmal wie das Geheul eines wilden Hundes, der Knabe stand im Schachen und wartete auf den Vater. Der Vater begleitete aber an diesem Tage seinen Nachbar und Gevatter Grabler bis zu seinem Hause, kam daher auf einem anderen Wege heim und konnte der Magdalena Frage nach dem Knaben Lorenz nicht beantworten. Der Lorenz war im Wirtshaus ja längst vor ihm heimgegangen und war jetzt nicht da. Der Schreck des Ignatz war so groß, daß er zur Stunde ein heiliges Fürnehmen tat, wenn der Knabe glücklich wiedergefunden werde, so betrete er sein Lebtag kein Wirtshaus mehr, außer es sei auf einer Wallfahrt oder sonst auf einer Reise, oder es sei bei seiner goldenen Hochzeit mit der Eheliebsten Magdalena.

Bei der Eheliebsten Magdalena würde zu solcher Stunde diese Wendung nicht viel gefruchtet haben, wenn der Knabe nicht jetzt zur Tür hereingegangen wäre.

Das Gelöbnis soll der Ignatz leidlich gehalten haben, obwohl durch einen seltsamen Zufall eine neue Versuchung herantrat, mit einem guten Kruge sich manchmal gütlich zu tun.

Eines Tages, als sein Kind Jakob gestorben war, und als er, um beim fernen Pfarramte die Leiche anzeigen zu gehen, aus seinem Gewandkasten ein frisches Linnenhemde herausnehmen wollte, wie solche von seiner Mutter noch eigenhändig gesponnen und genäht im Vorrate waren, fiel es ihm auf, daß der Kasten einen so dicken Sohlboden hatte. Durch Klopfen kam er darauf, daß dieser Boden hohl war, durch Umhertasten bemerkte er an der inneren Ecke ein Schnürchen. Er zog an und da hob sich ganz leicht ein Deckel und ließ ihn hineingehen auf sieben vollgepfropfte Säcklein, die zwischen dem Doppelboden verborgen gewesen waren. Aus alten Hosen getrennte Säcke waren es, mit Schuhriemen zugebunden, und ihr Inhalt Silbergeld, lauteres Silbergeld.

Der Ignatz erzählte von diesem Funde seinem Weibe und seinen Brüdern. Während in der Stube noch das Leichlein lag, setzten sie sich auf dem

Küchenherde zusammen und untersuchten das Geld; es war keine landläufige Münze darunter, lauter alte „Taler“, manche gar unregelmäßig, fast eckig in der Form, mit fremdartiger Prägung, teils abgegriffen und schwarz, aber von so hellem Klange, daß die Ohren gellten.

Nun rieten sie hin und her, von wem wohl der Schatz stammen konnte, und da fiel es dem Ignatz ein, daß er von ihrem Großvater, dem Anderl in Kluppenegg, herrühren dürfte, der als reich bekannt gewesen, von dem aber nach seinem Tode kein Bargeld gefunden worden war. Die Brüder beschlossen also, das Silbergeld unter sich zu teilen. Jeder soll an die siebzig Gulden bekommen haben, der Ignatz um einen Teil mehr, und das war zum Finderlohn. Weiter hatten sie keinem Menschen von dem Funde gesagt, sollen aber ihre liebe Not gehabt haben mit einzelnen der alten, unbekannten Münzen, um sie an den Mann zu bringen. Der Betrag war für die damalige Zeit ein bedeutender, doch keinem der „Kluppeneggerbuben“ hatte man es angemerkt, daß sie einen Reichtum besaßen. Der Ignatz mag zu Ehren der alten Schimmeln wohl einmal einen Krug getrunken haben, ohne daß die Magdalena erheblichen Einspruch tat, im ganzen mied er die Wirtshäuser. Vorübergehen konnte er zwar an keinem, und so blieb er ihnen fern, indem er an Sonn- und Feiertagen nur gar selten in die Kirche ging, sondern seinen Rosenkranz zu Hause betete und dann vor dem Hause seine Jodler sang über die grünen Höhen, so daß die Magdalena erst eine Freude hatte an ihrem braven und lustigen Mann.

Da kam jene Kirchweih zu Fischbach. Dieser Ort ist von Alpel durch den Gebirgszug der Fischbacher Alpen getrennt. Aber man ging an Festtagen gern über dieses waldige Gebirge, weil es in Fischbach sehr lustige und kecke Leute gab, weil in den dortigen Wirtshäusern damals noch keine ständige Polizei war, wie etwa im Mürztale, und weil es daher dort sehr ungezwungen herging. Besonders die Fischbacher Herbstkirchweih war weitum berüchtigt, und wenn irgendwo Bauernburschen miteinander einen unausgetragenen Händel hatten, so stellten sie sich bei der Kirchweih ein, wo es dann allemal zu einem blutigen Raufen kam. Ignatz' Bruder Baldhauser war dem Raufen nicht abgeneigt. Manchmal, wenn er des Morgens die damals übliche, schön geformte und mit weißen Nähten gezierte Lederscheide mit Pfeifenstierer, Gabel und dem großen Messer in den Hosensack schob, soll er gesagt haben: Man weiß nicht, wozu man's brauchen kann. Bei den Weibsbildern scheint der Baldhauser auch nicht blöde gewesen zu sein, denn er wählte sich allemal eine solche aus, die auch anderen Burschen gefiel, und so kam es vor, daß das Recht des Stärkeren entschied. Der Baldhauser war ein mehr kleiner, untersetzter Mann, sonst sehr bedächtig und langsam in seinen Bewegungen, beim Ringen aber der flinkeste und abgefeimteste, der seinen Gegner fast allemal so bettete, wie er nicht gebettet sein wollte. Wer es also mit dem „Hausel" zu tun hatte, der trachtete erstens ihm in Abwesenheit seiner Brüder beizukommen, was schon leicht war, da die meisten derselben in eine fremde Gegend fortgeheiratet hatten. Trotzdem pflegte ein Gegner des Baldhauser sich um Genossen umzuschauen, und wenn ihrer drei oder vier gegen ihn waren, da geschah es wohl manchmal, aber durchaus nicht immer, daß er wesentliche Merkmale heimbrachte, worauf seine Schwägerin Magdalena freilich allemal die Bemerkung tat: „All zwei Füß hätten sie dir abschlagen sollen, das wär dir gesund, du Raufbär!" Solcher Meinung war der Baldhauser zwar nicht.

Da kam nun wieder einmal die Fischbacher Herbstkirchweih, und er hatte wieder einmal eine Liebste, die Heidenbauerdirn, auf welche das Eigentumsrecht aber der Grabenbauer gelegt haben wollte. Dem Grabenbauer hatte er schon früher einmal Post geschickt: „Du! Wenn du noch länger gesunde Knochen haben willst, so laß die Dirn!", und trotzdem hörte er nun, der Grabenbauer führe dieselbe zur Kirchweih, habe aber gleichzeitig auch etliche Kameraden bestellt. Da wußte er freilich, daß zwischen ihm und den Grabenbauernleuten der Friede gebrochen war und was er zu tun hatte bei dieser Kirchweih zu Fischbach. Sein Bruder, der Ignatz, wußte nichts davon, der Baldhauser sagte ihm auch nichts, lud ihn nur ein, mit ihm über das Gebirge zu gehen nach Fischbach zu dem lustigen Feste, wo getanzt und gesungen würde über die Maßen. Der Ignatz fand sich gern bereit und wollte auch seinen Knaben Lorenz mitnehmen. Dieser war von Natur aus zart und beschaulich angelegt; wo es lärmende Leute gab, da war er nicht gern; die Wirtshäuser waren ihm ja ein Graus, und da hatte er gehört, auf Kirchweihen gäbe es noch mehr Wirtshäuser als sonstwo; also bliebe er lieber daheim. Seine Mutter rief: „Der Junge ist gescheiter wie der Alte und weiß, daß Kinder nicht auf Kirchweihen taugen. Bliebest auch du daheim, Natzl, morgen tät's dir gewiß nicht leid sein."

Der Ignatz zog aber sein schönes Gewand an und ging mit seinem Bruder Baldhauser nach Fischbach. Als sie hinkamen, war der Marktplatz schon voller Buden, Leute und Gesurre; Leutedunst, Tabakrauch, Metgeruch, alles durcheinander, aus den Wirtshäusern fröhlicher Lärm, und der Baldhauser wollte gleich zum Bauernhoferwirt hinein. Der Ignatz sagte, sie täten zuerst doch lieber ein bissel in die Kirche schauen, weil man gerade zum Hochamt läute; und nachher standen sie eine Stunde lang eingekeilt in der Menge, und der Baldhauser war sehr ungeduldig und dachte nach, wie er mit dem Grabenbauer zusammenkommen würde.

Nach dem Gottesdienste kauften sie auf dem Markte Schuhnägel, Pfeifenzugehör mit Tabak, und der Ignatz weißbestriemte Lebzeltherzen für die Kinder daheim und ein großes Lebkuchenstück mit Mandeln gefüllt für seine Magdalena. Das band er in ein blaues Sacktuch zusammen und dann gingen sie gleich zum Neuwirt. Dort waren lauter lustige Leute und der Ignatz hub bald an zu singen. Dem Baldhauser ließ es aber keine Ruhe, er meinte, auch den übrigen Wirten müsse man ein Seidel abkaufen, sonst könnte es sie verdrießen, und sie gingen nachher zum Tafernwirt und zum Krammerwirt und zu anderen. Aber nirgends traf er den Grabenbauer und die Heidenbauerndirn. Beim Krammerwirt war es ihm vorgekommen, als huschten sie zur hinteren Tür hinaus, während er mit seinem Bruder zur vorderen hereinging.

Am Nachmittage wurde es in einzelnen Wirtshäusern schon unheimlich laut, und aus dem wirren Geschrei gellte manchmal ein rohes Fluchwort auf. Vor dem Bauernhofer Wirtshaus balgten sich ihrer ein halb Dutzend betrunkener Burschen auf der Gasse, mit Fensterrahmen hieben sie aufeinander los, die sie drinnen ausgebrochen hatten. Beim Krammerwirt soll zwischen Holzknechten und Schustergesellen ein solches Schlagen losgegangen sein, daß das Blut zu den Türstufen herabtröpfelte. Solange noch gesungen worden, hatte der Ignatz frisch und klingend mitgetan, hatte zu zweien oder dreien den Arm um den Nacken des andern gelegt und den Kameraden froh in die Augen schauend sinnige oder kecke Lieder angestimmt. Als es nun überall ins Stänkern und Schimpfen und Schreien und Raufen ausartete, wollte er heimgehen. Da es gegen Abend war und der Baldhauser seinen Grabenbauer immer noch nicht gefunden hatte, sagte er zum Bruder: „Das ist eine lausige Kirchweih!“ und machte sich mißmutig auf den Heimweg. Der Ignatz ging fröhlich mit ihm.

Nach einer Stunde kamen sie hinauf zu den Almhöhen, wo die Halterhütte stand. Der Weg ging hier oben glatt und eben durch jungen, dichten Lärchenwald, es ward schon dunkel.

„Da gibt's auch noch Leute“, sagte der Ignatz plötzlich, denn auf einem Rasenplatze saßen ihrer etliche Männer und ein Weibsbild. Es waren ja seine zwei Schwäger, der Grabenbauer und dessen Bruder, der Mirtel, und es war ein

Riegelbauernknecht und der Holzknecht Kaspar; das Weibsbild war die Heidenbauerndirn.

Der Baldhauser stand einen Augenblick still und stutzte. Dann trat er vor die Dirn und sagte: „Was machst denn du da? Du gehörst da nicht her!"

„Hausel, wenn's dir nicht recht ist!" versetzte der Grabenbauer fast leise, ballte die Fäuste und erhob sich.

„Mit so Wegelagererlumpen nehm ich's auf", sagte der Baldhauser trotzig.

„Laß sie gehen, Hausel", mahnte der Ignatz und suchte den Bruder mit fortzuzerren. Das war schon zu spät, sie gerieten zusammen; zuerst ihrer zwei, der Grabenbauer und der Mirtel waren über den Baldhauser hergefallen; als dieser aber den einen arg nach rückwärts bog, dem andern ein Bein schlug, sprangen auch die beiden anderen bei. Als der Ignatz sah, daß vier starke Männer über seinen Bruder her waren, da griff er auch zu. Die Dirn kreischte und rief alle Heiligen an. Wortlos rangen die Männer in einem Knäuel, sie schnoben, unter ihren Füßen dröhnte der Boden. Der Grabenbauer hatte die Finger der einen Hand an Baldhausers Kehle gesetzt, mit der anderen wollte er sein Messer ziehen; in dem Augenblick flog er von Ignatz geschleudert auf den Rasen hin. Fast gleichzeitig auch der Ignatz, und jetzt sprang ihm der Mirtel mit beiden Füßen auf die Brust. Da der Ignatz unbeweglich liegen blieb, so stieß der Mirtel einen grausigen Fluch aus und versetzte ihm mit schwerem Stiefel noch einen heftigen Fußtritt auf das krachende Brustblatt. – Der Baldhauser riß sich los, faßte die Dirn und raste mit ihr davon.

Weit unten in der Köhlerhütte verbarg er sie und verbot ihr, einen Laut zu tun; er lugte zum Fensterlein hinaus, wie der Holzknecht Kaspar und der Riegelbauernknecht und endlich auch der Mirtel mit dem Grabenbauer vorbeigingen. Sein Bruder Ignatz aber kam nicht. Als er auf diesen vergebens gewartet hatte, ließ er das Weibsbild im Stich und ging den Weg zurück hinauf bis zur Höhe. Es war schon Nacht. Der Ignatz saß auf einem Baumstück. „Was hast denn, daß du nicht nachkommst?" fragte ihn der Baldhauser.

„Der Mirtel hat mich getreten!" antwortete der Ignatz, sonst sagte er nichts.

„Kannst nicht gehen, Bruder? Komm, ich werde dich führen." Der Ignatz deutete mit der Hand, der Baldhauser solle nur seines Weges gehen, er werde schon nachkommen.

Das tat der Baldhauser freilich nicht, er blieb bei dem Bruder, er suchte eine Quelle und brachte im Hute Wasser, den Verletzten zu laben. Dann stand der Ignatz auf, stützte sich an den Baldhauser, und sie huben an zu gehen.

Oft mußte er rasten, und da sprach er einmal zum Baldhauser: „Bruder, daheim wollen wir nichts sagen davon, daß wir's mit den Schwägern gehabt haben. Es ist eine Schande."

Um Mitternacht erst sollen sie nach Hause gekommen sein, und der Baldhauser erschrak fast zu Tode, als er nun beim Kienspanlicht sah, wie blaß der Ignatz war, wie matt und stier sein Auge, und wie an den Mundwinkeln Blutkrusten klebten. Er gab ihm wieder Wasser zu trinken und suchte in dem Küchenkastel nach einem Balsam. – Der Magdalena fiel es schon auf, was sie denn in der Küche herumzutun hatten, sie eilte hinaus und erfuhr es nun, gerauft wäre worden und den Natzl hätt's ein bissel getroffen, aber die anderen hätten auch ihr Teil bekommen!

Als die Magdalena ihren Mann ansah, wie er halb auf die Bank hingesunken dalehnte, sagte sie scheinbar sehr ruhig: „Nau, der hat genug."

Mit keinem Worte hatte sie gefragt, wie das gekommen war, sie ahnte es gleich, die Ursache wäre der Schwager, und bevor sie den Verletzten zu Bette brachte, hielt sie Gericht über den Baldhauser. Eine solche Wucht der wildesten Vorwürfe soll in dem Hause nicht erhört worden sein, als die Magdalena jetzt dem Schwager Baldhauser machte, der ihren Mann mit auf die Kirchweih gelockt, um ihn dort von Raufgesellen erschlagen zu lassen. Zuerst hatte der Baldhauser sich verteidigen wollen, sich rechtfertigen und wehren, aber ihre Zornes- und Gefühlsausbrüche wurden so gewaltig, daß er schwieg und anhub zu grölen. Die Kinder waren aufgewacht und jammerten, der Kettenhund winselte, die Hühner flatterten von ihren Stangen und gackerten, das Gesinde war herbeigekommen und umstand erschrocken die Gruppe, wie die Bäurin Magdalena rasend vor Wut und Schmerz ihr Gewand zerriß und die Fetzen hinschleuderte auf den Baldhauser, der wimmernd vor ihr auf den Knien lag.

Als endlich in ihrem Gemüte die Erschöpfung und Dumpfheit eingetreten war, wendete sie sich an den Ignatz, der in völliger Ohnmacht dahinlag, brachte ihn auf seine Liegerstatt, flößte ihm warme Milch ein und saß bei ihm die ganze Nacht, die Hände auf dem Schoß gefaltet. Als die Morgenröte zu dem Fenster hereinkam und die Ofenmauer matt anglühte, schlug der Ignatz einmal die

Augen auf und blickte um sich. Die Magdalena legte ihre Hand auf seine feuchte Stirn und sagte mit einem Ton unendlicher Milde: „Ist dir besser, mein Natz?“

Er tastete nach ihrer Hand: „Es wird schon wieder gut, Magdalena, es wird schon wieder gut.“

Der Baldhauser hat noch in derselben Nacht seine Sachen zusammengepackt und ist fortgegangen, höher hinauf ins Gebirge zu den Holzknechten.

Und nun sind die stillen betrübten Tage gekommen. Allerlei Hausmittel hatten sie angewendet, der Kranke mußte Gemswurzeln kauen, Hundsfett essen, sich „ziehende Pflaster“ auf die Brust legen lassen und sonst allerlei. Er saß wohl in der Stube auf der Ofenbank oder er ging draußen im Hofe langsam umher, um sich immer wieder irgendwo niederzusetzen. Bei den Kindern war er gerne, sah ihnen zu bei ihren Spielen mit Steinchen und Fichtenzapfen, redete aber wenig mit ihnen, kam allemal bald nur so ins dumpfe Hinschauen und Hinträumen. Einen schweren Atem hatte er und mußte viel husten. Manchmal kam Blut aus der Brust, aber nur in wenigen Tropfen.

So währte es mehrere Monate. Eines Sonntags am Nachmittage, als der Ignatz neben dem warmen Ofen saß und doch fröstelte, kam die Magdalena herein und berichtete, daß ihr Bruder, der Grabenbauer-Mirtel, in der Küche draußen sei und die einfältige Frage getan habe, ob er hereingehen dürfe. Sie habe ihm geantwortet, das stehe doch jedem Bekannten frei, geschweige erst einem Schwager. Der Mirtel habe aber gebeten, sie möchte doch anfragen beim Natz, ob er auf ein Wort zu ihm hereinkommen dürfe.

„Ich weiß es wohl, warum er fragt“, entgegnete der Ignatz; die Magdalena konnte es aber nicht wissen, weil es ihr nicht gesagt worden war, daß gerade der Mirtel ihn so schwer verletzt hatte.

„Er kann schon hereinkommen“, antwortete der Ignatz nun leiser und kurzatmig, „und du mußt so gut sein und noch ein paar Scheiter in den Ofen stecken.“ Denn er wollte sie draußen beschäftigen, während der Mirtel bei ihm in der Stube war.

Dieser trat dann ein, schaute beklommen in der dumpfigen Stube umher und sah ihn nicht gleich. Erst als er aus dem Ofenwinkel ein Husten hörte, trat er dorthin, blieb stehen vor dem Kranken und konnte kein Wort sagen. Der Ignatz sagte auch nichts, sondern hob langsam seine rechte Hand und hielt sie ihm hin. Unsicher reichte der Mirtel die seine und sprach: „Natz! Keine ruhige Stund hab ich mehr gehabt seit der Kirchweih. Daß mir solches hat müssen aufgesetzt sein. Wo du mir alleweil frei der liebste Kamerad bist gewesen…" Er wendete sich ab und ging einige Schritte gegen ein Fenster, als wolle er hinausschauen. Und mit dem Ärmling fuhr er sich übers Gesicht.

„Mirtel!" sagte der Ignatz leise, „geh her. Geh her zu mir. – Dir ist's aufgesetzt gewesen, und mir ist's aufgesetzt gewesen. Wer kann dafür. Braucht's auch weiter niemand zu wissen, wie es ist hergegangen. Es wird ja schon besser. Und will auch einmal zum Arzte schicken, daß er ein wenig nachhilft."

„Und du hast mir nichts für ungut, Natzl?"

Der Ignatz machte mit der flachen Hand eine Bewegung in die Luft hinein, gleichsam als wollte er sagen: Laß es gut sein, Mirtel. Ein sehr heftiger Hustenanfall verhinderte ein weiteres Gespräch. Als der Mirtel wieder in die Küche hinaustrat, sagte er zu der Magdalena: „'s ist wohl ein herzensguter Mensch!"

„Wie findest ihn denn, Bruder?"

Ein Trostwort wollte er sagen, es verschlug ihm die Rede.

„Mir gefällt er halt wohl gar nicht", meinte sie, „und morgen will ich doch endlich zum Bader schicken nach Strallegg. Sie sagen, für die auszehrende Krankheit wäre der soviel gut."

Der Mirtel ist davongegangen – halb verloren. Daß es so sollte stehen mit dem Ignatz, hätte er nicht gedacht. Die Magdalena hat ihm von der Tür aus eine Weile nachgeschaut. Das war ihr nicht recht vorgekommen jetzt, mit dem Mirtel!

Am nächsten Frühmorgen ging vom Kluppeneggerhofe ein alter Knecht nach Strallegg. Er hatte Geld mitbekommen für den Arzt, gedachte es aber dem Bauer zu ersparen. Wenn er sagt, daß der reiche Bauer krank ist, da wird sich der Arzt hoch lohnen lassen. Als der alte Knecht daher vor dem Arzte stand, tat er sehr erschöpft und kurzatmig und hüstelte und sagte, ihn hätt's arg auf der Brust. Ein böser Stier habe ihn gestoßen vor drei Monaten, und seither nehme er an Fleisch und Kräften ab, er glaube, die Auszehrung werde es sein, er sei ein armer Dienstbot und täte halt gar schön bitten um einen guten Rat.

Der Arzt sagte: „Mußt halt recht viel Milch trinken und immer einmal ein Stückel Fleisch essen, und wenn dich der Husten anpackt, so trink eine Schale Kramperlmoostee, aber so heiß, als du's derleiden kannst."

Was der Rat täte kosten?

Der koste nichts. Also eilte der Knecht heim, und sein erstes Wort war, er habe dem Ignatz das Geld erspart und doch einen guten Rat mitgebracht. Fleisch und Milch. Und gegen den Husten Kramperlmoostee trinken, so heiß, als er's derleiden kunnt.

Eine Nachbarin hatte den Tee vorrätig, er war zwar sehr bitter zu trinken, aber er wärme Brust und Magen, und der Ignatz schöpfte aus diesem Mittel neue Hoffnung.

Zu Anfang des Advents war's, wenige Wochen vor Weihnachten, als der Husten mit erneuter Heftigkeit auftrat. Ließ der Ignatz sich wieder einmal den heißen Tee richten, trank ihn rasch aus und wankte dann ins Freie. Nach einer kleinen Weile kam er wieder in die Stube zurück, ganz verändert und taumelnd. „Ich weiß nicht", sagte er noch, „ich muß zu heiß getrunken haben..." Und sank auch schon zu Boden.

Die Weibsleute, die beim Spinnen waren, sprangen herbei und riefen, was denn das wäre! Er antwortete nicht mehr. Sie legten ihn ins Bett und huben an zu beten, und die Magdalena wurde nicht müde, ihn mit allen Mitteln, die ihr einfielen, wieder zum Bewußtsein zu erwecken. Er holte wohl Atem, manchmal stöhnte er, machte die Augen auf, aber man wußte nicht, ob er jemanden erkannte. Der Lorenz, damals vierzehn Jahre alt, ging noch am stöbernden Abend fort nach Sankt Kathrein, um den Geistlichen zu holen. Er soll, wie später erzählt wurde, den fast drei Stunden langen Weg hin und her in nicht ganz zwei Stunden zurückgelegt haben. Er kam ganz unmenschlich schnaufend zurück, aber ohne Priester. Der Pfarrer von Kathrein war selber krank. So müsse eilends jemand nach Krieglach. Wieder erbot sich der Lorenz, und so schnell wie er bringe den Geistlichen keiner.

Krieglach ist weit, erst gegen Morgen kam der Junge zurück, wieder allein und ganz trostlos; der Pfarrer sei nach Graz gereist und der Kaplan auf einem anderen Versehgang in die hintere Massing, von welchem er erst mittags zurückkehren könne. Dann komme er nach.

„So kann er auch das nicht haben!" jammerten alle. Es hätte sich ja doch nur mehr um die Letzte Ölung gehandelt. Der Lorenz fand seinen Vater bewegungslos daliegen und schlummern. Das sei das allerbeste, meinte die Mutter, und er, der Knabe, solle sich auch niederlegen, sonst werde er ebenfalls krank. Denn die Aufregung, die in dem Jungen war um den Vater, konnte ihr nicht verborgen bleiben. Er legte sich in die Küche hin auf die Bank und schlief ein paar Stunden fest. Eine eigentümliche Unruhe, die sich im Hause erhoben hatte, weckte ihn auf. Hastig, aber leise auftretend, einen Augenblick unter Flüstern beieinander stehen bleibend und dann weiterhuschend, waberten die Leute türaus und ein, und in der Stube war ein Murmeln, als ob jemand bete. Der Lorenz sprang auf und fragte nach dem Vater.

„Er ist ein wenig schlechter geworden“, berichtete die Magd, setzte aber, da der Junge vor Schreck aufstöhnte, bei: „Wird doch wohl wieder besser werden. Er ist gleichwohl noch so jung.“

Als der Lorenz in die Stube kam, knieten sie betend und schluchzend um das Bett herum; der Vater lag ruhig da, zwischen den aneinandergelegten Händen stand eine rote, brennende Kerze.

Es war schon vorbei.

Ignatz Roßegger ist nur neununddreißig Jahre und zehn Monate alt geworden. Er starb am 4. Dezember 1829. Die Trauer um ihn war eine sehr große und allgemeine. Während er aufgebahrt lag, konnte das Haus die Leute kaum fassen, die zu der nächtlichen Leichwache erschienen waren. Auch alle Freunde und Verwandten waren da, vor allem der Baldhauser, der Grabenbauer und der Mirtel. Sie standen zusammen und gelobten, die Witwe Magdalena, auf der nun so große Sorgen lagen, nicht zu verlassen. Die Kinder lagen verweint, im Schlafe noch schluchzend, in ihren Bettlein oder standen und lehnten unter den Leuten so herum, wie arme Waiselein. Der Knabe Lorenz stand fast immer auf einem Flecke neben der Stubentür und sah auf alles, was jetzt war und im Hause vorging, mit großen Augen hin. Er konnte es nicht fassen, was geschehen war, und später in seinem Leben tat er noch oft den Ausspruch: „Dazumal, wie mein Vater gestorben, das ist mein härtester Tag gewesen.“

Die Magdalena trug zur Zeit ein Kind unter dem Herzen. In allem Gewirre stand allein sie aufrecht und ruhig, fast finster da. Sie redete nur mit wenigen wenige Worte; wenn man weinend sie tröstete, so schwieg sie, hatte ein ganz trockenes Auge und ihr Antlitz zeigte einen herben Ausdruck. Sie versorgte das Haus und tat ihre Verrichtungen wie jeden Tag; manchmal hielt sie inne, als wäre ihr Leib erstarrt, und schaute vor sich hin. Dann arbeitete sie wieder. Als in der letzten Nacht der Leichenwache das Totenmahl aufgetragen wurde und die Leute in der Stube halblaut murmelnd bei den Tischen zusammensaßen unter dem matten Scheine eines Talglichtes; als zur offenen Stubentür vom Vorhause, wo die Bahre stand, das Öllichtlein hereinflimmerte; als drei Männer die Leiche hoben und in den Sarg aus weißem Fichtenholze legten; als Magdalena hin und her ging, um noch das letzte für den Kirchgang zum Begräbnisse zu ordnen, blieb sie auf einmal vor dem Sarge stehen, schaute auf den Toten und rief mit heller Stimme: „Einzig das möcht ich wissen, wer ihn erschlagen hat auf der Fischbacheralm!“

Den Leuten ging der Ruf durch Mark und Bein. Der Mirtel legte seinen Löffel weg. – Gar bange still war's in der Stube, allmählich begannen aber einige zu flüstern: „Es werden ihrer heute wohl da sein, die davon wissen.“ Weiter sagten sie nichts.

Als der Ignatz begraben war, ging die Magdalena heim auf den einsamen Hof und hub mit ihren Kindern und mit ihrem Gesinde an zu wirtschaften. Ihre Verwandten boten ihr manche Zuhilfe und manchen Rat; wenn aber ihre Brüder kamen, der Grabenbauer, der Mirtel, oder der Schwager Baldhauser, da sagte sie kurz und herb, ich brauche nichts.

Vierzehn Jahre lang hatte sie fest und zielbewußt die Herrschaft geführt auf dem Kluppeneggerhofe, sie war strenge, arbeitsam, sparsam und hob das Waldbauernhaus zu neuer Wohlhabenheit. Endlich war der Lorenz, der älteste, so weit, daß er sich wagen wollte, der alternden Mutter die Last abzunehmen. Eine junge Dienstmagd war da, deren Eltern mit Kohlenbrennen den dürftigen Unterhalt erwarben. Das Dirndl hieß Maria.

Diese Dienstmagd fing der Lorenz sachte an, gern zu haben, und es soll in diesem Buch erzählt werden, wie er um sie geworben hat. Die Leute redeten hin und her, daß sie so arm sei, von so geringem Stamme, daß er vermöge seiner Person, seines Hofes und seines Ansehens wohl eine andere Wahl hätte treffen können. Die Mutter Magdalena sagte nichts als das: Wenn sie voneinander nicht lassen können, so müsse geheiratet werden! – Und also hat der Lorenz Roßegger die Maria geheiratet. Das war im Jahre 1842, dreizehn Monate vor meiner Geburt.

Der Lorenz war ein Mensch ohne Anmaßung und Hochmut, doch in wirtschaftlichen Dingen hatte er seinen eigenen Kopf. Von der sanftmütigen Maria steht zu vermuten, daß sie der Schwiegermutter die Herrschaft im Hause nicht streitig gemacht hat. Gegen ihre Enkel, deren zwei sie erlebt hat, war die Magdalena voll von einer Zärtlichkeit, der man sie kaum für fähig gehalten hätte.

Nur einmal habe ich das kleine, schon tiefgebückte Weiblein herb und unheimlich gesehen. Das war wenige Monate vor ihrem im Jahre 1847 erfolgten

Tode. Ich stand mit ihr vor dem Hause an der alten Torsäule, die an ihrem Scheitel schon rissig und zackig war, und an welcher die weißgrauen Flechten wucherten. Da ging am nahen Wege ein Mann mit grauen Bartstoppeln, in Kniehose und mit einer schwarzen Zipfelmütze vorbei. Ich erkannte ihn und rief: „Ahnl, Ahnl, der Vetter Mirtel!“ Da gab die Großmutter mir mit der Faust einen Stoß, daß ich hintaumelte, und sprach klingend hart: „Still sei! Der Mensch geht dich nichts an!“

Diese Worte habe ich erst verstanden viele Jahre später, als ich selber schon reich an Jahren und Erfahrungen war und als mein Vater Lorenz mir eines Tages, unter einem Eschbaume sitzend, die Geschichte von meinem Großvater Ignatz erzählt hatte.

Vom Urgroßvater, der auf der Tanne saß

An die Felder meines Vaters grenzte der Ebenwald, der sich über Höhen weithin gegen Mitternacht erstreckte und dort mit den Hochwaldungen des Heugrabens und des Teufelssteins zusammenhing. Zu meiner Kindeszeit ragte über die Fichten- und Föhrenwipfel dieses Waldes das Gerippe einer Tanne empor, auf welcher der Sage nach vor mehreren hundert Jahren, als der Türke im Land war, der Halbmond geprangt haben und unter welcher viel Christenblut geflossen sein soll.

Mich überkam immer ein Schauern, wenn ich von den Feldern und Weiden aus dieses Tannengerippe sah; es ragte so hoch über den Wald und streckte seine langen, kahlen, wild verworrenen Äste so wüst gespensterhaft aus, daß es ein unheimlicher Anblick war. Nur an einem einzigen Aste wucherten noch einige dunkelgrüne Nadelballen, und über diese ragte ein scharfkantiger Strunk, auf dem einst der Wipfel gesessen. Den Wipfel mußte der Sturm oder ein Blitzstrahl geknickt haben – die ältesten Leute der Gegend erinnerten sich nicht, ihn auf dem Baum gesehen zu haben.

Von der Ferne, wenn ich auf dem Stoppelfeld die Rinder oder die Schafe weidete, sah ich die Tanne gern an; sie stand in der Sonne rötlich beleuchtet über dem frischgrünen Waldessaum und war so klar und rein in die Bläue des Himmels hineingezeichnet. Dagegen stand sie an bewölkten Tagen, oder wenn ein Gewitter heranzog, starr und dunkel da; und wenn im Walde weit und breit alle Aste fächelten und sich die Wipfel tief neigten im Sturm, so stand sie still, fast ohne alle Regung und Bewegung.

Wenn sich aber ein Rind in den Wald verlief und ich, es zu suchen, an der Tanne vorüber mußte, so schlich ich gar angstvoll dahin und gedachte an den Halbmond, an das Christenblut und an andere entsetzliche Geschichten, die man von diesem Baum erzählte. Ich wunderte mich aber auch über die Riesigkeit des Stammes, der auf der einen Seite kahl und von vielen Spalten durchfurcht, auf der anderen aber mit rauhen, zersprungenen Rinden bedeckt war. Der unterste Teil des Stammes war so dick, daß ihn zwei Männer nicht hätten zu umspannen vermocht. Die ungeheuren Wurzeln, die zum Teil kahl dalagen, waren ebenso ineinander verschlungen und verknöchert wie das Geäst.

Man nannte den Baum die Türkentanne oder auch die graue Tanne. Von einem starrsinnigen oder übermütigen Menschen sagte man in der Gegend: „Der tut, wie wenn er die Türkentanne als Hutsträußl hätt!“ Und heute, da der Baum schon längst zusammengebrochen und vermodert ist, sagt man immer noch das Sprüchlein.

In der Kornernte, wenn die Leute meines Vaters, und er voran, der Reihe nach am wogenden Getreide standen und die „Wellen“, die Garben, herausschnitten, mußte ich auf bestimmte Plätze die Garben zusammentragen, wo sie dann zu je zehn in „Deckeln“ zum Trocknen aufgeschöbert wurden. Mir war das nach dem steten Viehhüten ein angenehmes Geschäft, um so mehr, als mir der Altknecht oft zurief: „Trag nur, Bub, und sei fleißig, die Garbentrager werden reich!“ Ich war sehr behend und lief mit den Garben aus allen Kräften; aber da sagte wieder mein Vater: „Bub, du laufst ja wie närrisch! Du trittst Halme in den Boden und du beutelst die Körner aus. Laß dir Zeit!“

Als es aber gegen Abend und in die Dämmerung hineinging und als sich die Leute immer weiter und weiter in das Feld hineingeschnitten hatten, so daß ich mit meinen Garben weit zurückblieb, begann ich unruhig zu werden. Besonders kam es mir vor, als fingen sich die Äste der Türkentanne dort, die in unsicheren Umrissen in den Abendhimmel hineinstand, zu regen an. Ich redete mir zwar ein, es sei nicht so, und wollte nicht hinsehen – konnte es aber doch nicht ganz lassen.

Endlich, als die Finsternis für das Kornschneiden zu groß wurde, wischten die Leute mit taunassem Gras ihre Sicheln ab und kamen zu mir herüber und halfen mir unter lustigem Sang und Scherz die Garben zusammentragen. Als wir damit fertig waren, gingen die Knechte und Mägde davon, um in Haus und Hof noch die abendlichen Verrichtungen zu tun; ich und mein Vater aber blieben zurück auf dem Kornfeld. Wir schöberten die Garben auf, wobei der Vater diese halmaufwärts aneinanderlehnte und ich sie zusammenhalten mußte, bis er aus einer letzten Garbe den Deckel bog und ihn auf den Schober stülpte.

Dieses Schöbern war mir in meiner Kindheit die liebste Arbeit; ich betrachtete dabei die „Romstraße“ am Himmel, die hinschießenden Sternschnuppen und die Johanniswürmchen, die wie Funken um uns herumtanzten, daß ich meinte, die Garben müßten zu brennen anfangen. Dann horchte ich wieder auf das Zirpen der Grillen, und ich fühlte den milden Tau, der gleich nach Sonnenuntergang die Halme und Gräser und gar auch ein wenig mein Jöpplein befeuchtete. Ich sprach über all das mit meinem Vater, der mir in seiner ruhigen, gemütlichen Weise Auskunft gab und über alles seine Meinung sagte, wozu er jedoch oft bemerkte, daß ich mich darauf nicht verlassen solle, weil er es nicht gewiß wisse.

So kurz und ernst mein Vater des Tages in der Arbeit gegen mich war, so heiter, liebevoll und gemütlich war er in solchen Abendstunden. Vor allem half er mir immer meine kleine Jacke anziehen und wand mir seine Schürze, die er in der Feldarbeit gerne trug, um den Hals, daß mir nicht kalt werde. Wenn ich ihn mahnte, daß auch er sich den Rock zuknöpfen möge, sagte er stets: „Kind, mir ist warm genug.“ Ich hatte es oft bemerkt, wie er nach dem langen, schwierigen Tagewerk erschöpft war, wie er sich dann für Augenblicke auf eine Garbe niederließ und die Stirne trocknete. Er war durch eine langwierige Krankheit ein arg mitgenommener Mann; er wollte aber nie etwas davon merken lassen. Er dachte nicht an sich, er dachte an unsere Mutter, an uns Kinder und an den durch mannigfaltige Unglücksfälle herabgekommenen Bauernhof, den er uns retten wollte. Wir sprachen beim Schöbern oft von unserem Hof, wie er zu meines Großvaters Zeiten gar reich und angesehen gewesen, und wie er wieder reich und angesehen werden könne, wenn wir Kinder, einst erwachsen, eifrig und fleißig in der Arbeit sein würden, und wenn wir Glück hätten.

In solchen Stunden beim Kornschöbern, das oft spät in die Nacht hinein währte, sprach mein Vater mit mir auch gern von dem lieben Gott. Er war vollständig ungeschult und kannte keine Buchstaben; so mußte denn ich ihm stets erzählen, was ich da und dort von dem lieben Gott schon gehört und gelesen hatte. Besonders wußte ich aus Predigten dem Vater manches zu erzählen von der Geburt des Herrn Jesus, wie er in der Krippe eines Stalles lag, wie ihn die Hirten besuchten und mit Lämmern, Böcken und anderen Dingen beschenkten, wie er dann groß wurde und Wunder wirkte und wie ihn endlich die Juden peinigten und ans Kreuz schlugen, von den Patriarchen und Propheten und von den Zeiten des Heidentums. Dann sprach ich auch aus, was ich vernommen von dem jüngsten Tage, vom Weltgericht und von den ewigen Freuden, die der liebe Gott für alle armen, kummervollen Menschen in seinem Himmel bereit hat.

Ich erzählte das alles in unserer Redeweise, daß es der Vater verstand, und er war dadurch oft sehr ergriffen.

Ein anderes Mal erzählte wieder mein Vater. Er wußte wunderbare Dinge aus den Zeiten der Ureltern, wie diese gelebt, was sie erfahren und was sich in diesen Gegenden einst für Sachen zugetragen, die sich in den heutigen Tagen nicht mehr ereignen.

„Hast du noch nie darüber nachgedacht", sagte mein Vater einmal, „warum die Sterne am Himmel stehen?"

„Ich hab noch gar nie darüber nachgedacht", antwortete ich. „Wir denken nicht daran", sprach mein Vater weiter, „weil wir das schon so gewöhnt sind."

„Es wird wohl endlich eine Zeit kommen, Vater", sagte ich einmal, „in welcher kein Stern mehr am Himmel steht; in jeder Nacht fallen so viele herab."

„Die da herabfallen, mein Kind", versetzte der Vater, „das sind keine rechten Sterne, wie sie unser Herrgott zum Leuchten erschaffen hat; – das sind Menschensterne. Stirbt auf der Erde ein Mensch, so lischt am Himmel ein Stern aus. Wir nennen das Sternschnuppen; – siehst du, dort hinter der grauen Tanne ist just wieder eine niedergegangen."

Ich schwieg nach diesen Worten eine Weile, endlich aber fragte ich: „Warum heißen sie jenen wilden Baum dort die graue Tanne, Vater?"

Mein Vater bog eben einen Deckel ab, und als er diesen aufgestülpt hatte, sagte er: „Du weißt, daß man ihn auch die Türkentanne nennt. Die graue Tanne heißen sie ihn, weil sein Geäst und sein Moos grau ist und weil auf diesem Baum dein Urgroßvater die ersten grauen Haare bekommen hat. – Wir haben hier noch sechs Schöber aufzusetzen, und ich will dir eine Geschichte erzählen, die sehr merkwürdig ist."

„Es ist schon länger als achtzig Jahre", begann mein Vater, „seitdem dein Urgroßvater meine Großmutter geheiratet hat. Er war sehr reich und schön, und er hätte die Tochter des angesehensten Bauern zum Weib bekommen. Er nahm aber ein armes Mädchen aus der Waldhütten herab, das gar gut und sittsam gewesen ist. Von heute in zwei Tagen ist der Vorabend des Festes Mariä Himmelfahrt; das ist der Jahrestag, an welchem dein Urgroßvater zur Werbung in die Waldhütten ging. Es mag wohl auch im Kornschneiden gewesen sein; er machte frühzeitig Feierabend, weil durch den Ebenwald und bis zur Waldhütten hinauf ein weiter Weg ist. Er brachte viel Bewegung mit in die kleine Wohnung. Der alte Waldhütter, der für die Köhler und Holzleute die Schuhe flickte, ihnen zuzeiten die Sägen und die Beile schärfte und nebenbei Fangschlingen für Raubtiere machte – weil es zur selben Zeit in der Gegend noch viele Wölfe gab, der Waldhütter nun ließ seine Arbeit aus der Hand fallen und sagte zu deinem Urgroßvater: „Aber, Joseph, das kann doch nicht dein Ernst sein, daß du mein Lenerl zum Weib haben willst, das wär ja gar aus der Weis!“ Dein Urgroßvater sagte: „Ja, deswegen bin ich heraufgegangen den weiten Weg, und wenn mich das Lenerl mag und es ist ihr und Euer redlicher Wille, daß wir zusammen in den heiligen Ehestand treten, so machen wir's heut richtig, und wir gehen morgen zum Richter und zum Pfarrer, und ich laß dem Lenerl mein Haus und Hof verschreiben, wie's Recht und Brauch ist.“ – Und das Mädchen hatte deinen Urgroßvater lieb, und es sagte, es wolle seine Hausfrau werden. Dann verzehrten sie zusammen ein kleines Mahl, und endlich, als es schon zu dunkeln begann, brach der Bräutigam auf zum Heimweg.

Er ging über die kleine Wiese, die vor der Waldhütten lag, auf der aber jetzt schon die großen Bäume stehen, und er ging über das Geschläge und abwärts durch den Wald, und er war gar freudigen Gemütes. Er achtete nicht darauf, daß es bereits finster geworden war, und er achtete nicht auf das Wetterleuchten, das zur Abendzeit nach einem schwülen Sommertag nichts Ungewöhnliches ist. Auf eines aber wurde er aufmerksam, er hörte von den gegenüberliegenden Waldungen ein heulendes Gebell. Er dachte an Wölfe, die nicht selten in größeren Rudeln die Wälder durchzogen; er faßte seinen Knotenstock fester und nahm einen schnelleren Schritt. Dann hörte er wieder nichts als zeitweilig das Kreischen eines Nachtvogels und sah nichts als die dunklen Stämme, zwischen welche der Fußsteig führte und durch welche von Zeit zu Zeit das Leuchten kam. Plötzlich vernahm er wieder das Heulen, aber nun viel näher als das erstemal. Er fing zu laufen an. Er lief, was er konnte; er hörte keinen Vogel mehr, er hörte nur immer das entsetzliche Heulen, das ihm auf dem Fuß folgte. Als er sich hierauf einmal umsah, bemerkte er hinter sich durch das Geäst funklende Lichter. Schon hört er das Schnaufen und Lechzen der Raubtiere, die ihn verfolgen, schon denkt er bei sich: 's mag sein, daß morgen kein Versprechen ist beim Pfarrer! – da kommt er heraus zur Türkentanne. Kein anderes Entkommen mehr möglich; rasch faßt er den Gedanken, und durch einen kühnen Sprung schwingt er sich auf den untersten Ast des Baumes. Die Bestien sind schon da; einen Augenblick stehen sie bewegungslos und lauern; sie gewahren ihn auf dem Baum, sie schnaufen, und mehrere setzen die Pfoten an die rauhe Rinde des Stammes. Dein Urgroßvater klettert weiter hinauf und setzt sich auf einen dicken Ast. Nun ist er wohl sicher. Unten heulen sie und scharren an der Rinde; – es sind ihrer viele, ein ganzes Rudel. Zur Sommerszeit war es doch selten geschehen, daß Wölfe einen Menschen anfielen; sie mußten gereizt oder von irgendeiner andern Beute verjagt worden sein. Dein Urgroßvater saß lange auf dem Ast; er hoffte, die Tiere würden davonziehen und sich zerstreuen. Aber sie umringten die Tanne und schnüffelten und heulten. Es war längst schon finstere Nacht; gegen Mittag und Morgen hin leuchteten alle Sterne, gegen Abend hin aber war es grau, und durch dieses Grau schossen dann und wann Blitzscheine. Sonst war es still, und es regte sich im Wald kein Ästchen.

Dein Urgroßvater wußte nun wohl, daß er die ganze Nacht in dieser Lage würde zubringen müssen; er besann sich aber doch, ob er nicht Lärm machen und um Hilfe rufen sollte. Er tat es, aber die Bestien ließen sich nicht verscheuchen; kein Mensch war in der Nähe, das Haus zu weit entfernt.

Damals hatte die Türkentanne unter dem abgerissenen Wipfelstrunk, wo heute die wenigen Reiserbüschel wachsen, noch eine dichte, vollständige Krone aus grünenden Nadeln. Da denkt sich dein Urgroßvater: Wenn ich denn schon einmal hier Nachtherberge nehmen soll, so klimme ich noch weiter hinauf unter die Krone. Und er tat's und ließ sich oben in einer Zweigung nieder, da konnte er sich gut an die Äste lehnen.

Unten ist's nach und nach ruhiger, aber das Wetterleuchten wird stärker, und an der Abendseite ist dann und wann ein fernes Donnern zu vernehmen. – Wenn ich einen tüchtigen Ast bräche und hinabstiege und einen wilden Lärm machte und gewaltig um mich schlüge, man meint, ich müßt den Rabenäsern entkommen! So denkt dein Urgroßvater – tut's aber nicht; er weiß zu viele Geschichten, wie Wölfe trotz alledem Menschen zerrissen haben.

Das Donnern kommt näher, alle Sterne sind verloschen, 's ist finster wie in einem Ofen: nur unten am Fuß des Baumes funkeln die Augensterne der Raubtiere. Wenn es blitzt, steht wieder der ganze Wald da. Nun beginnt es gar zu sieden und zu kochen im Gewölk wie in tausend brauenden Kesseln. Kommt ein fürchterliches Gewitter, denkt sich dein Urgroßvater und verbirgt sich unter die Krone, so gut er kann. Der Hut ist ihm hinabgefallen, und er hört es, wie die Bestien den Filz zerfetzen. Jetzt zuckt ein Strahl über den Himmel, es ist einen Augenblick hell wie zur Mittagsstunde – dann bricht in den Wolken ein Schnalzen und Krachen und Knallen los, und weithin hallt es im Gewölk.

Jetzt ist es still, still in den Wolken, still auf der Erde – nur um einen gegenüberliegenden Wipfel flattert ein Nachtvogel. Aber bald erhebt sich der Sturm, es rauscht in den Bäumen, es tost durch die Äste, eiskalt ist der Wind. Dein Urgroßvater klammert sich fest an das Geäst. Jetzt flammt wieder ein Blitz, schwefelgrün erleuchtet ist der Wald; alle Wipfel neigen sich, biegen sich tief; die nächststehenden Bäume schlagen, es ist, als fielen sie heran. Aber die Tanne steht starr und ragt hoch über den ganzen Wald. Unten rennen die Raubtiere wild durcheinander und heulen. Plötzlich saust ein Körper durch die Äste wie ein Steinwurf. Da leuchtet es wieder – ein schneeweißer Knollen hüpft auf dem Boden und kollert dahin. Dann finstere Nacht. Es braust, siedet, tost, krachend stürzen Wipfel. Ein Ungeheuer mit weichschlagenden Flügeln, im Augenblick des Blitzes gespenstige Schatten werfend, naht in der Luft, stürzt der Tanne zu und birgt sich gerade über deinem Urgroßvater in die Krone. Ein Habicht war's, Bübel, ein Habicht, der auf der Tanne sein Nest gehabt."

Mein Vater hatte bei dieser Erzählung keine Garbe angerührt; ich hatte den ruhigen, schlichten Mann bisher auch nie mit solcher Lebhaftigkeit sprechen gehört.

„Wie's weiter gewesen?" fuhr er fort. „Ja, nun brach es erst los; das war Donnerschlag auf Donnerschlag, und beim Leuchten war zu sehen, wie, weißen Wurfspießen gleich, Eiskörner auf den Wald niedersausten, an die Stämme prallten, auf den Boden flogen und wieder hoch emporsprangen. Sooft ein Hagelknollen an den Stamm der Tanne schlug, gab es im ganzen Baum einen hohen Schall. Und über dem Heugraben gingen Blitze nieder, und auf den jenseitigen Wald gingen Blitze nieder; plötzlich war eine blendende Glut, ein heißer Luftdruck, ein Schmettern, und es loderte eine Fichte.

Und die Türkentanne stand da, und dein Großvater saß unter der Krone im Geäst.

Die brennende Fichte warf weithin ihren Schein, und nun war zu sehen, wie ein rötlicher Schleier lag über dem Wald, wie nach und nach das Gewebe der sich kreuzenden Eisstücke dünner und dünner wurde, wie viele Wipfel keine Äste, dafür aber weiße Streifen hatten, wie endlich der Sturm in einen mäßigen Wind überging und ein dichter Regen rieselte.

Die Donner wurden seltener und dumpfer und zogen sich gegen Mittag und Morgen hin; aber die Blitze leuchteten noch immer.

Am Fuße des Baumes war kein Heulen und kein Augenfunkeln mehr. Die Raubtiere waren durch das wilde Wetter verscheucht worden. Stieg also dein Urgroßvater nieder von Ast zu Ast bis zum Boden. Und er ging heraus durch den Wald über die Felder gegen das Haus. Es war schon nach Mitternacht.

Als der Bräutigam zum Haus kommt und kein Licht in der Stube sieht, wundert er sich, daß in einer solchen Nacht die Leute so ruhig schlafen können. Haben aber nicht geschlafen, waren zusammengewesen in der Stube um ein Kerzenlicht.

Sie hatten nur die Fenster mit Brettern verlehnt, weil der Hagel alle Scheiben eingeschlagen hatte.

„Bist in der Waldhütten 'blieben, Sepp?“ sagte deine Ururgroßmutter. Dein Urgroßvater aber antwortete: „Nein, Mutter, in der Waldhütten nicht.“

Es war an dem darauffolgenden Morgen ein frischer Harzduft gewesen im Wald – die Bäume haben geblutet aus unzähligen Wunden. Und es war ein beschwerliches Gehen gewesen über die Eiskörner, und es war eine sehr kalte Luft.

Und als am Frauentag die Leute über die Verheerung und Zerstörung hin zur Kirche gingen, fanden sie im Wald unter dem herabgeschlagenen Reisig und Moos manchen toten Vogel und manch anderes Tier; unter einem geknickten Wipfel lag ein toter Wolf.

Dein Urgroßvater ist bei diesem Gange sehr ernst gewesen; da sagt auf einmal das Lenerl von der Waldhütten zu ihm: „Oh, du himmlisch Mirakel! Sepp, dir wachst ja schon ein graues Haar!“

Später hat er alles erzählt, und nun nannten die Leute den Baum, auf dem er dieselbige Nacht hat zubringen müssen, die graue Tanne!“ –

Das ist die Geschichte, wie sie mir mein Vater eines Abends beim Kornschöbern erzählt hat und wie ich sie später aus meiner Erinnerung niedergeschrieben. Als wir dann nach Hause gingen zur Abendsuppe und zur

Nachtruhe, blickte ich noch mehrere Male hin auf den Baum, der hoch über dem Wald in den dunklen Abendhimmel hineinstand.

Von dieser Zeit ab fürchtete ich mich nicht mehr, wenn ich an der grauen Tanne vorüberging. Und sie stand noch jahrelang da, zur Winters- und Sommerszeit in gleicher Gestalt – ein wild verworrenes Gerippe von Ästen, mit den wenigen dunkelgrünen Nadelballen auf der Krone und dem scharfkantigen Strunk darüber.

Ich war schon erwachsen, da war es in einer Herbstnacht, daß mich mein Vater aufweckte und sagte: „Wenn du die graue Tanne willst brennen sehen, so geh vor das Haus!“

Und als ich vor dem Hause stand, da sah ich über dem Wald eine hohe Flamme lodern, und aus derselben qualmte finsterer Rauch in den Sternenhimmel auf. Wir hörten das Dröhnen der Flammen, und wir sahen das Niederstürzen einzelner Äste; dann gingen wir wieder zu Bett. Am Morgen stand über dem Wald ein schwarzer Strunk mit nur wenigen Armen – und hoch am Himmel kreiste ein Geier.

Wir wußten nicht, wie sich in der stillen, heiteren Nacht der Baum entzündete, und wir wissen es noch heute nicht. In der Gegend ist vieles über dieses Ereignis gesprochen worden, und man hat demselben Wunderliches und Bedeutsames zugrunde gelegt. Noch einige Jahre starrte der schwarze Strunk gegen den Himmel, dann brach er nach und nach zusammen, und nun stand nichts mehr empor über dem Wald.

Auf dem Stock und auf den letzten Resten des Baumes, die langsam in die Erde sinken und vermodern, wächst das Moos.

Ums Vaterwort

Ich habe im Grunde keine schlechte Erziehung genossen, sondern vielmehr gar keine. War ich ein braves, frommes, folgsames, anstelliges Kind, so lobten mich meine Eltern; war ich das Gegenteil, so zankten sie mich derb aus. Das Lob tat mir fast allezeit wohl, und ich hatte dabei das Gefühl, als ob ich in die Länge ginge, weil manche Kinder wie Pflanzen sind, die nur bei Sonnenschein schlank wachsen.

Nun war mein Vater aber der Ansicht, daß ich nicht allein in die Länge, sondern auch in die Breite wachsen müsse, und dafür sei der Ernst und die Strenge gut.

Meine Mutter hatte nichts als Liebe.

Mein Vater mochte derselben Artung sein, allein er verstand es nicht, seiner Wärme und Liebe Ausdruck zu geben; bei all seiner Milde hatte der mit Arbeit und Sorgen beladene Mann ein stilles, ernstes Wesen; seinen reichen Humor ließ er vor mir erst später spielen, als er vermuten konnte, daß ich genug Mensch geworden sei, um denselben aufzunehmen. In den Jahren, da ich das erste Dutzend Hosen zerriß, gab er sich nicht just viel mit mir ab, außer wenn ich etwas Unbraves angestellt hatte; in diesem Falle ließ er seine Strenge walten. Seine Strenge und meine Strafe bestand gewöhnlich darin, daß er vor mich hintrat und mir mit schallenden, zornigen Worten meinen Fehler vorhielt und die Strafe andeutete, die ich verdient hätte.

Ich hatte mich beim Ausbruch der Erregung allemal vor den Vater hingestellt, war mit niederhängenden Armen wie versteinert vor ihm stehengeblieben und hatte ihm während des heftigen Verweises unverwandt in sein zorniges Angesicht geschaut. Ich bereute in meinem Innern den Fehler stets, ich hatte das deutliche Gefühl der Schuld, aber ich erinnere mich auch an eine andere Empfindung, die mich bei solchen Strafpredigten überkam: es war ein eigenartiges Zittern in mir, ein Reiz- und Lustgefühl, wenn das Donnerwetter so recht auf mich niederging. Es kamen mir die Tränen in die Augen, sie rieselten mir über die Wangen, aber ich stand wie ein Bäumlein, schaute den Vater an und hatte ein unerklärliches Wohlgefühl, das in dem Maße wuchs, je länger und je ausdrucksvoller mein Vater vor mir wetterte.

Wenn hierauf Wochen vorbeigingen, ohne daß ich etwas heraufbeschwor, und mein Vater immer gütig und still an mir vorüberschritt, begann in mir allmählich wieder der Drang zu erwachen und zu reifen, etwas anzustellen, was den Vater in Wut bringe. Das geschah nicht, um ihn zu ärgern, denn ich hatte ihn überaus lieb; es geschah gewiß nicht aus Bosheit, sondern aus einem anderen Grunde, dessen ich mir damals nicht bewußt war.

Da war es einmal am heiligen Christabend. Der Vater hatte den Sommer zuvor in Mariazell ein schwarzes Kruzifix gekauft, an welchem ein aus Blei gegossener Christus und die aus demselben Material gebildeten Marterwerkzeuge hingen. Dieses Heiligtum war in Verwahrung geblieben bis auf den Christabend, an welchem es mein Vater aus seinem Gewandkasten hervornahm und auf das Hausaltärchen stellte. Ich nahm die Stunde wahr, da meine Eltern und die übrigen Leute noch draußen in den Wirtschaftsgebäuden und in der Küche zu schaffen hatten, um das hohe Fest vorzubereiten, ich nahm das Kruzifixlein mit Gefahr meiner geraden Glieder von der Wand, hockte mich damit in den Ofenwinkel und begann es zu zerlegen. Es war mir eine ganz seltsame Lust, als ich mit meinem Taschenfeitel zuerst die Leiter, dann die Zange und den Hammer, hernach den Hahn des Petrus und zuletzt den lieben Christus vom Kreuz löste. Die Teile kamen mir nun getrennt viel interessanter vor als früher im ganzen; doch jetzt, da ich fertig war und die Dinge wieder zusammensetzen wollte, aber nicht konnte, fühlte ich in der Brust eine Hitze aufsteigen, auch meinte ich, es würde mir der Hals zugebunden. Wenn's nur beim Ausschelten bleibt diesmal...? – Zwar sagte ich mir: Das schwarze Kreuz ist jetzt schöner als früher; in der Hohenwanger Kapelle steht auch ein schwarzes Kreuz, wo nichts daran ist, und gehen doch die Leute hin, zu beten. Und wer braucht zu Weihnachten einen gekreuzigten Herrgott? Da muß er in der Krippe liegen, sagt der Pfarrer. Und das will ich machen.

Ich bog dem bleiernen Christus die Beine krumm und die Arme über die Brust und legte ihn in das Nähkörbchen der Mutter und stellte so mein Kripplein auf den Hausaltar, während ich das Kreuz in dem Stroh des Elternbettes verbarg, nicht bedenkend, daß das Körbchen die Kreuzabnahme verraten müsse.

Das Geschick erfüllte sich bald. Die Mutter bemerkte es zuerst, wie närrisch doch heute der Nähkorb zu den Heiligenbildern hinaufkäme!

„Wem ist denn das Kruzifixlein da oben im Weg gewesen?“ fragte gleichzeitig mein Vater.

Ich stand etwas abseits, und mir war zumute wie einem Durstigen, der jetzt starken Myrrhenwein zu trinken kriegen sollte. Indes mahnte mich eine absonderliche Beklemmung, jetzt womöglich noch weiter in den Hintergrund zu treten.

Mein Vater ging auf mich zu und fragte fast bescheidentlich, ob ich nicht wisse, wo das Kreuz hingekommen sei? Da stellte ich mich schon kerzengerade vor ihn hin und schaute ihm ins Gesicht. Er wiederholte seine Frage, ich wies mit der Hand gegen das Bettstroh, es kamen die Tränen, aber ich glaube, daß ich keinen Mundwinkel verzogen habe.

Der Vater suchte das Verborgene hervor und war nicht zornig, nur überrascht, als er die Mißhandlung des Heiligtums sah. Mein Verlangen nach dem Myrrhenwein steigerte sich. Der Vater stellte das kahle Kruzifixlein auf den Tisch. „Nun sehe ich wohl", sagte er mit aller Gelassenheit und langte seinen Hut vom Nagel, „nun sehe ich wohl, er muß endlich rechtschaffen gestraft werden. Wenn einmal der Christi Herrgott nicht sicher ist...! Bleib mir in der Stuben, Bub!" fuhr er mich finster an und ging dann zur Tür hinaus.

„Spring ihm nach und schau zum Bitten!" rief mir die Mutter zu, „er geht Birkenruten abschneiden."

Ich war wie an den Boden geschmiedet. Gräßlich klar sah ich, was nun über mich kommen würde, aber ich war außerstande, auch nur einen Schritt zur Abwehr zu machen. Die Mutter ging ihrer Arbeit nach, in der abendlich dunklen Stube stand ich allein, und vor mir auf dem Tisch lag das verstümmelte Kruzifix. Heftig erschrak ich vor jedem Geräusch. Im alten Uhrkasten, der dort an der Wand bis zum Fußboden niederging, rasselte das Gewicht der Schwarzwälder Uhr, welche die fünfte Stunde schlug. Endlich hörte ich draußen auch das Schneeabklopfen von den Schuhen, es waren des Vaters Tritte. Als er mit dem Birkenzweig in die Stube trat, war ich verschwunden.

Er ging in die Küche und fragte mit wild herausgestoßener Stimme, wo der Bub sei? Es begann im Hause ein Suchen, in der Stube wurden das Bett und die Winkel und das Gesiedel durchstöbert, in der Nebenkammer, im Oberboden hörte ich sie herumgehen, ich hörte die Befehle, man möge in den Ställen die Futterkrippen und in den Scheunen Heu und Stroh durchforschen, man möge auch in den Schachen (kleines Waldstück) hinausgehen und den Buben nur stracks vor den Vater bringen – diesen Christabend solle er sich für sein Lebtag merken! Aber sie kehrten unverrichteterdinge zurück. Zwei Knechte wurden nun in die Nachbarschaft geschickt, aber meine Mutter rief, wenn ich etwa zu einem Nachbarn über Feld und Wald gegangen sei, so müsse ich ja erfrieren, es seien mein Jöpplein und mein Hut in der Stube. Das sei doch ein rechtes Elend mit den Kindern.

Sie gingen davon, das Haus wurde fast leer, und in der finsteren Stube sah man nichts mehr als die grauen Vierecke der Fenster. Ich stak im Uhrkasten und konnte durch die Fugen desselben hervorgucken. Durch das Türchen, welches für das Aufziehen des Uhrwerkes angebracht war, hatte ich mich hineingezwängt und innerhalb des Verschlages hinabgelassen, so daß ich nun im Uhrkasten ganz aufrecht stand.

Was ich in diesem Versteck für Angst ausgestanden habe! Daß es kein gutes Ende nehmen konnte, sah ich voraus, und daß die von Stunde zu Stunde wachsende Aufregung das Ende von Stunde zu Stunde gefährlicher machen mußte, war mir auch klar. Ich verwünschte den Nähkorb, der mich anfangs verraten hatte, ich verwünschte das Kruzifixlein – meinen Leichtsinn zu verwünschen, darauf vergaß ich. Es gingen Stunden hin, ich blieb in meinem aufrechtstehenden Sarg, und schon saß mir der Eisenzapfen des Uhrgewichtes auf dem Scheitel, und ich mußte mich womöglich niederducken, sollte das Stehenbleiben der Uhr nicht Anlaß zum Aufziehen derselben und somit zu meiner Entdeckung geben. Denn endlich waren meine Eltern in die Stube gekommen, hatten Licht gemacht und meinetwegen einen Streit begonnen.

„Ich weiß nirgends mehr zu suchen“, hatte mein Vater gesagt und war erschöpft auf einen Stuhl gesunken.

„Wenn er sich im Wald vergangen hat oder unter dem Schnee liegt!“ rief die Mutter und erhob ein lautes Weinen.

„Sei still davon!“ sagte der Vater, „ich mag's nicht hören.“

„Du magst es nicht hören und hast ihn mit deiner Herbheit selber vertrieben.“

„Mit diesem Zweiglein hätte ich ihm kein Bein abgeschlagen“, versetzte er und ließ die Birkenrute auf den Tisch niederpfeifen. „Aber jetzt, wenn ich ihn erwisch, schlag ich einen Zaunstecken an ihm entzwei.“

„Tu es, tu es – 'leicht tut's ihm nicht mehr weh“, sagte die Mutter und setzte das Weinen fort. „Meinst, du hättest deine Kinder nur zum Zornauslassen? Da hat der lieb Herrgott ganz recht, wenn er sie beizeiten wieder zu sich nimmt! Kinder muß man liebhaben, wenn etwas aus ihnen werden soll.“

Hierauf er: „Wer sagt denn, daß ich ihn nicht liebhab? Ins Herz hinein, Gott weiß es! Aber sagen kann ich ihm's nicht. Ihm tut's nicht so weh als mir, wenn ich ihn strafen muß, das weiß ich!“

„Ich geh noch einmal suchen!“ sagte die Mutter.

„Ich will auch nicht dableiben!“ sagte er.

„Du mußt mir einen warmen Löffel Suppe essen! 's ist Nachtmahlzeit“, sagte sie.

„Ich mag jetzt nichts essen! Ich weiß mir keinen andern Rat“, sagte der Vater, kniete zum Tisch hin und begann still zu beten.

Die Mutter ging in die Küche, um zur neuen Suche meine warmen Kleider zusammenzutragen für den Fall, daß man mich irgendwo halberfroren finde. In der Stube war es wieder still, und mir in meinem Uhrkasten war's, als müsse mir vor Leid und Pein das Herz brechen. Plötzlich begann mein Vater aus seinem Gebete krampfhaft aufzuschluchzen. Sein Haupt fiel nieder auf den Arm, und die ganze Gestalt bebte.

Ich tat einen lauten Schrei. Nach wenigen Sekunden war ich von Vater und Mutter aus dem Gehäuse befreit, lag zu Füßen des Vaters und umklammerte wimmernd seine Knie.

„Mein Vater, mein Vater!“, das waren die einzigen Worte, die ich stammeln konnte. Er langte mit seinen beiden Armen nieder und hob mich auf zu seiner Brust, und mein Haar ward feucht von seinen Zähren.

Mir ist in jenem Augenblick die Erkenntnis aufgegangen.

Ich sah, wie abscheulich es sei, diesen Vater zu reizen und zu beleidigen. Aber ich fand nun auch, warum, ich es getan hatte. Aus Sehnsucht, das Vaterantlitz vor mir zu sehen, ihm ins Auge schauen zu können und seine zu mir sprechende Stimme zu hören. Sollte er schon nicht mit mir heiter sein, so wie es andere Leute waren und wie er es damals, von Sorgen belastet, so selten gewesen, so wollte ich wenigstens sein zorniges Auge sehen, sein herbes Wort hören; es durchrieselte mich mit süßer Gewalt, es zog mich zu ihm hin. Es war das Vaterauge, das Vaterwort.

Kein böser Ruf mehr ist in die heilige Christnacht geklungen, und von diesem Tage an ist vieles anders worden. Mein Vater war seiner Liebe zu mir und meiner Anhänglichkeit an ihn innegeworden und hat mir in Spiel, Arbeit und Erholung wohl viele Stunden sein liebes Angesicht, sein treues Wort geschenkt, ohne daß ich noch einmal nötig gehabt hätte, es mit Bosheit erschleichen zu müssen.

Die ledernen Brautwerber meines Vaters

Da nun noch viel von Vater und Mutter die Rede sein wird, so muß vorerst gesagt werden, wie sie es geworden sind.

Also der junge Lenzel.

Niemand ging öfter am Alitschhof vorüber als der junge Lenzel. Er stieg von seinem Berghaus herab ins Tal, diesseits wieder herauf, am Alitschhof vorbei, gegen die Waldhöhe hin. Was er auf der Waldhöhe tat, wußte niemand, man sah ihn nur allemal wieder zurückkehren denselben Weg – am Alitschhof vorbei. Der jungen Weiddirn Mirzel, der Kohlenbrennerstochter, die am Rain Gras mähte oder im Garten Kohlköpfe abschnitt, fiel es zuerst auf, aber sie sagte nichts. Das erstemal, als sie ihn sah, dachte sie auch nichts und schnitt ihr Gras. Das zweitemal dachte sie, der muß auf einem Viehhandel umgehen jetzt, und schnitt ihr Gras. Das drittemal, als er am Gartenzaun stehenblieb und eine Weile zuschaute, wie sie den Kohl abhieb, dachte sie: Stehenbleibt er! Ich tu nix dergleichen – und hieb Kohlköpfe ab.

Der Lenzel war noch vor keiner so lange stehengeblieben, obschon nach des Vaters Tod die Mutter gesagt hatte: „Bub, ich kann's nimmer dermachen mit der Wirtschaft, du mußt umschauen! Aber bring mir keine Dudl ins Haus, die alleweil nur ein schönes Gewand anhaben und nix arbeiten will!"

Nun also. Die dort im Krautgarten, die arbeitet ja, und Gewand hat s' auch kein schönes an. Das Köhlerdirndl. Das gestrickt Wollenjöppel und das blau Leinwandkitterl wird's wohl noch klecken. Schuh hat s' eh keine an. – Daß sie mit ihren drallen Barfüßlein dastand auf der schwarzen Erden, wollte ihm gefallen. Aber er sagte nichts und trottete wieder davon. Und dann tat's ihm leid, daß er sie nicht angeredet hatte. Das nächstemal nahm er sich's vor, ging aber wieder unverrichteter Sache vorüber, weil ihm nichts einfiel. Ihm war das Anschauen einstweilen ganz und gar genug; aber daß sie denken konnte: der muß ein Tappel sein, weil er nix zu reden weiß – das war's.

Das nächstemal ging er am Samstag vorbei, zur Feierabendstunde. Und wenn es auch schon finster sein sollte, das macht nix. Einfallen tut einem bei der Nacht leichter was. Da will er's bei ihr mit dem Fensterln probieren. Aber er kam zu früh, es war noch licht. Die Mirzel stand am Brunnen und scheuerte mit dem Strohwisch einen Zuber so heftig, daß das Kitterl lustig hin und wider schlug. Und dann ließ sie das kalte Wasser auf ihre Barfüße rinnen, bis Staub und Erde weggeschwemmt waren und sie feucht und rosig dastanden auf dem Brunnenstein. Und neben ihr stand der Soldat. Der Steinlacher-Zenz, der auf Urlaub daheim war. Er hatte blaue Hosen und einen weißen Rock an, und einen schwarzglänzenden Tschako mit dem goldenen Kaiseradler auf, und am schwarzen Lendenriemen das Stilett. An den Ohren zwei gefettete Haarsechser geschwungen und unter der langen Nase zwei falbe Bartspitzen. Mit solch bewaffneter Macht war sie jetzt besetzt, die Dirn, unter drohender Gefahr eines Belagerungszustandes. Der Lenzel stand am Hundskobel und schäkerte mit dem Kettenhund, dem er die Hand in den Rachen hielt, der darob schrecklich knurrte, mit den langen weißen Zähnen nagte und doch nicht dreinbiß. Aber des Burschen Auge war beim Dirndl, wie jetzt der Soldat mit ihm schäkerte. Einen langen Kornhalm hatte er vom Wege aufgelesen, der Kaiserliche, ihn in den Mund genommen und beim Plaudern so hin und her bewegt, daß der Halm ein paarmal in das weiße Rundgesicht des Dirndls schlug. Wie man Fliegen abwehrt, so tat sie mit der Hand und scheuerte wieder an dem Zuber. Jetzt wendete der Soldat den Halm bodenwärts und hub an, damit an ihren Barfüßen herumzugaukeln. *Das* war nicht mehr auszuhalten. Der Lenzel ließ Hund Hund sein, trat rasch an den Brunnen und sagte: „Laß mich ein wenig trinken, Mirzel?"

Sie lachte ihn freundlich an und meinte, das Wasser würde wohl noch ausreichen.

Er hielt seinen Mund ans sprudelnde Rohr und trank. Der Soldat gab ihm als altem Kameraden die Hand und sprach: „Ich sag gleich grüß dich Gott und b'hüt dich Gott auf einmal!" Das hieß soviel als: Nun kannst schon wieder gehen. Aber der Lenzel blieb stehen; er müsse warten, bis er noch einmal durstig werde. Das sei ganz gescheit, antwortete sie, und ob er sich nicht an den Trogrand niedersetzen wolle? Da merkte der Urlauber, daß *er* seinen Abschied habe, grüßte kaiserlich und marschierte ab.

Und nun waren sie allein, der Lenzel und die Mirzel.

Es dürfte kaum der Mühe wert sein, das Gespräch zweier blöder Bauernkinder aufzumerken. Solch junge Leute sind ja sonst ganz munter und witzig, doch in einer gewissen Standzeit sind sie äußerst ungeschickt und befangen. Aber die zuckenden Augen und die errötenden Wangen plaudern mehr, als sie sollen und wollen. Und die Lippen haben reichlich zu tun, um durch täppische Herumrederei die Wahrheit zu verleugnen. Und das leidenschaftliche Verneinen ist ein heimliches Bejahen.

Als der Lenzel nachher davonging, soll es keinen Erdboden gegeben haben. Er schwebte.

Drei Wochen später war Allerheiligen. Da kam in den Alitschhof ein mit steifem Zuckerhutpapier eingewickeltes Paket. Der Schickbub sagte: „Für die Weiddirn Mirzel!“ und lief davon, als ob er gejagt würde.

Die Leute guckten: „Mirzel, dir soll's gehören!“

„Mir soll's gehören?“ sagte sie und nahm zagend das Packel in den Arm. Trug es in die Kammer und machte es nicht auf. Sie hatte es aufs Fensterbrett gelegt, stand davor und schaute es an. Und den ganzen Nachmittag dachte sie: Was denn da drin sein könne? Das blutarme Kind war so reich an diesem Tag. Zehnerlei schöne Sachen dachte sie, jede konnte drinnen sein in dem blauen Papier. Hoch hatten ihre Wünsche sich ja nie verstiegen. Ein paar Wecken. Ein Rocken Flachs. Oder sollte der alte Kohlenbrennervetter vom Kreßbach Wollenstrümpfe schicken, die er selbst so schön strickt? Oder gar die Hausteinerin, bei der sie nächstes Jahr dienen soll, Zucker und Kaffee? – In Gottes Namen, tun wir halt schauen. Am End sind's Fichtenzapfen oder eine andere Fopperei.

Im blauen Packel waren ein Paar Schuhe. Ein Paar neuer kohlschwarzer Kalbslederschuhe mit Ochsensohlen, gezahnten Lascheln und Riemen. An den Zehenspitzen „abgehackt“, wie die Bezeichnung lautet. Man sah unten am Sohlenrand keinen Pechdraht wie bei den „Grobg'nahten“; die Naht war inwendig versteckt. Bei der Wichtigkeit, die dieses Paar Schuhe für mich hat, habe ich mich neuzeit an einen Schustermeister gewendet, daß er mir die Technik solch versteckter Nähte erkläre; aber der lachte, da könne er nicht dienen; sohlengenähte Schuhe seien längst abgekommen, seit man die „Zwecke“ habe. Also wäre mein weiteres Herumfragen zwecklos.

Das Dirndl war sehr vergnügt. Schuhe! Buderlweiche Kalbslederschuhe mit Zahnlascheln! Und durchg'naht! „Jesseles, die hat mir frei der lieb Herrgott geschickt!“ – Flugs an die Füße damit. „Für Strümpfeln sind sie gerichtet. Hab'n ma keine, so tun ma Stroh um die Zehen, ist auch schön warm. Und nix dabei? Kein March (Merkzeichen) und kein Nam. Wer's mir nur so gut tut meinen? – Du josl maron, was das für saubere Schuh sein! Und gut gehen drein!“ Wie sie etliche Male im Zimmer hin und her getrippelt, streift sie die Schuhe wieder ab, beschaut sie noch einmal über und über und wischt mit einem Lappen etwaigen Staub weg. Dann stellt sie sie in ihren Gewandkasten, zieht den Schlüssel ab, was sonst nicht der Brauch ist im Alitschhof, und steckt ein Paar klobige Holzschuhe an die Füße.

Etliche Wochen später ist auf dem Hof des Lenzel Brecheltag gewesen. Mit Holzwerkzeugen, Brecheln genannt, wird der Jahresbau des vorher im Dörrofen getrockneten Flachses gebrochen, von Streu und Agen (Spelzen) befreit, so daß das gelbliche weiche Rockenhaar hervorkommt. Zu dieser Zeit pflegt der Bauer Nachbarsleute einzuladen, damit die Arbeit an einem langen Nachmittag vollzogen werden kann. Am Abend darauf große Mahlzeit, Tanz und andere Lustbarkeit. – Zu diesem Brecheltag lud der Lenzel unter andern auch die Weiddirn vom Alitschhof. Und richtete es so ein, daß ihre beiden Brecheln nebeneinander standen. Vor allem war er auf eins begierig, aber sie hatte die Holzschuhe an. Sie plauderten nicht viel selbander, sondern schwangen ihre Brechelscheiter über den Flachs. Aber als es Feierabend ward und sie nebeneinander zum Hause hingingen, fragte der Lenzel ruhig: „Tust nit schwer gehen in deinen Holzschuhen?“

„Im Winter sein s' halt schön warm, im Sommer trag ich gar keine“, antwortete sie.

„Im Sommer, meinst. Und tun dich nit immer einmal die Halme stechen?“

„Das ist man schon gewohnt“, sagte sie, verstand es nicht, auf was er angespielt hatte.

Da fragte er endlich zögernd: „Hast nit auch andere Schuh?“

„Ich hätt ein Paar schöne Schuh im Kasten, aber die behalt ich mir für die Feiertäg.“

„Tragst du sie im Winter, da mußt sie dir nageln lassen.“

„Weißt leicht, daß sie nit genagelt sind?“

„Werden eh, werden eh! Wie soll ich das wissen?“

„Die Schuh sein mir geschickt worden“, sagte sie und lauerte ein wenig.

„So, geschickt worden? Von wem denn?“

„Ja, Lenzel, wenn ich das kunnt herausbringen! Will sie nit eher tragen, bis ich's weiß.“

„Hast keinen Gedanken?“ fragte er.

„Wohl schon gehabt, aber jetzt wieder nit. Herumfragen mag ich nit. Die Hausteinerin, hab ich einmal gemeint. Die sagt: Nein. Der Kreßbachvetter ist's auch nit.“

„Wirst ja noch mehr Bekannte haben. Vielleicht –“

„Was sagst?“

„Vielleicht der Urlauber Zenz?“

„Uh narrisch! Der ist selber barfuß gegangen, ehvor ihm der Kaiser die Stiefel geschenkt hat.“

Blinzelte der Lenzel ihr mit großem Wohlgefallen ins Gesicht, aber ganz flüchtig. Das Wort hat ihm getaugt.

„Einen Rat tät ich dir wohl wissen, Mirzel“, sagte er hernach. „jetzt kommt bald die Thomasnacht. Da wirfst du die Schuh über den Kopf hinteri, und wie sie nachher auf dem Fletz (Fußboden) liegen und nach welcher Seiten ihre Zehenspitzen hinzeigen, von derselben Seiten sind sie hergekommen. Weißt du, geschenkte Schuh trachten immer zurück.“

Da sagte sie nichts mehr.

Der Thomastag ist der kürzeste Tag des Jahres, und doch konnte das Dirndl den Abend kaum erwarten. Nach dem Mahle erzählte ein alter Knecht Geschichten, und die Alitschbäuerin wollte Lieder singen, bei denen die Mirzel ihr sonst mit „zweiter Stimm“ zu helfen pflegte. Heut aber sagte das Dirndl, es sei nicht ganz richtig, und zog sich bald in ihre Kammer zurück. Nicht ganz richtig! Das deuteten die Hausleute auf Schläfrigkeit. Allein es war etwas anderes. Wenn eine immer ein Paar Kalbslederschuhe mit Ochsensohle im Kopf hat, wie soll sie da singen können? Als die Tür hinter ihr verschlossen war, zündete sie die rote Ampel an, die sonst nur an hohen Festabenden vor einem Marienstatuettlein brannte. Dann holte sie aus dem Kasten die Schuhe und warf sie rasch hinter sich auf das Fletz. Und schaute, wie sie gefallen waren. Beide hatten ihre Zehenspitzen nach der Seite hin, wo das menschenleere Gebirge stand. Das war sicherlich falsch, von dort konnte kein Schuh kommen. Sie warf ein zweites Mal, da war's noch dümmer, die eine Schuhspitze zeigte nach St. Kathrein, die andere nach dem Mürztal. Sollten zwei Spender aus verschiedenen Richtungen zusammengeschossen haben? Aller guten Dinge sind drei, dachte sie, hub die Schuhe auf und warf sie ein drittes Mal über den Kopf nach hinten. Diesmal mit bedachtsamer Vorsicht. Jetzt hatte sie's. Beide Schuhe zeigten einstimmig die Richtung quer über das Hochtal nach dem Berg, auf dem der Hof des Lenzel stand. Nun warf sie nicht mehr. Nun war's ihr recht. Sie nahm ein Tüchlein, reinigte die Schuhe sorgfältig von jedem Stäubchen und stellte sie mit Zärtlichkeit in den Kasten. Dann legte sie sich nieder und weinte die halbe Nacht.

Vier Tage nachher war Christtag. Der Lenzel legte sein neues Lodengewand an mit den grünen Aufschlägen an Kragen und Ärmel und setzte den schwarzen Hasenhärenen auf. Der breite schneeweiße Hemdkragen war von einem roten Seidentuch zusammengehalten. In der Weste hatte er, an einem Packfongkettlein hängend, die große Taschenuhr mit Schildkrotgehäuse, die einst sein Ahn Josef teuer gekauft hatte. Diese Uhr zog er nun auf dem Weg zur Kirche mehrmals heraus, um ins Glas zu gucken, ob er wohl auch ein so freundliches gutes Gesicht hatte, als er heute haben wollte. – Tags zuvor hatte es geschneit. Nun stieg hinter dem Wald die rote Sonnenscheibe groß herauf, daß die weite Schneelandschaft zart erglühte. So kam der Lenzel zur Kirche. Dort drängte er sich mit anderen durch das rückwärtige Tor hinein, das unter dem Turm ist. Ganz flüchtig hatte er bemerkt, daß hinter ihm die Mirzel nachging und daß sie am Tor zurückblieb. Denn sie hatte heute die neuen Schuhe an, und da wäre es gerade, als trippelten sie ihm – dem Spender – nach. Das durfte nicht so aussehen, so ging sie außen links um die Kirche. Das hatte er bemerkt, kehrte um und ging außen rechts um die Kirche.

Und draußen, just hinter dem Schiff des Hochaltars, unter einer schneebeschwerten Tanne, haben sie sich begegnet.

Nach der ersten Verwunderung darob, daß die neuen Schuhe schnurgerade zum Spender zurückgekehrt waren, und nach dem Schreck darüber, daß bei dieser Rückkehr sie selbst in den Schuhen steckte, hat sie aber lachen müssen. Während drinnen schon die Orgel klang, haben sie sich die Hand gegeben – das schweigende Versprechen.

So haben ihm die Schuhe, die er ausgesandt, das Weib zugebracht.

Allerlei Spielzeug

Ich habe als Kind mir meine Welt, die von Natur höllisch klein war, auseinandergedehnt, wie mein Vetter Simmerl den Katzenbalg, aus dem er sich einen Tabaksbeutel machen wollte. Und es ist, bigott (bei Gott), ein Sack daraus worden, in welchem all die unglaublichen Phantastereien einer ungezogenen Bauernbubenseele vollauf Platz gehabt haben.

Wie ich mir später die Bücher, die ich nicht kaufen konnte, selber machte, so habe ich mir auch die größten Städte der Welt, die ich nicht sehen konnte, selber gebaut.

Die jahrelange Kränklichkeit meines Vaters verschaffte mir das Baumaterial. Die Hustenpulver vom Doktor, der spanische Brusttee vom Kaufmann, die Medizinflaschen vom Bader waren stets in gutes, oft sogar schneeweißes Papier eingeschlagen; aus diesem Papier schnitzte ich mit der Nähschere meiner Mutter oder, wenn ich diese schon zerbrochen oder verloren hatte, mit jener der Magd allerlei Häuser, Kirchen, Paläste, Türme, Brücken, bog sie geschickt zur passenden Form und stellte sie in Reihen und Gruppen auf den Tisch. Das gesuchte Material hierfür waren wohl die alten Steuerbücheln mit ihren steifen Blättern; nun kam es freilich vor, daß über der ganzen Hauptfront eines Herrenpalastes das „Datum der Schuldigkeit“ stand oder ein Kirchturm anstatt Fenster und Uhren nichts als lauter Posten der „Abstattung“ hatte. Als es aber ruchbar geworden war, daß ich meine Prachtbauten mit den blutigen Steuersummen der Bauern aufführte, da gab's eine kleine Revolution, indem mein Vater einmal mit der flachen Hand mir einige öffentliche Gebäude unter den Tisch hinabwischte.

Eines Tages ging ich einer Hirtenangelegenheit wegen ins Ebenholz (ebener Wald) hinaus. Ich hatte die Magd ersucht, ob sie mir nicht ihre „heilige Monika“ mit in den Wald leihen möchte.

„Du lieber Närrisch!“ hatte die Magd geantwortet, „wenn sie nur ganz wär, aber es ist mir die Maus dazugekommen. Was übriggeblieben ist, das magst haben.“

So nahm ich das Büchlein von der heiligen Monika mit in das Ebenholz. Aber als ich in demselben zu lesen begonnen hatte, hub im Sack die Nähschere meiner Mutter zu sticheln an; ob ich die Geschichte von dieser Heiligen denn nicht schon längst auswendig wisse? Ob die Maus nicht etwa schon das Beste weggenagt hätte? Ob ich mir für diese grauen und angefressenen Blätter eine bravere Verwendung denken könne, als daraus die schöne Weltstadt Paris zu bauen?

Ich wollte der alten Nähschere meiner Mutter nicht widersprechen.

Nun stand zur selben Zeit im Ebenholz noch die alte Schlagerhütte, die einst ein Bauernhäuschen gewesen und zwischen dem jungen Fichtenanwuchs verlassen und öde hockengeblieben war. Die Fensterchen waren ohne Gläser, die Tür war aus den Angeln gehoben, und auf der Schwelle wucherten Brennesseln. Die Luft in der Hütte roch ganz modrig, und jedes Geräusch widerhallte grell an den Wänden, als wollte das alte Zimmerholz mit dem Eintretenden alsogleich ein Gespräch anheben. Mir war dieser Bau unheimlich gewesen bis zu jenem Tage, da mich und unsern Knecht Markus im Wald ein scharfer Wetterregen überraschte und wir uns in die Hütte flüchteten. „Ja", hatte damals der alte Markus gesagt, als die Donner hallten und schallten, „ja, wir haben heuer halt ein Schalljahr." So nennen sie bei mir daheim das Schaltjahr und meinen, der Name komme von dem Schallen des Donners. Als der Regen fortwährte, fragte mich der Markus: „Kannst Karten spielen, Bub?"

„Zwicken und Bettlerrufen kann ich", war meine Antwort, „aber wir sollten lieber den Wettersegen beten."

„Da ist mir das Bettlerrufen unterhaltlicher."

„Wenn's aber einschlägt!" gab ich zu bedenken.

Der Knecht zog Spielkarten aus seinem Sack, wir setzten uns an den großen Tisch und kartelten, bis draußen die nassen Zweige funkelten und die helle Sonne zum Fenster hereinschien.

Seither war mir die Hütte heimlich. Und nun ging ich ihr zu, setzte mich an den großen, wurmstichigen Tisch und schnitzte aus den Blättern der „heiligen Monika" die große Weltstadt Paris. Ich stellte die Häuser in langen Gassenreihen auf, und die Gassen und Plätze bevölkerte ich mit blauen Heidelbeeren und roten Preiselbeeren – erstere waren die Männer, letztere die Frauen. Um das Königsschloß postierte ich Reihen von Stachelbeeren, das waren die Soldaten.

Als der Tisch voll geworden war und ich trunkenen Blickes hinschaute auf die vieltürmige Stadt und ihre belebten Gassen, die ich gegründet und wie ein Schutzgeist beschirmte, dachte ich: Nun soll über die Stadt aber auch einmal eine rechte Straf Gottes kommen. Wie steht's mit einem Sturmwind? – Ich blies drein; hei, purzelten ganze Häuserfronten über und über. Sie wurden wieder erbaut. Da endlich aber der Abend kam und meines Bleibens in der Hütte nicht mehr länger sein konnte, sann ich nach, wie ich die Stadt Paris am großartigsten zugrunde gehen lassen könnte. Eine Feuersbrunst? Neunjährige Bauernjungen tragen immer schon Streichhölzchen im Sack, weil sie sich doch allmählich mit dem Hauptberuf des Mannes, mit dem Tabakrauchen, bekannt zu machen trachten müssen.

Das Feuer stand mitten in der Stadt, und nach wenigen Sekunden standen ganze Viertel in Flammen. Die Bevölkerung war starr vor Schreck, das Feuer wogte hin, und die Mauern zitterten, und die kahlen Ruinen ringelten sich. Da der Königspalast verschont bleiben zu wollen schien, so blies ich die Flammen gegen denselben hin – wehe, da flogen die brennenden Häuser über den Tisch und auf den Fußboden, wo in der Ecke noch ein Bund Bettstroh lag. Jetzt wurde der Spaß ernst. Das Papier hatte so still gebrannt, das Stroh knisterte schon vernehmlicher, und ein greller Schein erhellte die Hütte. Ich wollte eben davonstürzen, als unser Knecht Markus zur Tür hereinsprang und mit einem buschigen Baumwipfel das Feuer totschlug.

Knecht Markus war verschwiegen, war ein dunkler Ehrenmann, aber das sagte er mir, wenn ich mich mit Sengen und Brennen auf den Etzel hinausspielen wolle, so tät er es dem Kaiser schreiben, daß er mich rechtzeitig köpfen lasse.

Von diesem Tag an habe ich keine Stadt mehr gegründet und keine mehr zerstört. Ich ging von der Architektur zur Musik und Malerei über.

Ich hatte bei herumziehenden Musikern, die vor unserer Haustür uns das Leben schön machten, allerlei Saiteninstrumente kennengelernt. Ich hatte einen alten Harfenisten nach Beendigung seines Ständchens sogar einmal angesprochen, ob er es für einen Sechser erlauben könne, daß ich mit ihm zum nächsten Nachbarn gehe, um sein Spiel dort noch einmal zu hören; worauf der Künstler antwortete, für einen Sechser bleibe er an unserer Tür stehen und spiele, solange ich wolle. Damals ist mir der ganze Wert unserer legierten Silbersechser zum Bewußtsein gekommen. Nun hatten wir aber an jenem Tag in unserer Stube einen alten, brummigen Schuster, und der hatte gerade seinen Kopfwehtag. Als ich dann vor dem spielenden Musiker, die Hände in den Hosentaschen, dastand, die Zehen in den Sand bohrte, gleichsam, als wollte ich mich einwurzeln, sprang plötzlich der Schuster mit grüngelbem Gesicht zur Tür heraus und ließ einen tollen Fluch fahren über das verteufelte Geklimper.

Mitten in der Herrlichkeit brach der Harfner das Spiel ab. Für einen solchen Baß sei sein Instrument nicht berechnet, meinte er, rückte die Harfe auf den Buckel und ging davon. Seit jenem Tage datiert mein Haß gegen die Schuster, die ihren Kopfwehtag haben.

Die Harfe ging mir nicht aus dem Kopf. In unserem Rübenkeller stand ein altes, säuerlndes Fäßchen, das mein Vater beim Stockerwirt allemal für die drei Faschingstage mit Apfelmost füllen ließ. Nun war es längst leer, und diese Leere kam mir zustatten. Ich stülpte das Fäßchen auf, zog über den Boden Zwirnsfäden wie Saiten, so daß diese je nach ihrer Länge einen verschiedenen Ton gaben, wenn ich sie mit dem Finger berührte. Da hatte ich ein Saiteninstrument mit dem respektabelsten Resonanzboden. Doch erinnere ich mich nicht mehr, inwiefern ich damit meinen musikalischen Hang ausgebildet habe – ich weiß nur, daß zum nächsten Fasching, als ich unseren tanzlustigen Mägden auf meiner Harfe was aufspielen wollte, wieder frischer Most in dem Fäßchen war.

In denselben Jahren hatte ich mit einem jungen Studenten Bekanntschaft gemacht, mit dem Söhnlein eines Nachbarn, welches in Graz „auf Geistlich" studierte, in den Ferien stets nach Hause kam und Reichtümer mitbrachte. Ich erwarb mir seine Gunst, indem ich ihn öfters auf unsern Schwarzkirschbaum lud, wo es zu schnabulieren gab. Der Student riß zwar ein um das andere Ästlein ab, um zur süßen Frucht zu gelangen, aber mein Vater, der sonst solcherlei Verstümmelungen scharf ahndete, war der Meinung, einem angehenden Priester dürfe man nichts verwehren, er würde dereinst den Kirschbaum schon in sein Meßopfer einschließen, daß er gedeihe und immerwährend fruchtbar sei. Der Student war für solche Rücksichten erkenntlich und stellte mir all seine Bücher, Landkarten, Schreib- und Zeichenrequisiten zur Verfügung. Den Schulfleiß des Studenten in Ehren! Dennoch aber glaube ich, daß seine „deutschen Lesebücher für die Gymnasialklassen", seine „Welters Weltgeschichte", sein „Handbuch des katholischen Kultus", sein „Leitfaden der Erdkunde" und so weiter während der Ferien schier mehr strapaziert wurden als während des Schuljahres. Als sich der angehende Theologe mit denselben auf sein Hirtenamt vorbereiten sollte, übte ich mit ihnen das meine bereits aus. Doch ließ ich meine Kühe und Ochsen Rinder sein, lag im grünen Grase und las. – Oh, die armen Bücherwürmer in den staubigen Bibliotheken, ihr habt gar keine Ahnung davon, was im Waldschatten ein Buch ist! *Viele* Bücher würden leicht auch den im Walde Lagernden beunruhigen, verwirren und entmarken; aber *ein* Buch, ein seelenvolles Buch genießt man dort ganz aus und gedeiht dabei. Ich denke hier an das Lesebuch für die Gymnasialklassen, reich an Gedichten und Aufsätzen von deutschen Klassikern. Ich konnte es nicht einmal ganz verstehen, aber es wirkte tiefer auf mich als alle spätere Lektüre zusammen.

Als die Kirschen gegessen waren und die Blätter des Baumes gelb wurden, packte der Student seine Bücher zusammen und ging wieder in die „Studie“.

Einmal ließ er mir ein Kästchen mit Wasserfarben zurück.

Jetzt schnitt ich mir ein Löckchen Haar vom Haupt, band es an ein Stäblein, und mit solchem Pinsel begann ich zu malen. Eine große Anzahl der Heiligenbildchen, die heute noch in verschiedenen Gebetbüchern der Gegend zu finden sind, ist mit meinem Haar gemalt worden. Die Leute haben sich hell verwundert, wenn sie mir zugeschaut und gesehen, wie man mir nichts, dir nichts die Muttergottes macht. Einmal kam der alte Schneider-Jackel, Küster von Krieglach, in unser Haus, um den Pfarrzehent abzuholen; der sah mich malen. „Na“, sagte er fortwährend, „aber da gehört was dazu! Jetzt malt so ein kleiner Schlingel da himmlische Leut! Und daß es eine Form hat! Ein hellrotes G'wandl, ein schönes! Ein Gesicht – wie er aber das Gesichtel macht! Die ganze Fleischfarb und 's Göscherl! Und die Augen, die blauen, wie sie auslugen! – Spitzbub, du! Freilich, den Heiligenglanz auch, na, der darf nicht fehlen. Wär nit ganz, wenn der fehlen tät! – Schon eine Menge so Bildeln hast da! – Bist aber ein Kreuzköpfel, du mußt schon ein Maler werden! Alles von dir selber hast gelernt? Ist viel! Ist viel das! Schau, das tät's nit, die Bildeln muß ich alle mitnehmen, 's tät's nit anders, die müssen ihre heilige Weih kriegen. Dank dir Gott, Schwarzkünstler, du kleiner!“

Vor meinen Augen tat er die Bildchen – es waren deren allerlei und eine große Anzahl – zusammen, schob sie in seinen Sack und ging davon. Mir blieb der Verstand stehen.

Aber mir schwoll der Kamm, als ich bald darauf hörte, der Küster hätte bei seiner Wallfahrt mit der Krieglacher Kreuzschar nach Mariazell meine Heiligenbilder am Gnadenaltar weihen lassen und sie hernach an die Wallfahrer verteilt.

Unter anderem ist später auch der alte Riegelberger in den Besitz eines solchen Heiligtums gekommen. Er soll es allemal, sooft er sein Gebetbuch aufschlug, inbrünstig geküßt haben; als er es aber erfuhr, von wem das Bildchen herrührte, ist er schnurgerade in unser Haus gegangen und hat mich zur Rede gestellt, warum ich mit heiligen Dingen Frevel treibe? Ob ich's vielleicht leugnen wolle? Geweihte Sachen hätte ich gemalt!

„Ja“, sagte ich, „wenn Ihr das Kalb auf den Kopf stellt, wird es freilich den Schweif in die Höhe recken.“

„Willst mich fean (verhöhnen), Bub?"

„Die Bilder sind zuerst gemalt und *nachher* geweiht worden." Es hielt schwer, ihm die Sache begreiflich zu machen, und er rief immer wieder aus, zerfetzen möchte er das schlechte Zeug, wenn's ihm um die heilige Weih nicht leid täte.

Ein andermal hatte ich mit demselben Manne eine viel gefährlichere Begegnung. Es waren zur selben Zeit noch die kleinen Papierzehner im Land. Ein solches Notlein habe ich wundershalber einmal nachgemacht. Dem Knecht Markus kam es zu Augen, der schmunzelte das Streifchen an und ersuchte mich, daß ich es ihm ein wenig leihe. Einen Tag später begegnete ich auf dem Feldweg dem Riegelberger. Er grinste mich schon von weitem an und lächelte mir dann freundlich zu: „Büberl, du wirst aufgehängt."

„Ihr meint, weil ich so allerhand Bildeln gemalt hab?"

„Bildeln, so viel du willst. Aber die falschen Banknoten! Ja, lieber Freund! Einen hab ich von dir in der Brieftasche und geh gerade, mir jetzt dafür Tabak kaufen."

Ich denke, daß ich über diese Mitteilung sehr blaß geworden bin, denn der Riegelberger sagte nun: „Auf *ein* Pfeiferl hab ich noch in der Blader (getrocknete Schweinsblase zum Aufbewahren von Tabak). Was gibst mir zu Lohn, wenn ich mir das Pfeiferl jetzt mit deinem neuen Zehner anzünd?"

In demselben Augenblick ist mir ein Gedanke durch den Kopf geflogen, den ich einfing, weil er mir nicht schlecht vorkam.

„Ihr meint, Riegelberger, weil ich erschrocken bin?" sagte ich; „erschrocken bin ich nur, weil Ihr den schrecklichen Frevel begehen wollt."

„Möcht wissen, wieso ich –?"

„Das Papierzehnerl, das Ihr von mir in der Brieftasche habt, ist unter meine Heiligenbilder gekommen. Ist in Zell geweiht worden!"

„Geh, geh, das nimmt keine Weih an", versetzte der Riegelberger.

„Das Geld freilich nicht, das weiß ich, aber mein Zehner ist keins, ist nur zum Fürwitz eins und will keins sein. Und Ihr wollt Euch für die geweihte Sach Tabak kaufen? Ist schon recht, probiert es nur! Werdet schon sehen, wie Euch ein solcher Tabak in die Nase beißen wird!"

Jetzt wurde der Mann zornig. „Du Bub!" rief er, „wenn da alleweil nur Leut foppen willst!"

Er zog die Brieftasche hervor, das Papierstreifchen heraus und zerriß es vor meinen Augen. „So, da hast deine Fetzen! Und jetzt geh und arbeit was, bist schon groß genug dazu. Ich, wenn ich dein Vater wär, wollt dir deine Fabeleien und Schmierereien schon vertreiben! Arbeiten, daß die Schwarten krachen, ist gescheiter!“

's ist doch der beste Rat gewesen, den er mir hätte geben können. Er ist auch gar bald befolgt worden. Aber in den Feierabendstunden habe ich meine kindischen Spiele und künstlerischen Beschäftigungen getrieben, weit über die Kindesjahre hinaus.

Und wenn ich meine heutigen Taten betrachte: 's ist alles nur Versuch und Spiel. Es war ein kleines Kind, es ist ein großes Kind – ich bin damit zufrieden.

Wie der Meisensepp gestorben ist

In meinem Vaterhaus fand sich die „Lebensbeschreibung Jesu Christi, seiner Mutter Mariä und vieler Heiligen Gottes“. Ein geistlicher Schatz von Pater Cochem.

Das war ein altes Buch; die Blätter waren grau, die Kapitelanfänge hatten wunderlich große Buchstaben in schwarzen und roten Farben. Der hölzerne Einbanddeckel war an manchen Stellen schon wurmstichig, und eine der ledernen Klappen hatte die Maus zernagt. Seit meines Großvaters Tode war im Hause niemand gewesen, der darin hätte lesen können; was Wunder, wenn die Tierlein Besitz nahmen von Cochems „Leben Christi“ und aus dem „geistlichen Schatz“ ihre liebliche Nahrung zogen.

Da kam ich, der kleine Abc-Schütze, verjagte die Würmer aus dem Buch und fraß mich dafür selber hinein. Täglich las ich unseren Hausleuten vor aus dem „Leben Christi“. Den jungen Knechten und Mägden gefiel der neue Brauch just nicht, denn sie durften dabei nicht scherzen und nicht jodeln; die älteren Hausgenossen aber, die schon etwas gottesfürchtiger waren, hörten mir mit Andacht zu; „und das ist“, sagten sie, „als wenn der Pfarrer predigen tät; so bedeutsam ausführen und so eine laute Stimm!“

Ich kam in den Ruf eines tüchtigen Vorlesers und wurde ein gesuchter Mann. Wenn irgendwo in der Nachbarschaft jemand krank lag oder zum Sterben, oder wenn er gar schon gestorben war, so daß man an seiner Leiche zur Nacht die

Totenwache hielt, so wurde ich von meinem Vater ausgebeten, daß ich hinginge und lese. Da nahm ich das gewichtige „Leben-Christi-Buch“ unter den Arm und ging. Es war ein hartes Tragen, und ich war dazumal ein kleinwinziger Knirps.

Einmal spätabends, als ich schon in meiner kühlen und frischduftenden Futterkammer schlief, in welcher ich zur Sommerszeit bisweilen das Nachtlager hatte, wurde ich durch ein Zupfen an der Decke von unserem Knecht geweckt. – „Sollst fein geschwind aufstehen, Peter, sollst aufstehen. Der Meisensepp hat seine Tochter geschickt, er läßt bitten, du sollst zu ihm kommen und ihm was vorlesen; er wollt sterben. Sollst aufstehen, Peter.“ –

So stand ich auf und zog mich eilends an. Dann nahm ich das Buch und ging mit dem Mädchen von unserem Hause aufwärts über die Heide und durch die Waldungen. Das Häuschen des Meisensepp stand gar einsam mitten im Wald.

Der Meisensepp war in seinen jüngeren Jahren Reuter (Waldroder) und Waldhüter gewesen; in letzter Zeit hatte er sich nur mehr mit Sägeschärfen für Holzhauerleute beschäftigt. Und da kam plötzlich die schwere Krankheit.

Wie wir, ich und das Mädchen, in der stillen, sternhellen Nacht so über die Ödnis schritten, sagten wir keines ein Wort. Schweigend gingen wir nebeneinander hin. Nur einmal flüsterte das Mädchen: „Laß her, Peter, ich will dir das Buch tragen.“

„Das kannst nicht“, antwortete ich, „du bist ja noch kleiner wie ich selber.“

Nach einem zweistündigen Gang sagte das Mädchen: „Dort ist schon das Licht.“

Wir sahen einen matten Schein, der aus dem Fenster des Meisenhauses kam. Als wir diesem schon sehr nahe waren, begegnete uns der Pfarrer, der dem Kranken die heiligen Sakramente gereicht hatte.

„Der Vater – wird er wieder gesund?“ fragte das Mädchen kleinlaut.

„Ist noch nicht so alt“, sagte der Priester; „wie Gott will, Kinder, wie Gott will.“

Dann ging er davon. Wir traten in das Haus.

Das war klein, und nach der Art der Waldhütten standen die Familienstube und Schlafkammer gleich in der Küche. Am Herd in einem Eisenhaken stak ein brennender Kienspan, von dem die Stubendecke in einen Rauchschleier gehüllt war. Neben dem Herd auf Stroh lagen zwei kleine Knaben und schlummerten. Sie waren mir bekannt vom Walde her, wo wir oft mitsammen Schwämme und

Beeren suchten und dabei unsere Herden verloren; sie waren noch um etliche Jahre jünger als ich. An der Ofenmauer saß das Weib des Sepp, hatte ein Kind an der Brust und sah mit großen Augen in die flackernde Flamme des Kienspans hinein. Und hinter dem Ofen, in der einzigen Bettstatt, die im Hause war, lag der Kranke. Er schlief; sein Gesicht war recht eingefallen, das grauende Haar und der Bart ums Kinn waren kurz geschnitten, so daß mir der ganze Kopf kleiner vorkam als sonst, da ich den Sepp auf dem Kirchweg gesehen hatte. Die Lippen waren halb offen und blaß, durch dieselben zog ein lebhaftes Atmen ein und aus.

Bei unserem Eintritt erhob sich das Weib leise, sagte eine Entschuldigung, daß sie mich aus dem Bette geplagt habe, und lud mich ein, daß ich mich an den Tisch setzen und die Eierspeise essen möge, die der Herr Pfarrer übriggelassen hatte und die noch auf dem Tische stand.

Bald saß ich auf demselben Fleck, den der geistliche Herr noch eben warm gemacht, und jetzt aß ich mit derselben Gabel, die er in den Mund geführt hatte!

„Jetzt schläft er passabel", flüsterte das Weib, nach dem Kranken deutend. „Vorhin hat er allweg Fäden aus der Decke gezupft."

Ich wußte, daß man es für ein übles Zeichen auslegt, wenn ein Schwerkranker an der Decke zupft und kratzt, „da kratzt er sich sein Grab". Ich entgegnete daher: „Ja, das hat mein Vater auch getan, als er im Nervenfieber ist gelegen. Ist *doch* wieder gesund geworden."

„Das mein ich wohl auch", sagte sie, „und der Herr Pfarrer hat dasselb gesagt. – Bin doch froh, die Beicht hat der Seppel recht fleißig verrichten mögen, und ich hab jetzt wieder rechtschaffen Trost, daß er mir noch einmal gesund wird. – Nur", setzte sie ganz leise bei, „das Spanlicht leckt alleweil so hin und her."

Wenn in einem Hause das Licht unruhig flackert, so deutet das der Glaube des Volkes: es werde in demselben Haus bald ein Lebenslicht auslöschen. Ich selbst glaubte an dieses Zeichen, doch um die Häuslerin zu beruhigen, sagte ich: „Es streicht die Luft alles zu viel durch die Fensterfugen; ich verspür's auch." Sie legte das schlummernde Kind auf das Stroh; und das Mädchen, welches mich geholt, war schon zur Ruh gegangen. Wir verstopften hierauf die Fensterfugen mit Werg.

Dann sagte das Weib: „Gelt, Peter, du bleibst mir da über die heutige Nacht; ich wüßte mir aus Zeitlang nicht zu helfen. Wenn er munter wird, so liest uns was vor. Gelt, du bist so gut?"

Ich schlug das Buch auf und suchte nach einem geeigneten Lesestück. Allein Pater Cochem hat nicht viel geschrieben, was armen, duldenden Menschen zum Trost sein könnte. Pater Cochem meint, Gott wäre unendlich gerecht, und die Leute wären unsäglich schlecht, und neun Zehntel der Menschen liefen schnurgerade der Hölle zu.

Es mag ja wohl sein, dachte ich mir, daß es so ist; aber dann darf man's nicht sagen, die Leute täten sich nur grämen, und des weiteren blieben sie leichthin so schlecht wie früher. Wenn sie sich bessern hätten wollen, so hätten sie's längst schon getan.

Die schreckhaften Gedanken gingen wie eine zischelnde Natter durch das Cochemsche Buch. Fürwitzigen Leuten gegenüber, die mich nur anhörten der „lauten Predigerstimm'„ wegen, donnerte ich die Greuel und Menschenverdammung recht mit Vergnügen heraus; wenn ich aber an Krankenbetten aus dem Buche las, da mußte ich meine Erfindungsgabe oft sehr anstrengen, daß ich während des Lesens die harten Ausdrücke milderte, die schaudererregende Darstellung der vier Letzten Dinge mäßigte und den grellen Gedanken des eifernden Paters eine freundlichere Färbung geben konnte.

So plante ich auch heute, wie ich, scheinbar aus dem Buche lesend, dem Meisensepp aus einem anderen Buch her Worte sagen wollte von der Armut, von der Geduld, von der Liebe zu den Menschen und wie darin die wahre Nachfolge Jesu bestehe, die uns – wenn die Stunde schlüge – durch ein sanftes Entschlummern hinüberführe in den Himmel.

Endlich erwachte der Sepp. Er wendete den Kopf, sah sein Weib und seine ruhenden Kinder an; dann erblickte er mich und sagte mit lauter, ganz deutlicher Stimme: „Bist doch gekommen, Peter. So dank dir Gott, aber zum Vorlesen werden wir heut wohl keine Zeit haben. Anna, sei so gut und weck die Kinder auf."

Das Weib zuckte zusammen, fuhr mit der Hand zu ihrem Herzen, sagte aber dann in ruhigem Ton: „Bist wieder schlechter, Seppel? Hast ja recht gut geschlafen."

Er merkte es gleich, daß ihre Ruhe nicht echt war.

„Tu dich nicht gar so grämen, Weib", sprach er, „auf der Welt ist's schon nicht anders. Weck mir schön die Kinder auf, aber friedsam, daß sie nicht erschrecken."

Die Häuslerin ging zum Strohlager, rüttelte mit bebender Hand am Schaub, und die Kleinen fuhren halb bewußtlos empor. „Ich bitt dich gar schön, Anna, reiß mir die Kinder nicht so herum“, verwies sie der Kranke mit schwächerer Stimme, „und die kleine Martha laß schlafen, die versteht noch nichts.“

Ich blieb abseits am Tisch sitzen, und mir war heiß in der Brust. Die Angehörigen versammelten sich um den Kranken und schluchzten.

„Seid ihr nur ruhig“, sagte der Sepp zu seinen Kindern, „die Mutter wird euch schon morgen länger schlafen lassen. Josefa, tu dir das Hemd über die Brust zusammen, sonst wird dir kalt. Und jetzt seid allweg schön brav und folgt der Mutter, und wenn ihr groß seid, so steht ihr bei und verlaßt sie nicht. – Ich hab gearbeitet meiner Tag mit Fleiß und Müh; gleichwohl kann ich euch weiter nichts hinterlassen als dieses Haus und den kleinen Garten und den Rainacker und den Schachen dazu. Wollt euch's teilen, so tut es brüderlich, aber besser ist's, ihr haltet die Wirtschaft zusammen und tut hausen und tut bauen. Weiters mach ich kein Testament, ich hab euch alle gleich lieb. Tut nicht ganz vergessen auf mich, und schickt mir dann und wann ein Vaterunser nach. Und euch, die zwei Buben, bitt ich von Herzen: Hebt mir mit dem Wildern nicht an, das nimmt kein gutes End. Gebt mir die Hand drauf. So. – Wenn halt einer von euch das Sägefeilen wollt lernen, ich hab mir damit viel Kreuzer dermacht; Werkzeug dazu ist da. Und sonst wißt ihr schon, wenn ihr am Rainacker die Erdäpfel anbaut, so setzt sie erst im Mai ein; 's ist wohl wahr, was mein Vater fort gesagt hat: Bei den Erdäpfeln heißt's: Baut mich an im April, komm ich, wann ich will; baut mich an im Mai, komm ich glei. Tut euch so Sprüchlein nur merken. – So, und jetzt geht wieder schlafen, Kinder, daß euch doch nicht kalt wird, und gebt allzeit rechtschaffen Obacht auf eure Gesundheit. Gesundheit ist das Beste. Geht nur schlafen, Kinder.“

Der Kranke schwieg und zerrte an der Decke.

„Frei zu viel reden tut er mir“, flüsterte das Weib, gegen mich gewendet. Eine bei Schwerkranken plötzlich ausbrechende Redseligkeit ist eben auch kein gutes Zeichen.

Nun lag er wie zusammengebrochen auf dem Bett. Das Weib zündete die Sterbekerze an.

„Das nicht, Anna, das nicht“, murmelte er, „ein wenig später. Aber einen Schluck Wasser gibst mir, gelt?“

Nach dem Trinken sagte er: „So, das frische Wasser ist halt doch wohl gut. Gebt mir recht auf den Brunnen Obacht. Ja, und daß ich nicht vergeß, die schwarzen Hosen und das blaue Jöppel weißt, und draußen hinter der Tür, wo die Sägen hängen, lehnt das Hobelbrett, das leg über den Schleifstock und die Hanselbank (Schnitzbock); für drei Tag wird's wohl halten. Morgen früh, wenn der Holzjosel kommt, der hilft mich schon hinauslegen. Schau aber fein gut, daß die Katz nicht dazukommt; die Katzen gehen los und schmecken's gleich, wenn wo eine Leich ist. Was unten bei der Pfarrkirchen mit mir geschehen soll, das weißt schon selber. Meinen braunen Lodenrock und den breiten Hut schenk den Armen. Dem Peter magst auch was geben, daß er heraufgekommen ist. Vielleicht ist er so gut und liest morgen beim Leichwachen was vor. Es wird ein schöner Tag sein morgen, aber geh nicht zu weit fort von heim, es möcht ein Unglück geschehen, wenn draußen in der Lauben das Licht brennt. – Nachher, Anna, such da im Bettstroh nach; wirst einen alten Strumpf finden, sind etlich Zwanziger drin."

„Seppel, streng dich nicht so an im Reden", schluchzte sie.

„Wohl, wohl, Anna – aber aussagen muß ich's doch. Jetzt werden wir wohl nicht mehr lang beisammen sein. Wir haben uns zwanzig Jahr gehabt, Anna. Du bist mein alles gewesen; kein Mensch kann dir's vergelten, was du mir gewesen bist. Das vergeß ich dir nicht im Tod und nicht im Himmel. Mich gefreut's nur, daß ich in der letzten Stund noch was mit dir reden kann, und daß ich gleichwohl soviel bei Verstand bin."

„Stirb doch nicht gar so hart, Seppel", hauchte das Weib und beugte sich über sein Antlitz.

„Nein", antwortete er ruhig, „bei mir ist's so wie bei meinem Vater: leicht gelebt und leicht gestorben. Sei nur auch du so, und leg dir's nicht schwer. Wenn wir nun auch wieder jedes allein ankommen, zusammen gehören wir gleichwohl noch, und ich heb dir schon ein Platzerl auf im Himmel, gleim (nahe) an meiner Seit, Anna, gleim an meiner Seit. Nur das tu um Gottes willen: die Kinder zieh gut auf."

Die Kinder ruhten. Es war still, und mir war, als hörte ich irgendwo in der Stube ein leises Schnurren und Spinnen. –

Plötzlich rief der Sepp: „Anna, jetzt zünd geschwind die Kerzen an!"

Das Weib rannte in der Stube umher und suchte nach Feuerzeug; und es brannte ja doch der Span. – „Jetzt hebt er an zu sterben!“ wimmerte sie. Als aber die rote Wachskerze brannte, als sie ihm dieselbe in die Hand gab, als er den Wachsstock gelassen mit beiden Händen umfaßte und als sie das Weihwassergefäß vom Gesims nahm, da wurde sie scheinbar ganz ruhig und betete laut: „Jesus, Maria, steht ihm bei! Ihr Heiligen Gottes, steht ihm bei in der höchsten Not, laßt seine Seele nicht verloren sein! Jesus, ich bete zu deinem Allerheiligsten Leiden! Maria, ich rufe deine heiligen sieben Schmerzen an! Du, sein heiliger Schutzengel, wenn seine Seel vom Leib muß scheiden, führ sie ein zu den himmlischen Freuden!“

Und sie betete lange. Sie schluchzte und weinte nicht; nicht eine einzige Träne stand in ihren Augen, sie war ganz die ergebene Beterin, die Fürbitterin.

Endlich schwieg sie, beugte sich über das Haupt des Gatten, beobachtete sein schwaches Atemholen und hauchte: „So behüt dich Gott, Seppel, tu mir meine Eltern und unsere ganze Freundschaft (Verwandtschaft) grüßen in der Ewigkeit. Behüt dich Gott, mein lieber Mann! Die heiligen Engel geben dir das Geleit, und der Herr Jesus mit seiner Gnad wartet schon deiner bei der himmlischen Tür.“

Er hörte es vielleicht nicht mehr. Seine blassen, halboffenen Lippen gaben keine Antwort. Seine Augen sahen starr zur Stubendecke empor. Und aus den gefalteten Händen aufragend, brannte die Wachskerze; sie flackerte nicht, still und geruhsam und hell, wie eine schneeweiße Blütenknospe, stand die Flamme empor – sein Atemzug bewegte sie nicht mehr.

„Jetzt ist's gar, jetzt ist er mir gestorben!“ rief das Weib aus, schrill und herzdurchdringend, dann sank sie nieder auf einen Schemel und begann bitterlich zu weinen.

Die wieder erwachenden Kinder weinten auch; nur das kleinste lächelte...

Die Stunde lag auf uns wie ein schwerer Stein.

Endlich richtete sich die Häuslerin – die Witwe – auf, trocknete ihre Tränen und legte zwei Finger auf die Augen des Toten.

Die Wachskerze brannte, bis die Morgenröte aufging.

Durch den Wald war ein Bote gegangen. Dann kam ein Holzarbeiter. Der besprengte den Toten mit Weihwasser und murmelte: „So rücken sie ein, einer nach dem andern.“

Dann taten sie dem Meisensepp festtägliche Kleider an, trugen ihn hinaus in die Vorlauben und legten ihn auf das Brett. Das Buch ließ ich liegen auf dem Tisch, für die Leichenwachen der nächsten Nächte, zu denen ich der Häuslerin das Lesen zugesagt hatte. Als ich fortgehen wollte, kam sie mit einem grünen Hut, auf welchem ein weit ausgeborsteter Gemsbart stak.

„Willst den Hut mitnehmen für deinen Vater?" fragte sie, „der Seppel hat deinen Vater fortweg gern gehabt. Den Gamsbart magst zum Andenken selber behalten. Bet einmal ein Vaterunser dafür." Ich sagte meinen Dank, ich tat noch einen unsteten Blick gegen die Bahre hin; der Sepp lag langgestreckt und hielt seine Hände über der Brust gefaltet. Dann ging ich hinaus und abwärts durch den Wald. Wie war's licht und taufrisch voll Vogelgesang, voll Blütenduft – voll Leben im Walde!

Und in der Hütte auf dem Bahrbrett lag ein toter Mensch.

Ich kann die Nacht und den Morgen – das Sterben mitten in dem unendlichen Lebensquell des Waldes – nimmermehr vergessen. Auch besitze ich heute noch den Gemsbart zum Andenken an den Meisensepp.

Wenn mich die Gier anpackt nach den Freuden der Welt, oder wenn mich die Zweifel überkommen an der Menschheit Gottesgnadentum, oder wenn mich gar die Angst will quälen vor meinem vielleicht noch fernen, vielleicht schon nahen Hingang, so stecke ich den Gemsbart des Sepp auf den Hut.

Wie ich dem lieben Herrgott mein Sonntagsjöppel schenkte

In der Kirche des Alpendorfes Ratten steht links am Hochaltar eine fast lebensgroße Reiterstatue. Der Reiter auf dem Pferd ist ein stolzer Kriegsmann mit Helm und Busch und einem kohlschwarzen Schnurrbärtchen. Er hat das breite, funkelnde Schwert gezogen und schneidet mit demselben seinen Mantel entzwei. Zu Füßen des sich bäumenden Rosses kauert eine Bettlergestalt in Lumpen.

Als ich noch so ein nichtiger Knirps war, wie er einem ordentlichen Menschen kaum zum Hosensack emporgeht, führte mich meine Mutter gern in diese Kirche. In der Nähe der Kirche steht eine Marienkapelle, die sehr gnadenvoll ist und in welcher meine Mutter gerne betete. Als oft kein Mensch sonst mehr in der Kapelle war und vom Turm schon die Mittagsglocke in den heißen

Sommersonntag hinausklang, kniete die Mutter immer noch in einem der Stühle und klagte Marien ihr Anliegen. Die „Liebe Frauen“ saß auf dem Altar, legte die Hand in den Schoß und bewegte weder den Kopf noch die Augen noch die Hände, und da konnte meine Mutter nachgerade sagen, was sie wollte.

Ich hielt mich lieber in der großen Kirche auf und sah den schönen Reiter an.

Und einmal, als wir auf dem Weg nach Hause waren und mich die Mutter an der Hand führte und ich immer drei Schritte machen mußte, sooft sie einen tat, warf ich meinen kleinen Kopf auf zu ihrem guten Angesicht und fragte: „Zuweg (warum) steht denn der Reiter allfort auf der Wand oben, und zuweg reitet er nicht zum Fenster hinaus auf die Gasse?“

Da antwortete die Mutter: „Weil du so kindische Fragen tust und weil es nur ein Bildnis ist, das Bildnis des heiligen Martin, der, ein Soldat, ein sehr guttätiger frommer Mann gewesen und jetzt im Himmel ist.“

„Und ist das Roß auch im Himmel?“ fragte ich.

„Sobald wir zu einem rechten Platz kommen, wo wir rasten können, so will ich dir vom heiligen Martin was erzählen“, sagte die Mutter und leitete mich weiter, und ich hüpfte neben ihr her. Da wartete ich schon sehr schwer auf das Rasten, und in einem fort rief ich: „Mutter, da ist ein rechter Platz!“

Erst als wir in den schattigen Wald hineinkamen, wo ein platter, moosiger Stein lag, fand sie's gut genug, da setzten wir uns nieder. Die Mutter band das Kopftuch fester und war still, als habe sie vergessen, was sie versprochen. Ich starrte ihr fort und fort auf den Mund, dann guckte ich wieder zwischen den Bäumen hin, und mir war ein paarmal, als hätte ich durch das Gehölz den schönen Reitersmann reiten gesehen.

„Ja, 'leicht wohl, mein Bübel“, begann meine Mutter plötzlich, „allzeit soll man den Armen Hilfe reichen um Gottes willen. Aber so, wie der Martin gewesen, traben heutzutag nicht viel Herrenleut herum auf hohem Roß.

Daß im Spätherbst der eiskalte Wind über unsere Schafheide streicht, das weißt wohl, hast dir ja selber drauf im vorig Jahr schier die Tatzelein erfroren. Siehst du, völlig eine solche Heide ist's auch gewesen, über die der Reitersmann Martinus einmal geritten ist an einem späten Herbstabend. Steinhart ist der Boden gefroren, und das klingt ordentlich, sooft das Roß seinen Huf in die Erden setzt. Die Schneeflöcklein tänzeln umher, kein einziges vergeht. Schon will die Nacht anbrechen, und das Roß trabt über die Heide, und der Reitersmann zieht seinen weiten Mantel zusammen, so eng es halt hat gehen mögen. Bübel, und wie er so hinfährt, da sieht er auf einmal ein Bettelmännlein kauern an einem Stein; das hat nur ein zerrissenen Jöpplein an und zittert vor Kälte und hebt sein betrübtes Auge auf zum hohen Roß. Hu, und wie das der Reiter sieht, hält er sein Tier an und ruft zum Bettler nieder: „Ja, du lieber armer Mann, was soll ich dir reichen? Gold und Silber hab ich nicht, und mein Schwert kannst du nimmer brauchen. Wie soll ich dir helfen?“ – Da senkt der Bettelmann sein weißes Haupt nieder gegen die halbentblößte Brust und tut einen Seufzer. Der Reiter aber zieht sein Schwert, zieht seinen Mantel von den Schultern und schneidet ihn mitten auseinander. Den einen Teil des Kleidungsstückes läßt er hinabfallen zu dem armen, zitternden Greis: „Hab vorlieb damit, mein notleidender Bruder!“ – Den andern Teil des Mantels schlingt er, so gut es halt gehen will, um seinen eigenen Leib und reitet weiter seine Straßen.“

So hatte meine Mutter erzählt und dabei mit ihrem eiskalten Herbstabend den schönen Hochsommertag so frostig gemacht, daß ich mich fast schaudernd an ihr lindes Busentuch schmiegte.

„'s ist aber noch nicht ganz aus, mein Kind“, fuhr die Mutter fort, „wenn du es nun gleichwohl weißt, was der Reiter mit dem Bettler in der Kirche bedeutet, so weißt du's noch nicht, was weiter geschehen ist. Wie der Reitersmann nachher in der Nacht daheim auf seinem harten Polster ruhsam schläft, kommt derselbige Bettler von der Heide zu seinem Bett, zeigt ihm lächelnd den Mantelteil, zeigt ihm die Nägelwunden an den Händen und zeigt ihm sein Angesicht, das nicht mehr alt und kummervoll ist, das strahlet wie die Sonne. Derselbe Bettelmann auf der Heid ist der liebe Herrgott selber gewesen. – So, Bübel, und jetzt werden wir wieder anrucken.“

Da erhoben wir uns und stiegen den Bergwald hinan.

Bis wir heimkamen, waren uns zwei Bettelleute begegnet; ich guckte jedem sehr genau in das Gesicht; ich hab gemeint, es dürft doch der liebe Herrgott dahinterstecken.

Gegen Abend desselben Tages, als ich mein Sonntagskleidchen des sparsamen Vaters wegen schon hatte ablegen müssen und nun wieder in dem vielfarbigen Werktagshöslein herumlief und hüpfte und nur noch das völlig neue, graue Jöppel trug, das ich nicht ablegen wollte und mir noch für den Tagesrest erbeten hatte, und als die Mutter auch schon lange wieder bei ihrer häuslichen Arbeit war, eilte ich gegen die Schafheide hinauf. Ich mußte die Schäflein, worunter auch ein weißes Lämmchen als mein Eigentum war, heim in den Stall führen.

Wie ich aber so hinhüpfe und Steinchen schleudere und damit die goldenen Abendwolken treffen will, sehe ich plötzlich, daß dort am Fels ein alter weißköpfiger, sehr arm gekleideter Mann kauert. Da stehe ich erschrocken still, getraue mir keinen Schritt mehr zu tun und denke bei mir: jetzt, das ist aber doch ganz gewiß der lieb Herrgott. Ich habe gezittert vor Furcht und Freud, ich habe mir gar nicht zu helfen gewußt.

Wenn es doch der lieb Herrgott ist, ja, da muß eins ihm wohl was geben. Wenn ich jetzt heimlauf, daß die Mutter komme und gucke und mir sage, wie ich dran bin, so geht er mir zuletzt gar dieweilen davon, und es wär doch eine Schand und ein Spott. Ich denk, sein wird er's gewiß, just so hat derselb ja auch ausgeschaut, den der Reitersmann gesehen.

Ich schlich einige Schritte nach rückwärts und begann an meinem grauen Jöppel zu zerren. Es ging nicht leicht, es war so fest über dem grobleinenen Hemd oben, und ich wollte das Schnaufen verhalten, ich meinte, der Bettelmann sollte mich früher nicht bemerken.

Einen gelbangestrichenen Taschenfeitel hatte ich, nagelneu und just scharf geschliffen. Diesen zog ich aus der Tasche, das Röcklein nahm ich unters Knie und begann es nun mitten auseinanderzutrennen.

War bald fertig, schlich zum Bettelmann, der halb zu schlummern schien, und legte ihm seinen Teil von meinem Rock zu Häupten. – Hab vorlieb damit, mein notleidender Bruder! Das habe ich ihm still in Gedanken gesagt. Dann nahm ich meinen Teil vom Rock unter den Arm, lugte noch eine Weile dem lieben Gott zu und jagte dann die Schäflein von der Heide.

In der Nacht wird er wohl kommen, dachte ich, und da werden ihn Vater und Mutter sehen, und wir können ihm, wenn er bei uns bleiben will, gleich das hintere Stübel und das Hausaltarl herrichten.

Ich lag im Schiebebettlein neben Vater und Mutter, und ich konnte nicht schlafen. Die Nacht verging, und er, den ich gemeint hatte, kam nicht.

Am frühen Morgen aber, als der Haushahn die Knechte und Mägde aus ihren Nestern hervorgekräht hatte und als draußen im Hof schon der laute Werktag anhub, kam ein alter Mann (sie hießen ihn den Schwamm-Veitel) zu meinem Vater, brachte ihm den verschenkten Teil von meinem Rock und erzählte, ich hätte denselben abends zuvor in meinem Mutwillen zerschnitten und ihm das eine Stück an den Kopf geworfen, wie er so ein wenig vom Schwammsuchen ausgeruht habe auf der Schafheide draußen.

Darauf kam der Vater, eine Hand hinter dem Rücken, ganz leicht an mein Bett geschlichen: „Geh, tu mir's sagen, Bub, wo hast denn du dein neues Sonntagsjöppel?"

Das leise Schleichen mit der Hand hinter dem Rücken war mir sogleich verdächtig vorgekommen, und jetzt ging mir schon das Gesicht auseinander, und weinend rief ich: „Ja, Vater, ich hab gemeint, dem lieben Herrgott hätt ich es 'geben."

„Jesses, Bub, du bist aber so ein Trottel, so ein Halbnarr!" schrie mein Vater, „für die Welt bist du viel zu dalkert, zum Sterben bist du gar zu dumm. Dir muß man mit einem rechten Besen die Seel aus der Haut schlagen!"

Wie nun die Hand mit der gewundenen Birkenrute zum Vorschein kam, erhob ich ein Zetergeschrei.

Eilte sogleich die Mutter herbei. Sie tat sonst selten Einsprache, wenn der Vater mit mir Gericht hielt, heute aber faßte sie ihm die Hand und sagte: „'s Röckel flick ich leicht wieder zusammen, Alter. Geh jetzt mit, ich muß dir was sagen." Sie gingen beide hinaus in die Küche; ich denke, dort haben sie über die Martinigeschichte gesprochen. Sie kamen nach einer Weile wieder in die Stube.

Der Vater sagte mit fast dumpfer Stimme: „Sei nur still, es geschieht dir nichts."

Und die Mutter flüsterte mir zu: „Ist schon recht, wenn du das Röckel dem lieben Herrgott hast wollen geben, aber besser ist's noch, wir geben es dem armen Thalmichelbuben. In jedem Armen steckt der liebe Gott. Schau, der heilige Martinus hat's auch schon gewußt. So, und jetzt, mein Bübel, hupf auf und schlüpf ins Höslein; der Vater ist noch nicht allzuweit mit der birkenen Liesel."

Wie das Zicklein starb

Ein andermal drohte die birkene Liesel wieder.

Mein Vater hatte ein schneeweißes Zicklein, mein Vetter Jok hatte einen schneeweißen Kopf. Das Zicklein kaute gern an Halmen oder Erlzweigen; mein

Vetter gern an einem kurzen Pfeifchen. Das Zicklein hatten wir, ich und meine noch jüngeren Geschwister, unsäglich lieb; den Vetter Jok auch. So kamen wir auf den Gedanken: wir sollten das Zicklein und den Vetter zusammentun.

Da war's im Heumonat, daß ich eines sonnenfreudigen Tages all meine Geschwister hinauslockte auf den Krautacker und daselbst die Frage an sie tat: „Wer von euch hat einen Hut, der kein Loch hat?"

Sie untersuchten ihre Hüte und Hauben, aber durch alle schien die Sonne und machte im Schatten auf dem Erdboden einen oder ein paar lichte Punkte. Nur Jakoberls Hut war ohne Arg; den nahm ich also in die Hand und sagte: „Der Vetter heißt Jok, und morgen ist der Jakobitag, und jetzt, was geben wir ihm zum Bindband (Angebinde)? Das weiße Zicklein."

„Das weiße Zicklein gehört dem Vater!" rief das kleine Schwesterchen Plonele, empört über ein so eigenmächtiges Vorhaben.

„Desweg ist es ja, daß ich euch den Hut hinhalte", sagte ich.

„Du, Jakoberle, hast gestern dem Knierutsch-Sepp dein Kinigl (Kaninchen) verkauft; du, Plonele, hast von deinem Göden drei Groschen zum Taufpfennig gekriegt; dir, Mirzele, hat vor zwei Tagen der Vater ein Haltergeld geschenkt. Schaut, ich leg meine ersparten fünf Kreuzer hinein, und wir müssen zusammentun, daß wir dem Vater das Zicklein abkaufen mögen; und das schenken wir morgen dem Vetter. Na, jetzt halt ich schon her!"

Sie guckten eine Weile so drein, dann huben sie in ihren Taschen zu suchen an. Da sagte das Plonele: „Mein Geld hat die Mutter!" und das Mirzele rief erschrocken: „Das meine weiß ich nicht!" und das Jakoberle starrte auf den Boden und murmelte: „Mein Sack hat ein Loch."

Auf diese Weise war mein Unternehmen gescheitert.

Nichtsdestoweniger haben wir das schneeweiße Zicklein geherzt. Es ging mit den Vorderfüßen an unsere Knie empor und guckte uns mit seinen großen, völlig eckigen Augen schelmisch an, als wollte es uns recht spotten, daß wir allmitsammen nicht so viel an Vermögen hatten, um es kaufen zu können. Es kicherte und blökte uns ordentlich aus, und dabei sahen wir die schneeweißen Zähnchen. Es war kaum drei Monate alt und hatte schon einen Bart; und ich und das Jakoberle waren über sieben Jahre hinaus und mußten uns aus grauen Baumflechten einen Bart ankleben, wenn wir einen haben wollten. Und selbst *den* fraß uns das Zicklein vom Gesicht herab.

Trotzdem hatten wir jedes das Vierfüßchen viel lieber als uns untereinander. Und ich sann auf weitere Mittel, mit dem Tiere den Vetter zu beglücken. Als aber mittags der Vater vom Felde heimfuhr, umschwärmten wir ihn alle und zupften an seinen Kleidern.

„Vater“, sagte ich, „ist es wahr, daß die Morgenstunde Gold im Munde hat?“

Das war ja sein eigen Sprichwort, und so antwortete er rasch: „Freilich ist das wahr.“

„Vater!“ riefen wir nun alle vier zugleich, „Wie früh müssen wir all Tag aufstehen, daß Ihr uns das weiße Zicklein gebt?“

Auf diese geschäftliche Wendung schien der Vater nicht gefaßt gewesen zu sein. Da er aber von unserem Vorhaben, dem Vetter Jok das Zicklein zuzueignen, hörte, da bedingte er ein halb Stündlein früher aufzustehn jeden Tag und trat uns das liebe Tierchen ab.

Das Zicklein gehörte uns. Wir beschlossen einstimmig, schon am nächsten Morgen noch vor des Vetters Aufstehzeit – und das war viel gesagt – aus dem Nest zu kriechen, das Zicklein mit einem roten Halsband zu versehen und es ans Bett des alten Jok zu führen, ehe dieser noch seinen langen, grauen Pelz, den er Winter und Sommer trug, auf den Leib brachte.

So unser heilig Vorhaben.

Aber am anderen Tag, als uns die Mutter weckte und wir die Lider aufschlugen, schien uns die Sonne mit solcher Gewalt in die Augen, daß wir dieselben sogleich wieder schließen mußten, bis die Mutter mit ihrem Kopftuch das Fenster verhüllte.

Nun gab es keine Ausflucht mehr. Aber der Vetter war längst schon davon mitsamt dem Pelz. Er hatte die Schafe und die Ziegen auf die Talweide getrieben, wo er sie stets hütete und den ganzen Tag schmunzelnd an seinem Pfeifchen kaute. Und die Tierchen schnappten emsig an den betauten Gräsern und Sträuchern und hüpften und scherzten lustig auf der sonnigen Weide.

Es war auch das Zicklein dabei. Und hat's dem Jok denn niemand gesagt, daß heute sein Namenstag ist? –

Zu jener Zeit, von der ich rede, sind die feuerspeienden Streichhölzer noch nicht erfunden gewesen; dazumal war das liebe Feuer ein rares Ding. Man konnte es nicht so bequem mit im Sack tragen wie heute, ohne sich das Beinkleid zu verbrennen. Es mußte mit harten Schlägen aus Steinen herausgetrieben werden; es mußte, kaum geboren, mit Zunder gefüttert werden und bedurfte langer Zeit, bis es sich in demselben so weit kräftigte, daß es einen gröberen Köder anbiß und flügge wurde. Das Feuer mußte zum Dienst des Menschen jedesmal förmlich erzogen werden. Es war ein mühsam und heikel Stück Arbeit; beim Feuermachen konnte meine sonst so milde Mutter unwirsch werden.

Die Glut, des Abends noch so sorgsam in der Herdgrube verwahrt, war des Morgens zumeist erloschen. Was sich die Mutter auch mühte, den Funken in der Asche wieder anzublasen – all vergebens, das Feuer war gestorben über Nacht. Nun ging die Schlägerei mit Stein und Stahl an; und wir Kinder waren oft schon recht hungrig, bevor die Mutter das Feuer zuweg brachte, welches uns die Morgensuppe kochen sollte.

So auch am Morgen von des Vetters Namenstag. Wir hatten draußen in der Küche wohl eine Weile das Pfauchen und Feuerschlagen gehört, dann aber rief die Mutter plötzlich aus: „'s ist gar umsonst! 's ist, wie wenn der bös Feind in die Herdgruben gespuckt hätt. Und der Stein hat keinen Funken Feuer mehr in sich, und der Schwamm ist feucht, und die Leut warten auf die Suppen!" Dann kam sie in die Stube und sagte: „Geh, Peterle, ruck, und lauf geschwind zu der Knierutscherin hinüber: Ich tät sie gar schön von Herzen bitten, sie wollt mir ein Haferl Glut schicken von ihrem Herd. Und trag ihr dafür da den Brotlaib mit. Geh, Peterle, ruck, daß wir nachher eine Suppen kriegen!" Ich hatte mein weißes Linnenhöslein gleich an, und wie ich war, barfuß, barhaupt, nahm ich den runden, recht gewichtigen Brotlaib unter den Arm und lief gegen das Knierutscherhaus.

„Du Sonnenschein", sagte ich unterwegs, „schäm dich, du kannst nicht einmal ein Süpplein wärmen. Jetzt muß ich zu der Knierutscherin um Feuer gehen. Aber wart nur, wird bald lustig sein auf unserem Herd; die Flammen werden aufhüpfen über das Holz, die Mauer wird rot leuchten, die Töpfe werden brodeln, der Rauch wird unter den Feuerhut hinaussprudeln und den Rauchfang hinauf und wird dich verdecken. Recht hat er, wenn er dich verdeckt, dann essen wir die Suppen und den Sterz im Schatten und den Eierkuchen auch, der heut für den Vetter Jok gebacken wird, und du sollst von allem nichts sehen."

Als ich nach solchem Gespräch mit der Sonne über die Lehne ging, da stach mich ein wenig der Vorwitz. Mein Brotlaib war so kugelrund und fest, als wäre er aus Lärchenholz gedrechselt worden. Man läßt bei mir daheim das Brot gern altbacken werden, es langt auf diese Weise doppelt aus, gleichwohl es zur Essenszeit zuweilen mit Eisenschlegeln zertrümmert werden muß.

Aber weil denn mein Laib gar so kugelrund war, wie nicht leicht etwas Runderes mehr zu finden ist, so ließ ich ihn los über die Lehne, lief ihm behende vor und fing ihn wieder auf.

War ein herzlich lustiges Spiel das, und ich hätte mögen alle meine Geschwister herbeirufen, daß sie es sehen und mitmachen könnten. – Wie ich nun aber so in meiner Freude die Lehne auf und ab hüpfe, spielt mir mein Brotlaib jählings den Streich und huscht mir wie der Wind zwischen den Beinen durch und davon. Er eilt und hüpft hinab, viel schneller wie ein Reh vor dem Jagdhund – er fährt über den Hang, setzt hoch über den Rain in die Talweide hinab, wo er meinen Augen entschwindet.

Bin dagestanden wie ein Klotz und hab gemeint, ich müßt umfallen vor Schreck und auch hinabkugeln gegen das Tal. Ich ging eine Weile hin und her, auf und ab, und da ich den Laib nirgends sah, schlich ich kopfhängerig davon und ins Haus der Knierutscherin.

Da brannte freilich ein großes Feuer auf dem Herd.

„Was willst denn, Peterle?" fragte das Weib freundlich.

„Bei uns", stotterte ich, „ist das Feuer ausgegangen, wir mögen uns nichts kochen, und so läßt meine Mutter schön bitten um ein Haferl Glut, und sie tät es schon fleißig wieder zurückstellen."

„Ihr Närrlein, ihr, wer wird denn so ein paar Kohlen zurückstellen!" rief die Knierutscherin und schürte mit der Feuerzange Glut in einen alten Topf; „da sieh, ich laß deiner Mutter sagen, sie soll nur schön anheizen und dir einen recht guten Sterz kochen. Aber schau, Peterle, daß dir der Wind nicht hineinbläst, sonst trägt er die Funken auf das Dach hinauf. So, jetzt geh nur in Gottes Namen!"

So gütig war sie mit mir, und ich hatte ihr den Brotlaib verscherzt. Des drückt mich das Gewissen heute noch hart.

Als ich endlich mit dem Feuertopf zurück gegen unser Haus kam, war ich höchlich überrascht, denn da sah ich aus dem Rauchfang bereits einen blauen Dunst hervorsteigen.

„Dich soll man um den Tod schicken und nicht um Feuer!“ rief die Mutter, als ich eintrat; dabei wirtete sie um das lustige Herdfeuer herum und sah mich gar nicht an. Meine kaum mehr knisternden Kohlen waren so armselig gegen dieses Feuer; ich stellte den Topf betrübt in einen Winkel des Herdes und schlich davon. Ich war viel zu lange ausgewesen; da war zum Glück der Vetter Jok von der Talweide heimgekommen, und der hatte ein Brennglas, das er in der Sonne über einen Zunder hielt, bis derselbe glimmte. Und jetzt war mir die verlästerte Sonne doch noch zuvorgekommen mit dem Suppenfeuer. Ich war sehr beschämt und vermag es heute noch nicht, der Wohltäterin offen in das Angesicht zu blicken.

Ich schlich auf den Hausanger. Dort sah ich den Vetter kauern in seinem langen, grauen, rotverblümten Pelz und mit seinem weißen Haupt. Und als ich näher kam, da sah ich, warum er hier so kauerte. Das schneeweiße Zicklein lag vor ihm und streckte seinen Kopf und seine Füße von sich, und der Vetter Jok zog ihm die Haut ab.

Sogleich hob ich laut zu weinen an. Der Vetter erhob sich, nahm mich bei der Hand und sagte:

„Da liegt es und schaut dich an!“

Und das Zicklein starrte mir mit seinen verglasten Augen wirklich schnurgerade in das Gesicht. Und doch war es tot.

„Peterle!“ lispelte der Vetter ernsthaft, „die Mutter hat der Knierutscherin einen Brotlaib geschickt.“

„Ja“, schluchzte ich, „und der ist mir davongegangen, hinab über die Lehnen.“

„Weil du's eingestehst, Bübel“, sagte der Vetter Jok, „so will ich die Sach schon machen, daß dir nichts geschieht. Ich hab zu der Mutter gesagt, ein Stein oder so was wär herabgefahren und hätt das Zicklein erschlagen. Hab mir's im geheim gleich gedacht, das Peterle steckt dahinter. Dein Brotlaib ist schier in den Lüften dahergekommen, nieder über den hohen Rain, an mir vorbei, dem Zicklein zu, hat es just am Kopf getroffen – ist das Dingelchen hingetorkelt und gleich maustot gewesen. Aber fürcht dich nicht, es bleibt beim Stein. Mit der Knierutscherin werd ich's auch abmachen, und jetzt sei still, Bübel, und zerr mir das Gesicht nicht so garstig auseinander. Auf die Nacht essen wir das Tierlein, und die Mutter kocht uns eine Krensuppen dazu.“

So ist das Zicklein gestorben. Meine Geschwister erzählten mir, ein böser Stein habe es erschlagen.

Die Mutter hatte mir zuliebe meine Kohlen zum Herdfeuer geschüttet, und bei diesem Feuer wurde das Zicklein gebraten. Dem Vetter Jok war es vermeint gewesen; nun sollte er davon den Braten haben. Aber er rief uns alle zu Tisch und legte uns die besten Bissen vor. Mir hat der meine nicht gemundet.

Am andern Morgen bewaffnete sich das Jakoberle mit einem Knüttel und ging damit dem Vetter nach auf die Talweide.

Es wollte den Stein sehen, der das Zicklein erschlug.

„Kind", sagte der Vetter Jok und kaute angelegentlich am Pfeifchen, „der ist weitergekugelt, über den rinnt das Wasser, der liegt in der Schlucht."

Der gute, alte Mann! Mir auf dem Herzen lag der Stein, „der das Zicklein erschlagen".

Dreihundertvierundsechzig und eine Nacht

Das Zicklein war dahin.

Aber mein Vater hatte noch vier große Ziegen im Stall stehen, so wie er vier Kinder hatte, welche zu den ersteren stets in enger Beziehung standen. Jede der Ziegen hatte ihren kleinen Futterbarren, aus dem sie Heu oder Klee fraß, während wir sie molken. Keine einzige gab die Milch am leeren Barren. Die Ziegen hießen Zitzerl, Zutzerl, Zeitzerl und Heitzerl und waren, eben auch einer schönen Schenkung zufolge, das Eigentum von uns Kindern. Das Zitzerl und das Zutzerl gehörten meinen zwei Schwesterchen; das Zeitzerl meinem achtjährigen Bruder Jakoberle, das Heitzerl war mein!

Jedes von uns pflegte und hütete sein ihm zugeteiltes Gespons in Treue; die Milch aber taten wir zusammen in einen Topf, die Mutter kochte sie, der Vater schenkte uns dazu die Brotschnitten – und Gott der Herr hat uns den Löffel Suppe gesegnet.

Und wenn wir so mit den breiten Holzlöffeln, die unser Oheim geschnitzt hatte und die ihrer Ausdehnung wegen fürs erste kaum in den Mund hinein, fürs zweite kaum aus demselben herauszubringen waren, unser Nachtmahl ausgeschaufelt hatten, so nahmen wir jedes unseren Roßhaarkotzen und legten uns, eins wie 's andere, in den Futterbarren der Ziegen. Das waren eine Zeitlang unsere Betten, und die lieben Tiere befächelten uns mit ihren weichen Bärten die Wangen und beleckten uns die Näschen.

Aber, wie wir Kindlein auch in der Krippe lagen, so kam das Einschlafen auch nicht just immer nach dem ersten Lecken. Ich hatte von unserer Ahne eine Menge wundersamer Geschichten und Märchen im Kopf. Die erzählte ich nun in solchen Abendstunden, und meine Geschwister waren darüber glückselig, und die Ziegen hörten auch nicht ungern zu; nur daß diese dann und wann, wenn ihnen das Ding gar zu unglaublich vorkam, so ein wenig vor sich hinmeckerten oder mit den Hörnern ungeduldig an den Barren pufften. Einmal, als ich von der Habergeiß erzählte, die, wenn sie um Mitternacht auf dem Felde schreit, den Haber (Hafer) schwarz macht und die nichts frißt als die grauen Bärte alter Kohlenbrenner, da begann mein Heitzerl dermaßen zu meckern, daß die drei anderen auch mit einstimmten, bis meine Geschwister schließlich in ein fürchterliches Gelächter ausbrachen und ich wie ein überwiesener Aufschneider erbärmlich schweigen mußte.

Von derselben Zeit an erzählte ich meinen Schlafgenossen lange keine Geschichten, und ich nahm mir vor, mit dem Heitzerl mein Lebtag kein Wort mehr zu reden.

Da kam der Sonnwendtag. An diesem Tag kochte uns die Mutter den üblichen Eierkuchen, mein liebstes Essen auf der Welt. In diesem Jahr aber hatte uns der Geier die beste Leghenne geholt, so wollte sich das Eierkörblein nicht mehr füllen, und als am Sonnwendtag der Kuchen kam, war er ein gar kleinwinzig Laibchen. Wehmütig lugte ich hin auf den Holzteller.

Mein fünfjährig Schwesterchen guckte mich an, und wie wenn es meine Sehnsucht wahrgenommen hätte, rief es plötzlich: „Du, Peterle, du! Wenn du uns ein ganzes Jahr in jeder Nacht eine Geschichte erzählen magst, so schenk ich dir meinen Teil von dem Kuchen!“

Dieser hochherzigen Entäußerung der Kleinen stimmten seltsamerweise auch die anderen bei, und sie paschten in die Händchen, und – ich ging die Bedingung ein. So stand ich denn plötzlich am Ziel meiner Wünsche.

Ich nahm meinen Kuchen unter die Jacke hinein und ging damit in die Milchkammer, wo mich niemand sehen und stören konnte. Dort verriegelte ich die Tür, setzte mich auf einen umgestülpten Zuber und ließ meine zehn Finger und das wohlgeordnete Heer meiner Zähne über den armen Kuchen los.

Aber nun kamen die Sorgen; daß meine Geschwister strenge auf ihrer Forderung bestehen würden, daran konnte kein Zweifel obwalten. Ich ging auf meinen Hirtenzügen jeden Pecher, Kohlenbrenner, Halter und jedes wohlerfahrene Weiblein, wie ich's im Wald und auf der Heide traf, um eine Geschichte an. Es waren ergiebige Quellen, und ich war jeden Abend in der Lage, meiner Schuldigkeit nachzukommen. Mitunter allerdings war's ein Elend, bis ich was Neues auftrieb, und nach einer Zeit geschah es nicht selten, daß das Schwesterlein mich unterbrechend von seinem Barren herüberrief: „Du, die wissen wir, die hast uns schon erzählt!"

Ich sah wohl, daß ich auf neue Wege sinnen mußte, und war daher bemüht, das Lesen besser zu lernen, um aus manchen Geschichtenbüchern, wie sie in den Waldhütten nutzlos auf den rußigen Wandstellen herumlagen, Schätze zu ziehen. Nun hatte ich neue Quellen: die Geschichte von der Pfalzgräfin (das Jakoberle sagte immer Schmalzgräfin) Genoveva; die vier Haimonskinder; die schöne Melusina; Wendelin von Höllenstein – ganz wunderbare Dinge zu Dutzenden. Da sagte mein Bruder wohl oft aus seiner Krippe heraus: „Mein Kuchen reut mich gar nicht! Das ist wohl soviel unmöglich schön!"

Nun wurden die Abende zu kurz, und ich mußte eine solche Geschichte in Fortsetzungen geben, womit aber klein Schwesterchen schier nicht einverstanden sein wollte, denn es behauptete, in jeder Nacht eine *ganze* Geschichte! So sei es ausgemacht.

So verging das Jahr. Ich erwarb mir nach und nach eine gewisse Fertigkeit im Erzählen und tat es sogar hochdeutsch, wie es in den Büchern stand! Oft geschah es auch, daß sich während des Erzählens meine Zuhörer tief in die Kotzen vergruben und vor Schauer über die Räuber- und Geistergeschichten zu stöhnen anhuben; aber aufhören durfte ich doch nicht.

Es war schon wieder der Sonnwendtag nahe und mit ihm die Lösung meines Vertrages. Doch – ein eigen Geschick! – noch vor dem letzten Abend ging nur gänzlich der Faden aus. Alle meine Erinnerungen, alle Bücher, deren ich habhaft werden konnte, alle Männlein und Weiblein, denen ich begegnete, waren erschöpft – alles ausgepumpt, alles hoffnungslose Dürre. Bat ich meine Geschwister: „Morgen ist der letzte Abend, schenkt ihn mir!" War ein Geschrei: „Nein, nein, nichts schenken! Du hast deinen Sonnwendkuchen 'kriegt!" Gar die Ziegen meckerten mit.

Am nächsten Tag ging ich herum wie ein verlorenes Schaf. Da kam mir plötzlich der Gedanke: Betrüge sie! *Dichte* was zusammen! Aber alsogleich schrie das Gewissen drein: Was du erzählst, das muß wahrhaftig sein, du hast den Kuchen wahrhaftig bekommen!

Doch geschah im Laufe dieses Tages ein Ereignis, von dem ich hoffte, daß es mich im Drange der Aufregung meiner Pflicht entbinden würde.

Mein Bruder Jakoberle verlor sein Zeitzerl. Er ging kreuz und krumm über die Heide, er ging in den Wald und suchte weinend und rufend die Ziege. Aber endlich spät am Abend brachte er sie heim. Ruhig aßen wir unsere Suppe, gingen in unsere Krippen, und von mir wurde die Geschichte verlangt.

Es war still. Die Zuhörer harrten in Erwartung. Die Ziegen scharrten im Wiederkäuen mit den Zähnen.

Nun denn, so sollen sie die Geschichte haben.

Ich sann – – ich begann:

„Es war einmal ein großer, großer Wald gewesen. Und in dem Wald war es allweg finster gewesen. Keine Vöglein haben gesungen: nur der Totenvogel hat geschrien. Wenn aber doch die anderen Vögel auch gesungen, da haben auf den Bäumen alle Äste und alle Blätter vieltausend Tränen geweint. Mitten in diesem Wald ist eine Heide, wie der Totenacker so still, und wer über dieselbe hingeht und nicht umkehrt, der kommt nicht mehr zurück. Über diese Heide sind einmal zwei blutige Knie gegangen."

„Jesses Ma –!" rief mein älteres Schwesterlein aus, und alle drei krochen unter die Kotzen.

„Ja, zwei blutige Knie", fuhr ich fort, „und die sind über die Heide dahingeschwebt gegen den finsteren Wald, wie eine verlorene Seele. Aber auf einmal sind die zwei blutigen Knie –"

„Ich schenk dir mein blaues Hosenband, wenn du still bist!" wimmerte mein Bruder angstvoll und verbarg sich noch tiefer in die Decke.

„- Sind die zwei blutigen Knie stillgestanden", fuhr ich fort, „und auf dem Boden ist ein Stein gelegen, so weiß wie ein Leichentuch. Dann sind zwei funkelnde Lichtlein gewesen zwischen den Bäumen, und darauf sind vier andere blutige Knie dahergeschwebt." –

„Mein neues Paar Schuh schenk ich dir, wenn du aufhörst!" hauchte der Jakoberle in seinem Trog und zog aus lauter Furcht das Zeitzerl am Barte zu sich.

„Und so sind alle sechs zusammen durch den finsteren Wald gegangen und heraus auf die Heide und über das Haferfeld herab zu unserem Haus – und herein in den Stall –"

Jetzt kreischten alle drei auf, und sie wimmerten und wußten ihrer Angst kein Ende, und klein Schwesterlein versprach mir mit Zagen seinen Teil von dem auch heuer wieder zu erwartenden, morgigen Sonnwendkuchen, wenn ich aufhöre. Ich aber fuhr fort: „Jetzt – na, jetzt hab ich zum Anfang zu sagen vergessen, daß die zwei ersten blutigen Knie unserem Jakoberle und die vier letzteren seinem Zeitzerl gehört haben – wie sie heut im Wald herumgegangen sind."

Brach auf einmal das Gelächter los. „Jeder Mensch hat zwei blutige Knie!" rief das Schwesterlein, und die Ziegen meckerten, daß es ein Jubel war.

Ich hatte meine Rolle ausgespielt. Dreihundertvierundsechzig Nächte lang hatte ich geglänzt als weiser, wahrhaftiger Geschichtenmann; die dreihundertfünfundsechzigste hatte mich als argen Schwätzer entlarvt.

Das Versprechen in betreff des zweiten Sonnwendkuchens wurde rückgängig gemacht; Schwesterlein erklärte, die Zusage sei nichts als Notwehr gewesen.

Und die Gläubigkeit meines Publikums hatte ich mir verdorben ganz und gar, und wenn es in Zukunft an irgendeinem Erzählten seinen Zweifel ausdrucken wollte, so rief es einstimmig: „Aha, das ist wieder ein blutiges Knie!"

Geschichten unter dem wechselnden Mond

Eine sommerliche Mondnacht im Waldlande! Was kann es auf dieser Erde Lieblicheres geben!

Das Haus steht einsam auf der tannenumgrenzten Au. Alles ruht; der Brunnen aber sprudelt seine ewige Kette. Diese hebt in der Dunkelheit nun auf einmal an zu glühen und zu funkeln. Dort über den scharfgeschnittenen Zacken des Tannenwaldes steigt still und klar der Mond herauf, als höbe er sich empor mitten aus einem geheimnisvollen Urwald, in dem die wunderbaren Märchen sind. Der höchste Wipfel eines alten Baumes steht noch wie ein schwarzer Punkt in dem leuchtenden Rund. Aber bald löst sich dieses los von den dunkeln Massen des Waldberges und steht frei auf dem Himmelsgrund und wird immer reiner und glänzender; und die Schattengestalten auf der Au heben sich scharf ab vom blassen Boden, und über den Wäldern liegt der strahlendurchwirkte, bläuliche Duft.

Heute noch träume ich in solchen Mondnächten den glückseligen Traum vom Reiche Gottes auf Erden. Und vollends, als ich noch ein Knabe war, nicht allein den Glauben an Gott, sondern auch noch den an die Weltheit hegte, da erlebte ich in den ahnungsvollen Stunden eine große Seligkeit. Ich war in solchen Mondnächten kaum zu Bette zu bringen. Da stand ich an der Tür vor dem Haus, sah den Mond an und dachte an das Paradies.

Der Mond – er kam ja vom Paradiese her, sah man doch, wie er mit den Augen zwinkerte und vielsagend lächelte, als wisse er so manches, was er den Menschen wohl leise andeuten, aber nicht erzählen dürfe. Gott hat's verboten. Und so blieb er stumm bis auf den heutigen Tag, er lächelt uns nur von weitem so an, und weise Männer sagen, eines Tages würde der tanzende Alte schwindelig werden und würde einen Sprung machen nieder auf die Erde.

Ob wir dann wohl Näheres erfahren werden? Meine Ahne, welche zu jener Zeit, die ich meine, noch immer um mich war, deutete oft mit dem Finger nach dem Mond und rief :

„Du schau, Bübel, schau, der Mannähndl!“

Mannähndl, so heißen die Kinder bei mir daheim den Mond. Dann setzte die Ahne noch dazu: „Lug (schau) aber recht, Bübel, dort drin im Mannähndl sitzen Adam und Eva!“

Ja richtig, da sah ich wohl auch selbst die zwei dunkeln Gestalten, unsere ersten Voreltern, im Monde sitzen. Sie dürfen des Sündenfalles wegen nicht in den Himmel hinein, sie müssen zur Strafe im Mond verbleiben und niedersehen auf das Elend, das sie angerichtet haben.

Recht liebhaben mögen sich die zwei auch noch immer, dennoch aber müßte ihnen schauderlich langweilig werden bei ihrem Sitzen im Mond, täten sie nicht doch zuweilen hienieden auch etwas anderes sehen als Elend.

Es gehört dieses nicht ganz in die jungen Jahre des Waldbauernbuben hinein, aber zu leugnen ist's eben nicht: Der Weidknecht liegt auf seinem öden, einsamen Heu und kann nicht schlafen. Eine übermütige Heuschrecke hüpft fortweg über seine Knie und schließlich gar auf sein Gesicht. Der Mond guckt durch das Dachfenster herein und blinzelt. Hol der Kuckuck so ein Liegen da! denkt sich der Bursche und steht auf und geht hinaus in die schöne, wohlige Nacht. Wohin?

Der Mond guckt ihm nach – verrät aber nichts.

Ich auch nicht.

Ich war schon ziemlich erwachsen, als ich merkte, wo der Bartel den Most holt. Dann freilich ging ich sofort auch mit meinem Kruge aus. Der Mond hat es gesehen, wie mir's dabei erging. Ich wußte, in der hinteren Zimmerung des Nachbarhofes schlief sie, die mit dem gelben Haar. Ich krümmte den Zeigefinger und klopfte und flüsterte: „Du!“ Da hörte ich, wie sich's drin rührte, pustete und mit den Zähnen scharrte; endlich hub es an zu meckern. Ich war an den Ziegenstall geraten.

Sofort versuchte ich es bei dem nächsten Fenster.

„Närrisch, du!“ sagte sie in der Kammer, „was willst denn jetzt um Mitternacht? Ist ja die Geisterstund!“

„Ja“, sagte ich, „desweg fürchte ich mich und möcht gern zu zweien sein.“

„Schau“, entgegnete sie, „bei mir ist das grad umgekehrt. Ich schlaf zu einzeln gut und tät mich zu zweien fürchten.“

„Aber du wirst einsehen, Julie, es ist eine kalte Nacht –“

„Bigott, Bübel!“ sagte das Mädchen mit dem gelben Haar, „erkälten darfst du dich nicht; das litte ich auf keine Weis. Und desweg ist es, daß ich dir treuherzig sag: Geh heim in dein warmes Bett!“

Ich denke über diese soviel närrische Zeit hinweg lieber wieder an die Kindschaft zurück.

Gingen ich und meine Mutter einmal mitten in der Nacht durch den Wald. Es war ein Kohlenbrennermädchen gestorben, und nun gingen wir zur Bahre, um zu beten und den Eltern der Verstorbenen die Leichenwache halten zu helfen. Wir schritten langsam über das Moos dahin, der Wald war finster. Hoch über den Wipfeln aber stand der Vollmond und legte, wo er durch das dichte Geäst dringen konnte, milchweiße Sternchen und Täfelchen vor uns auf den Boden.

Als wir auf eine kleine Lichtung kamen, stand meine Mutter still, wendete ihr Gesicht empor, hielt eine Hand über die Augen und sagte:

„Jetzt, da kann man es einmal schön sehen, das Spinnrad Unserer Lieben Frau.“

Sie meinte den Mond, der ja so zarte Fäden herniederspann zwischen den Wipfeln und Ästen.

Dann wendete sich die Mutter zu mir:

„Du hast gute Augen, Bub. Lug in den Mannähndl hinein, dort drin sitzt Unsere Liebe Frau und tut spinnen. Sie spinnt ein himmlisches Kleid für das Mägdlein, das heute auf der Bahre liegt. Und guck noch ein wenig – deine Urahne sitzt auch daneben!“

Wahrhaftig, da sah ich's, dort im Monde saßen zwei wunderholde Frauen beim Rocken.

Dann gingen wir wieder, und der Mond oben ging mit uns den gleichen Schritt und spann seine himmlischen Seiden nieder in unseren weiten Wald.

Als wir zum Haus kamen, in welchem das Kohlenbrennermädchen lag, stand die Tür weitmächtig offen, und der Mond schien hinein auf die Leiche, und das Angesicht des Mädchens war zart und lieb und mild, wie weißes Wachs.

„Es ist uns das Öl ausgegangen“, sagte der Kohlenbrenner, „Wir können keine Ampel herstellen, und so haben wir die Tür aufgemacht, daß der Mondschein das Totenlicht sollt sein!“

Da dachte ich wohl gleich an Unsere Liebe Frau; sie spinnt für das Mägdlein ein himmlisches Kleid.

Wir wachten so lange bei der Leiche, bis das Morgenrot auf den Waldwipfeln zu schimmern begann und der Mond blaß und glanzlos niedersank hinter den fernen Felsen des hohen Schwab.

Dann huben sie das Kind auf und trugen es davon. Und als der Mond wieder kam, fand er auf dem Kirchhof einen treuen Hügel und ein hölzernes Kreuzlein darauf, und darüber senkte er süß und still seinen Strahlenschimmer.

Ein anderes Mal war wieder Leichenwache.

Der Waldjosel kleiner Franz war gestorben, und ich, ein Knabe mit neun Jahren, nahm mein Erbauungsbuch und mein Fernrohr, das ich einem alten Hausierer abgeschachert hatte, und ging zur nächtlichen Leichenfeier.

Wir besaßen im Hause einen hundertjährigen Kalender, der hatte schon vor vielen Jahren für die heutige Nacht eine Mondesfinsternis prophezeit, ohne daß er gewußt haben mochte, daß ich, der Waldbauernbub, um diese Zeit wirklich mit einem Fernrohr ausgerüstet war. Ich wollte doch gar zu gern sehen, wie das schwarze Ungetüm, das kein Mensch kannte und das auch der Hundertjährige nicht zu beschreiben wußte, den lieben Mond anpacken und sich in denselben hineinfressen würde.

Als ich über die Felder ging, stieg der runde Mond gerade über die Teufelssteinwälder herauf, vollwangig und freundlich lächelnd. Er hatte wohl keine Ahnung, was ihm nach dem Hundertjährigen heute bevorstand. Mein Instrument hielt ich in der inneren Rocktasche verborgen, und so kam ich zum Hause, wo der tote Franzel lag. Er lag in der Wohnstube aufgebahrt, und daneben stand ein Tisch, um welchen schon mehrere Leute saßen, die Tabak rauchten, dabei über Wirtschaftsdinge sprachen und auf mein Vorlesen warteten. Glaubensgrübler waren dabei, so die alte Riegelbergerin, so der Holzschlager Thomerl; und das war mir gerade recht, denn ich hatte in meinem Buch ein Kapitel über den Weltuntergang vorbereitet.

Zuerst, als sich die Weiber herangezogen hatten, wurde ein geistliches Lied gesungen:

„Hört, liebe Kinder insgemein,
all Reiche, Arme, groß und klein,
höret zu mit Traurigkeit,
der jüngste Tag ist nimmer weit.

An einem so erschrecklichen Tag,
da fallen die Stern vom Himmel herab;
Sonn und Mond verfinstern sich,
die Allmacht Gottes kündet sich.“

Und so weiter war im Lied die Rede vom Tale Josaphat, von Posaunengetön, von der Auferstehung der Toten und vom strengen Gericht.

Somit war das Volk in die rechte Stimmung versetzt. Ich schlug mein Buch auf, um mit den Vorhersagungen eines theologischen Schriftstellers und mit nachdrücklicher Stimme die Wahrheit des Liedes zu beweisen. Die prächtigsten Zeichen und Wunder predigte ich zusammen; die Sterne purzelten vom Himmel wie Hagelkörner, und Sonne und Mond verfinsterten sich derart, daß ein alter Bauer, der Brunnmichel, es für nötig hielt, mit den Fingern das Kerzenlicht zu putzen. „Au weh!“ sagte er dabei, „auch beim Waldjosel ist das Feuer heiß.“

„Ja, das magst dir merken“, meinte die alte Riegelbergerin, „und kein solcher Übermut sein, du alter Tatel. Bedenk's nur, wenn schon das Feuer beim Waldjosel so heiß ist, wie wird's erst in der Höll brennen!“

„Bedank mich sauber für deine Christenlehr“, antwortete der Brunnmichel, „du meinst, weil ich, der siebzig Jahre alte Schippel, aufs Steirischtanzen noch was halt. Weißt, Riegelbergerin, ich denk mir halt so:

Seids lustig, seids lustig,
tuts singen und hupfen,
so kann euch der Teuxel
kein Haarl ausrupfen!“

„Aber du mein Gott!“ rief der Holzschlager Thomerl entrüstet, „jetzt hebt er mit seinen Schelmenliedern an, und neben uns liegt ein Totes!“

„Jesus, Maria und Josef!“ kreischte ein Weib und riß ihren Kopf vom Fenster zurück, „Schauts hinaus, Leut, der jüngste Tag! Den Mond schauts an, ein großmächtiges Stuck ist weg'brochen!“

Alles stürzte zu den Fenstern, zur Tür.

„Das ist gewiß, der höllisch Drach frißt den Mond auf!“

„Und kehr die Hand um, wird er auch die Sonn im Rachen haben, nachher, behüt dich Gott, Taglichten, nachher mögen wir in der Finsternis den Haber schneiden.“

„Ja, wenn einer wachst!“

„Ja, wenn einer anbaut wird! Ich denk, nach dem Haberfeld werden wir nicht viel fragen. Werden bald die Posaunen zu hören kriegen!“

„Wer hätt's gemeint, daß wir *das* noch sollten erleben!“

„Und von Toten auferstehen sollten, ehvor wir gestorben sind“, sagte der alte Michel, „aber ich fürchte, es ist nur eine Mondesfinsternis.“

In der Erregung war das Licht ausgelöscht; die Ampel an der Leiche glimmte kaum; der Mond schien mit mattem Licht auf den Fußboden der Stube herein. Ich tat mein Fernrohr hervor, zog es auseinander und hockte unter den Tisch hinab, damit ich durch das kleine Fenster mit meinem Instrument dem schon hochstehenden Mond beikommen konnte.

Ich erschrak selber. Der ganze untere Teil, wo sonst Adam und Eva saßen, war weg, und der andere, der noch da war, zitterte wie das zusammengebrochene Lamm vor dem Wolf.

Mehrere Weiber waren, wie es bei Finsternissen gebräuchlich ist, mit Hafendeckeln, Pfannen und Töpfen ins Freie geeilt und huben an zu schellen und zu klirren: vielleicht gelänge es doch noch, dem Ungeheuer die Beute abzujagen.

Mittlerweile war die vorher leuchtende Scheibe schier zu einem Kipfel zusammengeschwunden – und ich begann nun zu meinem Erstaunen auch jenen Teil wiederzusehen, der gar nicht da war. Es stand wahrhaftig noch der ganze Mond am Himmel, nur war er fleckig und schwarz geworden, wie im Herbst die kranken Erdäpfel schwarz werden. Und nun dachte ich bei mir: Es sieht nicht aus, als ob ein Ungeheuer den Mond im Rachen hätte, es weist sich vielmehr als wie eine Krankheit, die den lieben Mond überfällt, daher auch das Fieber, das Zittern, wie ich es durch mein unruhiges Fernrohr beobachten konnte.

Ich war mitten in meinen Forschungen, da rief plötzlich einer: „Was macht denn der da unter dem Tisch? Hat er was Heimliches?“

„Das werden wir gleich sehen, herauf mit dem Waldbauernbuben!“

Sie zogen mich hervor, und jetzt sahen sie mein Instrument, womit ich den Mond betrachtet hatte.

Das war Unheil. Zuerst fuhr die Riegelbergerin auf mich los. Sie hieß mich den Unchrist, der selber nicht glaubt, was er gerade erst aus dem heiligen Buch gelesen hat, der wie die Heiden mit Röhren und Gläsern den Himmel ergründen will, mit Teufelswerkzeugen dem Herrgott gleichsam ins Auge schaut und in den Magen hinein!

Der Holzschlager Thomerl riß mir das Fernrohr aus der Hand und stürzte damit zum Ofen: „Da gehört's hinein!“

Alles war außer Rand und Band und wollte mir böse. Da flüsterte mir der Michel ins Ohr: „Bub, lüg ihnen geschwind was vor, sonst kratzen sie dir die Augen aus."

Jetzt rief ich den Leuten zu: „Seids froh, daß ich mit dem Fernrohr hinaufgeschaut hab, daß ich's euch erzählen kann, wie's jetzt zugeht da oben!"

„Wir wollen's nicht wissen!" schrien einige.

„Ist alles Verblendung!"

„Na!" sagten ein paar Weiber spottweise, „wenn du schon so gescheit bist, so erzähl's halt, was du gesehen hast."

„Soviel ich hab sehen können", sprach ich, „hält der Mond sein Sacktuch vors Gesicht und weint."

„Über was kann er denn weinen", rief die Riegelbergerin aufgeregt, „als aber die Schlechtigkeit der Welt!"

„Oder über die Dummheit der Leut", ergänzte der Michel.

Ich sah, daß es schiefging, und meinte gleichwohl mit etwas Schalkheit, ich wäre in meiner Beobachtung nur zu früh gestört worden und hätte es nicht so genau gesehen, möglicherweise, und mir habe es sogar so geschienen, als hätte der Mond vor lauter Lachen sein Taschentuch vors Gesicht gehalten.

„So hat er wen ausgelacht!" sagte der alte Michel und schielte auf die Riegelbergerin hinüber.

„Weißt du was, Bub!" fuhr mich diese an, „du bist ein Fabelhans und du gehst hinaus! – aber gleich gehst hinaus!" Sie hob gegen mich ihre zwei mageren Fäuste.

„Oho!" rief der Michel und stellte sich dazwischen, „ist das eine Mode? Beim Leichwachen? Dem Bübel geschieht nichts, und jetzt, Weiberleut, singts wieder eins, wißts kein Lustiges, so tut's ein Trauriges, aber fein nach dem Takt, daß einer dabei tanzen kann."

„Die Finsternis ist schon vorbei", berichtete der Hausvater, der zur Tür hereinkam. Und siehe, der Mond war wieder licht und rund, er weinte nicht und lachte nicht – in stiller Freundlichkeit blickte er nieder auf den Zimmermann, der über den Anger schritt und auf der Achsel den kleinen weißen Sarg herantrug.

Neben diesem glitt ein schwarzes Ungeheuer daher. Es war der Schatten vom Zimmermann und dem Sarge.

Einmal zur Herbstzeit war ich mit Markus, unserem alten Knecht, spätabends noch auf dem Felde. Wir lehnten Habergarben aneinander; ich hielt die Garben zusammen, und der Markus bog die Hüte darauf.

Ich blickte dabei den aufgehenden Mond an und konnte mein Auge gar nicht wenden, bis der Markus plötzlich rief:

„Jesus Maria, das ist ein Unglück! Jetzt ist mir der Bub mondsichtig geworden!"

Ich erschrak. Ich kannte einen Mondsüchtigen, der schlafend auf allen Dächern herumstieg und dabei ein Gesicht hatte, so blaß wie der Mond selber.

Der Markus lachte über meinen Schreck, und ich wendete mein Auge von der Mondscheibe ab.

„Ja, ja, magst schon gucken", sagte der alte Knecht, „jetzt aber werd ich dir's deuten, wie der Mond da oben aufgekommen ist." Das war mir gleich recht, obwohl man, wenn der Markus was erzählte, nie wußte, ob er zum Ernst oder zum Spaß rede; sein Gesicht freilich, das war dabei ernsthaft genug, und diesem nach meinte man immer, seine Worte seien der dreizehnte Glaubensartikel ein für allemal. Aber ein paarmal waren doch Reden von ihm ertappt worden, die keinen Reisepaß durch das Land der Wahrheit mit sich getragen hatten.

„Wie der Mond aufgekommen ist?" fragte ich erstaunt.

„Wie der Mond aufgekommen ist", versetzte der alte Knecht. „Spitz die Ohren, Kleiner, aber fürcht dich nicht, daß ich dich dran pack; hör, gewesen ist es so: Wie Sankt Michael Adam und Eva aus dem Paradies vertrieben gehabt hat, kehrt er zurück in den Himmel. – Na, hast sie ausgejagt, diese Herrgottssakermenter? fragte der Gottvater. – Hätt der Herr auch einen anderen schicken mögen! brummt Sankt Michael in seinen Bart; nein du, Bart wird er keinen gehabt haben... Ich hab mir, sagt er, in dieser Höllenfinsternis da unten das Knie angestoßen, daß schon all des Teufels ist, oder was. Beim Tag geht's noch an, da schupfen die Engel den Sonnenball hin und wieder; aber in der Nacht ist das schon eine stockfinstere Welt übereinand! Kann's der Eva gar nicht für übel halten, wenn sie in der rabenschwarzen Nacht einen unrechten Apfel erwischt hat; wird schon noch öfters so was passieren. Die Leut müssen einen Mond haben! – Ja? fragt der Gottvater, na, so steh ein wenig beiseit, Sankt Michael! ich erschaff jetzt den Mond! – Richtig, hat's getan! Aber, sagt der Gottvater, auf daß die Leut wissen, daß es nur ein guter Wille ist von mir, und daß sie sich nicht eine Rechtssache daraus machen, so laß ich den Mond im Monat allemal nur vierzehn Nächte scheinen, die übrigen vierzehn laß ich's finster sein. – Und deswegen", setzte der Knecht bei, „haben wir den zunehmenden und den abnehmenden Mond."

„Ja so, deswegen", sagte ich sehr zufrieden; nun wußte ich schon mehr als der Pfarrer, der an die Offenbarungen unseres alten Evangelisten Markus nicht immer glauben wollte.

So ging es eine Weile fort, da kam endlich für mich und den guten Mond eine andere Zeit. Ich hatte in Kindberg einen Vetter, der ein gelehrter Mann war. Den besuchte ich einmal und fand ihn desselben Abends spät auf dem Dach seines Hauses, wo er vor einer erschreckend großen Kanone stand. Die Kanone war schnurgerade auf den armen Mond gerichtet, der über den Giebeln des Ortes mit weinendem Vollgesicht stand und herniederschaute. Der Vetter guckte durch das gewaltige Rohr so hinaus und sagte dann zu mir:

„Jetzt komm, Bursch, stell dich da her und guck auch einmal!" So guckte ich denn auch einmal. – Josef und Jerum, hab ich aber jetzt meinen Kopf zurückgeworfen! Was habe ich gesehen? Da drin in der Kanone ist ein mächtig großes helles Schneefeld gewesen; und wie ich länger geschaut, hab ich Berg und Tal gesehen und ein ganzes Alpenland, und alles wie von purem Eis und Schnee. Ich habe mit meinen Augen alle Höhen und alle Täler und Schluchten abgesucht – aber ich habe Adam und Eva nicht gefunden, und ich habe Unsere Liebe Frau mit dem Spinnrocken nicht gefunden.

„Ist ein schöner, lieblicher Glaube gewesen", sagte mein Vetter, „und wenn du dabei bleiben willst, gut, aber gehen wir jetzt schlafen."

„Nein", rief ich, „wenn etwas dahintersteckt, so will ich's wissen."

Dann hat mir der Vetter die Naturgeschichte des Mondes erzählt. – Was hab ich jetzt? Einen starren, toten, ausgebrannten Himmelskörper ohne Wärme, ohne Lächeln. Selbst das Licht ist nicht sein Eigentum.

Als ich Bettelbub gewesen

Die schmale Straße, die durch den Wald ging, hatte weißen Sand und dunkles Moos, war zur sonnigen Zeit nicht staubig und an Regentagen nicht lehmig. Sie zog nicht in der Schlucht, sie zog auf der sanften Bergeshöhe hin, wo das kurze, grüne Heidekraut und in dünner Anzahl die alten, verknöcherten Fichtenbäumchen standen. Stellenweise ging der Weg über eitel grünen Rasen, und kein Wagengeleise war gedrückt; behendige Ameisenvölker trieben auf dieser Straße ihren Handel und Wandel.

Und doch erstreckte sich der Weg aus weitem her und war von Menschen getreten. Hie und da stand etwas wie ein Wegweiser, eine hölzerne, wettergraue Hand wies geradeaus oder seitab und sagte nicht, wohin. An anderen Stellen wieder, wo ein alter, flechtenbewachsener Baumstamm hart am Weg ragte, prangte daran ein rot angestrichenes Holzkästchen mit einem Liebfrauenbildnis oder mit einem „Martertaferl“, erzählend von einem Unglücksfall, der sich an der Stelle zugetragen, bittend um ein christlich Gebetlein. Oder es starrte aus dem Sand- und braunen Moosboden ein Kruzifix auf.

Ich habe in der weiten Welt keinen Weg mehr gefunden, der mir so grauenhaft heilig erschienen wäre als diese Straße, die durch unseren Wald strich und von der wir nicht wußten, woher sie kam und wohin sie ging. Denn doch! Erfahrene Leute sagten es ja, sie kam aus dem fernen Ungarland und führte nach Mariazell. 's ist ein ewiges Wandern von Sonnenaufgang her. Auch die wilden Türken vor drei- oder mehr hundert Jahren sollen diesen stillen Weg herangewütet sein; auch kleine Zigeunerbanden trippelten zuweilen auf demselben daher, und dann einmal ein Handwerksbursche oder ein Bettelmann oder ein Schwärzer kam des Weges und verneigte sich vor den Bildnissen und küßte sich vom Kruzifix etliche hundert Tage Ablaß herab.

Im ganzen jedoch war der Weg unsagbar einsam, und die wenigen Häuser standen fernab im Tal oder auf entlegenen Hügeln.

Doch war es alle Jahre einmal, zur Zeit der Bittage, in jener Maienwoche, in welcher unsere Religion das Fest der Himmelfahrt des Herrn feiert, daß auf diesem Waldweg eine förmliche Völkerwanderung ausbrach. Fremdartige Menschen in fremden Kleidern mit seltsamer Gebärde und Sprache wallten scharenweise heran. Sie hatten braune Gesichter, knochige Glieder und struppige Haare. Sie hatten scharfe, glühende Augen, weiße Zähne, lange tiefgebogene oder kühn aufgeworfene Nasen und fremdartige Züge um die

Mundwinkel. Die Männer trugen weiße, flatternde, unten befranste Linnenhosen, die so weit waren, daß sie aussahen wie Kittel, und dunkelblaue Übermäntel mit breit zurückgeschlagenen Kragen und kleine Filzhütchen mit schmalen, aufgeringelten Krempen. Auch hatten sie blaue Westen an, besetzt mit einer Reihe von großen Silberknöpfen. Andere trugen wieder so enge weiße Beinkleider, als wären sie über und über an die Glieder gewachsen, und anstatt mit Stiefeln hatten sie die Waden und den Fuß in kreuz und krumm mit Binden umgeben. Auch hatten dieselben Männer schwere Übermäntel aus weißem Filz an ihren Achseln hängen, und diese Mäntel sowie auch die Beinkleider waren ausgeziert mit roten oder blauen Rändern, und allerlei Geschnüre schnörkelte sich um die Wämser.

Die Weiber trugen blauschwarze oder weiße Kittelchen, die kaum ein bißchen übers Knie hinabgingen und bei jedem Schritt keck hin und her schlugen. Bei anderen wieder waren die Kittel so eng und die schwarzen faltenlosen Schürzen so breit, daß bei jedem Schritt die Rundungen der Gestalt hervortraten. Ferner trugen sie hohe und schwere Stiefel, daß unter denselben der Sand knarrte, oder sie gingen gar barfuß und hatten Staubkrusten an den Zehen. Weiters staken die Weiber in kurzen schwarzen Spenserchen, oder sie hatten gar nur ein weites Hemd über Arm und Busen flattern. Die Köpfe hatten sie turbanartig mit einem Tuch umschlungen, unter dem die schwarzen Lockensträhnen hervorquollen.

So wogten sie lärmend und heulend heran, und jede Gestalt hatte ein weißes Bündel auf den Rücken gebunden und trug in der Hand einen weißen, glattgeschälten Stock. Diese Stöcke waren meist frisch in unseren Wäldern geschnitten, es waren Lärchenstäbe; auch an den Hüten trugen die Männer frisch geschnittene Lärchenzweige und Lärchenkränze; dieser herrliche Baum mit seinem weichen Genadel, wie er mit dem vielgestaltigen Hochrelief der Rinde seines Schaftes in der Form einer hellgrünen Pyramide unsere Alpenwälder schmückt, ist in jenen fernen, flachen Gegenden, aus denen die Scharen kamen, nimmer zu finden.

Die fremden Gestalten, welche in kleineren Rotten und großen Haufen einen ganzen Nachmittag lang heranströmten, kamen aus dem Ungarland und waren Madjaren und Slowaken. Es waren die Volksmassen, die alljährlich einmal aus ihren Heimatgemeinden davonwandern, um den weiten Weg von sechs bis acht Tagen bis zu dem weltberühmten Wallfahrtsort Mariazell zu wallen. Ungarische Herren und slawische Fürsten hatten einst viel zum Ruhme und zur Verherrlichung der Gnadenstätte zu Zell getan, und so wogt heute noch der

Strom jener Völker dem berufenen Alpental zu und macht einen Hauptteil der gesamten Wallfahrer aus, die alljährlich in Zell erscheinen.

Es waren also fromme Wallfahrerscharen, die betend und singend unseren stillen Wald durchzogen. Jedes Häuflein trug eine lange rote Stange mit sich, auf welcher ein Kreuz mit bunten Bändern oder ein wallendes Fähnlein war. Vor jedem Kruzifix oder anderen Bildnissen, wie sie am Wege standen, verneigten sie tief diese Stange; und wenn sie zu jener Höhung herangestiegen waren, auf welcher dem Wanderer das erstemal die zackige Hochkette des Schwaben und der gewaltige Felskoloß der Hohen Veitsch sichtbar wird, standen sie still und senkten dreimal fast bis zur Erde ihren Fahnenstab. Begrüßten die Menschen aus dem Flachland die wild-erhabene Alpennatur? Nein. In der Felsenkrone jener Berge lag ihr heiliges Ziel, und das begrüßten sie mit Herz und Gebärden.

An diesem Punkt waren sie nur noch eine Tagreise entfernt von Zell; manche empfanden in solchem Gedanken zum Wandern neue Kraft, anderen sank der Mut im Anblick der blauenden Alpenwände, die zu übersteigen waren. Bisweilen schleppten die Fremdlinge einen Genossen mit sich, der unterwegs erkrankt war. Einmal trugen sie auf frischer Lärchenbaumtrage die Leiche eines auf der Straße verstorbenen Wandergenossen, um sie im nächsten Friedhof zu bestatten.

So hallten am ersten Tag der Bittwoche die grellstimmigen Gebete der Ungarn und die melancholischen Lieder der Slawen durch unsere Gegend. Die Leute traten aus den Häusern und horchten den seltsamen Stimmen; wir Kinder aber pflegten eine andere Sitte. Wir zogen unsere zerfahrensten Kleidchen an, und mit fliegenden Lumpen hüpften wir der Straße zu. Dort knieten wir nieder auf den Sand, aber so, daß wir auf unsere eigenen Fersen zu hocken kamen, und wenn eine der Kreuzscharen nahte, so rissen wir die Hauben vom Kopf, stellten dieselben als Gefäß vor uns hin und schlugen zuerst mit zagender, bald mit kecker Stimme zahlreiche Vaterunser los.

Die Früchte blieben nicht aus. Männer schossen Kreuzer in unsere Hauben, Weiber warfen uns Brot und Kuchen zu, welche sie, wie die Spuren ihrer Zähne daran bewiesen, ihrem eigenen Munde entzogen hatten. Andere hielten gar an und öffneten ihre Bündel und kramten drin herum und reichten uns Backwerk, und manch alt Mütterlein, das unsertwegen auf ein paar Minuten zurückgeblieben war, konnte die Schar wohl oft stundenlang nicht mehr erreichen.

Manchmal stellten die Fremden Fragen an uns, die wir nur mit glotzenden Augen zu beantworten wußten. Je seltsamer ihr Wesen und ihre Sprache war, desto feiner und liebreicher zeigte sich die Gabe; vielleicht dachten die Geber an ihre Angehörigen in ferner Heimat, denen die Liebe galt, die uns fremden Kindern erwiesen wurde. Je brauner die Gesichter, desto weißer war das Brot – wir hatten die Erfahrung bald gemacht.

Bisweilen wurden wir auch in deutscher Sprache angeredet: wie wir hießen, wem wir gehörten, wieviel unser Vater Ochsen hätte und ob wir auch Kornfelder besäßen. Des Grabenbergers Natzelein war unter uns, das gab stets die Antwort und log fürchterlich dabei: Wir gehörten armen Holzhauerleuten an, der Vater wäre vom Baum gefallen, und die Mutter läge krank schon seit Jahr und Tag; Ochsen hätten wir nicht, aber zwei Ziegen hätten wir gehabt, und die hätte der Wolf gefressen. Mit einem Kornacker wär's schon gar nichts, aber Pilze äßen wir, und die wären heuer noch nicht gewachsen. – Ich bohrte vor heimlicher Wut über derlei unwahre Darstellungen die Zehen hinter mir in die Erde. Ja, das Natzelein verfing sich derart in das Lügen, daß es schließlich selbst unsere ehrenhaften Taufnamen falsch angab.

Die guten Ungarn schlugen hell die Hände zusammen über so arme Würmer, dann blickten sie in die Waldgegend hinaus und meinten, es wäre leicht zu glauben, es wäre eine elende Gegend; gar der Schnee lag noch hie und da in den Gruben, zu einer Zeit, da auf den weiten Ebenen draußen längst das Korn in Ähren stand. Sie griffen dann tief in den Sack.

Das Natzelein war mir seiner Aufschneidereien wegen eigentlich redet verleidet, aber ich getraute mich vor den Fremden kein Wort zu sagen; und wenn sie mich zuweilen doch dahin brachten, daß ich den Mund aufmachte, so ward das Wort so ängstlich und leise herausgemurmelt, daß sie mich nicht verstanden. Die anderen, besonders das Natzelein, kriegten daher immer mehr in ihre Hauben als ich; nur dann und wann ein mildherziges Weiblein legte mir, dem „Hascherl“, was bei.

Einmal – ich und des Grabenbergers Natzelein waren allein – gerade vor dem Herannahen einer größeren Schar, nahm ich eine Stellung ein, die vorteilhafter war als der Platz, auf welchem das Natzelein hockte. Das Natzelein war darüber erbost, und als die Gaben wirklich in größeren Mengen mir zuflogen, rief er aus: „Der da ist eh reich, sein Vater hat vier Ochsen und einen großen Grund! Vater unser, der du bist usw.“

Auf der Stelle wendete sich das Glück, und alles Brot und Geld wäre in den Hut des Natzelein geflogen; da erhob ein Mann, der mitten unter den Wallfahrern stand, das Wort: „Schaut einmal den neidischen Schlingel an! Ihr seid beide nicht so arm, als daß ihr ohne unser Brot verhungern müßtet, und auch nicht so reich, als daß wir euch die kleinen Gaben versagen wollten. Ihr seid Waldbauernkinder, aber ich gebe meinen Sechser diesmal dem da, dessen Vater vier Ochsen hat!"

Mein Lebtag vergeß ich's nimmer, wie jetzt die Batzen in mein Häublein klangen – hell zu Dutzenden, und ich konnte nachgerade nicht schnell genug die „Vergeltsgott" sagen, daß auf jeden eins kam. Und da dieser wundersame Hagel, wie ich ihn noch nie gesehen hatte, gar nicht wollte aufhören, konnte ich die Lust in meinem Herzen nimmer verhalten, in ein helles Wiehern und Lachen brach ich aus; das Natzelein aber schleuderte seine fast leer gebliebene Haube auf die Straße und schoß wütend in den Wald hinein.

Mit Gelächter zog die Kreuzschar ab. Und ich hub an, meine Schätze zu zählen; in der Kappe und um dieselbe, im Sand und auf dem Moos und im Heidekraut lagen die Kreuzer und Groschen und Sechser zerstreut. Und als ich sie alle versammelt hatte, wollte ich wohl verzichten auf alle weiteren Wallfahrertruppen, die heute noch kommen konnten, wollte schnurstracks heim zu meinen Eltern laufen, um ihnen das unermeßliche Glück zu verkünden. Da bin ich plötzlich angepackt von rückwärts, zu Boden geworfen, und auf meiner Brust reitet das Natzelein. Mit seinen strammen Händen preßt er meine Arme tief in das Heidekraut hinein, und so grinst er mir ins Gesicht.

Stärker bin ich nicht als er, dachte ich bei mir, wenn ich jetzt nicht *gescheiter* bin, so ist's um mich gefehlt.

„Du!" murmelte das Bürschlein zwischen den Zähnen hervor, „gib mir die Hälfte vom Geld!"

„Nein", sagte ich trocken.

„So nehm ich mir's selber!"

„Dann spring ich auf."

„Aber ich laß dich nicht los!"

„Dann kannst du das Geld nicht nehmen."

„Ich setz dir meine Knie auf die Gurgel!"

„Ich laß mich umbringen."

Zum Glück hallte jetzt der Gesang einer neuen Kreuzschar. Wir beide sprangen auf, stürzten zur Straße hin und lallten unser Gebet.

Das von den vielen Abenteuern an der Straße nur als einzig Stücklein.

Und wenn das Tagwerk vorbei war, so versammelten wir Kinder uns auf der Au, wo die Schafe noch grasten, und tauschten unsere Gaben um, wie sie jedem eben entsprachen. Geld war stets der gesuchteste Artikel; nur die Kinder armer Kleinhäusler und Köhlersleute gaben feine Leckerbissen und Kreuzerchen für ein schwarzes Stück Brot, wenn es nur groß war.

Am fünften Tag kehrten die Scharen stets auf demselben Wege wieder zurück. Und jeder von den Wallfahrern hatte an seiner Brust einen oder mehrere Rosenkränze hängen oder Amulette, Frauenbildchen und funkelnde Kreuzlein und Herzen. Die Mädchen trugen rote und grüne Krönlein von Wachs auf ihrem Haupt. Die Bündel auf den Rücken hatten sich sehr bedeutend verkleinert, und die Brote, die wir bekamen, waren hart, und Geldstücke sprangen spärlich hervor aus den Taschen. Doch lohnte sich das Hocken immer noch, und die Erwartung der Gabe war mindestens so anziehend als die Gabe selbst.

Einmal, ich war schon an die zehn Jahre alt geworden, kniete ich ganz allein am Stamm eines Kruzifixes, und recht zungenfertig im Vaterunserhersagen, wie ich endlich geworden war, kehrte ich alle Vorteile des Absammlers heraus und hoffte reichlichen Gewinn. Da kam eine Kreuzschar; ein paar Brötchen wurden mir zugeworfen, und sie war vorüber. Nur ein schon betagter, gutmütig aussehender Mann war zurückgeblieben, schritt ganz nahe an mich heran, neigte ein wenig sein Haupt zu mir nieder und sagte: „Bettelbub!" Dann ging er den anderen nach.

Mir war das halbe Vaterunser im Mund steckengeblieben. Ich glotzte eine Weile um mich, dann stand ich langsam auf und schlich davon. Das war mein letztes Hocken gewesen an unserer Waldstraße.

Bettelbub! – Das Wort hat mich aufgeweckt. Ein junger, gesunder Bursche, der stolz ist, daß sein Vater Haus und Hof besitzt, ein sonst gar etwas hoffärtiger Bursche, der mit seinem neuen grünen Hut sonntags schon etlichemal gleich den Knechten ins Wirtshaus gegangen ist, der es demnächst mit dem Tabakrauchen probieren wird und der nicht allzu selten ins Fensterglas guckt, wie es mit dem Bart steht – ein solcher Bursche betteln!

Auch das Natzelein tut's nimmer. Das Natzelein ist ein reicher Bauer geworden, und er gibt, wenn man ihm glauben darf, jeden Tag erklecklich Almosen an wahrhaft dürftige Bettelleute.

Und die Madjaren und die Slowaken kommen noch heute jenen einsamen Waldweg gezogen, immer an Kinder, die am Wege kauern, Gaben spendend, in ihrem Beten und Flehen *selbst* Bettelleute vor der Gnadenmutter zu Zell.

Als ich zur Drachenbinderin ritt

Wenn mein Vater am Sonnabend beim Rasieren saß, da mußte ich unter den Tisch kriechen, weil es über dem Tisch gefährlich war.

Wenn mein Vater beim Rasieren saß, wenn er seine Backen und Lippen dick und schneeweiß eingeseift hatte, daß er aussah wie der Stallbub, welcher der Kuhmagd über den Milchrahm gekommen; wenn er dann das glasglänzende Messer schliff an seinem braunledernen Hosenträger und hierauf langsam damit gegen die Backen fuhr, da hub er an, den Mund und die Wangen und die Nase und das ganze Antlitz derart zu verzerren, daß seine lieben, guten Züge schier gar nicht mehr zu erkennen waren. Da zog er seine beiden Lippen tief in den Mund hinein, daß es aussah wie des Nachbars alter Veit, der keine Zähne mehr hatte; oder er dehnte den Mund nach links oder rechts in die Quere, wie die Köhler-Sani tat, wenn sie mit den Hühnern keifte; oder er drückte ein Auge zu und blies eine Wange an, daß er war wie der Schneider Tinili, wenn ihn sein Weib gestreichelt hatte.

Die spaßhaftesten Gesichter der ganzen Nachbarschaft fielen mir ein, wenn der Vater beim Rasieren saß. Und da kam mir das Lachen.

Darauf hatte mein Vater stets liebevoll gesagt: „Gib Ruh, Bübel." Aber kaum die Worte gesprochen waren, wuchs wieder ein so wunderliches Gesicht, daß ich erst recht herausplatzte. Er guckte in den kleinen Spiegel, und schon meinte ich, sein schiefes Antlitz werde in ein Lächeln auseinanderfließen. Da rief er plötzlich: „Wenn du keine Ruh gibst, Bub, so hau ich dir den Seifenpinsel hinüber!"

Kroch ich denn unter den Tisch, und das Kichern schüttelte mich wie die Nässe den Pudel. Der Vater aber konnte sich ruhig rasieren und war nicht mehr in

Gefahr, über seine und meine Grimassen selbst in ein unzeitiges Lachen auszubrechen.

So auch war's einmal an einem Winterabend, daß der Vater beim Seifenschüsselchen saß und ich unter dem Tisch, als sich draußen in der Vorlauben jemand den Schnee von den Schuhen stampfte. Gleich darauf ging die Tür auf, ein großer Mann trat herein, dessen dichter, roter Schnurrbart Eiszapfen trug wie draußen unser Bretterdach. Er setzte sich gleich nieder auf eine Bank, zog eine bauchige Tabakspfeife aus dem Lodenmantel, faßte sie mit den Vorderzähnen, und während er Feuer schlug, sagte er: „Tust dich halbieren, Waldbauer?“

„Ja, ich tu mich ein wenig halbieren“, antwortete mein Vater und kratzte mit dem Schermesser und schnitt ein wahrhaft gottverlassenes Gesicht.

„Na, ist recht“, sagte der fremde Mann.

Und später, als er schon von Wolken umhüllt war und die Eiszapfen bereits niedertröpfelten von seinem Bart, tat er folgende Rede: „Ich weiß nicht, Waldbauer, wirst mich kennen oder nicht? Ich bin vor fünf Jahren einmal an deinem Haus vorbeigegangen und hab beim Brunnen einen Trunk Wasser genommen. Ich bin von der Stanz, bin der Drachenbinderin ihr Knecht. Ich bin da um deinen größeren Buben.“

Mir unter dem Tisch schoß es bei diesen Reden heiß bis in die Zehen hinaus. Mein Vater hatte nur einen einzigen größeren Buben, und der war ich. Ich duckte mich in den finstersten Winkel hinein.

„Um meinen Buben bist da?“ entgegnete mein Vater, „den magst wohl haben, den werden wir leicht entraten; halt ja, er ist gar so viel schlimm.“

Bauersleute reden gern so herum, um ihre vorwitzigen Kinder zu necken und einzuschüchtern. Allein der Fremde sagte: „Nicht so, Bauer, g'scheiterweis! Die Drachenbinderin will was aufschreiben lassen, ein Testament oder so was, und sie weiß weit und breit keinen zu kriegen, der das Schreiben tät verstehen. Jetzt, da hat sie gehört, der Waldbauer im Vorderschlag hätt so ein ausbündig Bübel, dem solch Ding im kleinen Finger stecken tät; und so schickt sie mich her und läßt dich bitten, Bauer, du sollst die Freundschaft haben und ihr deinen Buben auf einen Tag hinüberleihen; sie wollt ihn schon wieder fleißig zurückschicken und ihm was geben zum Lohn.“

Wie ich das gehört hatte, klopfte ich mit den Schuhspitzen schon ein wenig an den Tischschragen – das täte mir gleich nicht übel gefallen.

„Geh“, sagte mein Vater, da er auf einem Backen bereits glattgekratzt war, „wie könnt denn mein kleiner Bub jetzt im tiefen Winter in die Stanz gehen, ist ja völlig vier Stunden hinüber!“

„Freilich wohl“, versetzte der große Mann, „deswegen bin ich da. Er steigt mir auf den Buckel hinauf, tut die Füß auseinander, legt sie mir zu beiden Seiten an den Rippen nach vorn, wo ich sie anfaß, und mit den Händen halst er mich, wie eine Liebste, daß er nicht mag rückwärts hinabfallen.“

„Versteh's schon“, drauf mein Vater, „ist nicht nötig, daß du mir das Buckelkraxentragen so auslegst.“

„Na, und nachher wird's wohl gehen, Waldbauer, und wenn der Sonntagabend kommt, trag ich dir ihn wieder ins Haus.“

„Je nu, dasselb weiß ich wohl, daß du mir ihn wieder redlich zurückstellst“, sagte mein Vater, „und wenn die Drachenbinderin was will schreiben lassen, und wenn du der Drachenbinderin ihr Knecht bist, und wenn mein Bübel mit dir will – meinetwegen hat's keinen Anstand.“

Diese letzten Worte hatte er bereits mit glattem, verjüngtem Gesicht gesprochen.

Eine kleine Weile nachher stak ich in meinem Sonntagsgewand; glückselig über die Bedeutung, die ich so plötzlich hatte, ging ich in der Stube auf und ab.

„Du Ewiger Jud, du“, sagte mein Vater, „hast mehr kein Sitzfleisch?“

Aber mir ließ es keine Ruhe mehr. Am liebsten hätte ich mich sogleich auf das breite Genick des großen Mannes niedergelassen und wäre davongeritten. Da kam erst die Mutter mit dem Sterz und sagte: „Esset ihn, ihr zwei, ehe ihr fortgeht!“

Umsonst hatte sie es nicht gesagt; ich habe unsern breitesten hölzernen Löffel nie noch so hochgeschichtet gesehen als zur selbigen Stunde, da ihn der fremde, große Mann von dem Sterztrog unter seinen Schnurrbart führte. Ich aber ging in der Stube auf und ab und dachte, wie ich nun der Drachenbinderin ihr Schreiber sein werde.

Als hierauf die Sache insoweit geschlichtet war, daß die Mutter den Sterztrog über den Herd stülpen konnte, ohne daß auch nur ein Brosamchen herausfiel, da hüpfte ich auf das Genick des Mannes, hielt mich am Barte fest und ritt denn in Gottes Namen davon.

Schon ging die Sonne unter; in den Tälern lagen bläuliche Schatten, die fernen Schneehöhen der Almen hatten einen mattroten Schein.

Als mein Gaul über die kahlen Weiden aufwärts trabte, da trug ihn der Schnee, aber als er in die Gegend des jungen Lärchenwuchses und des Fichtenwaldes kam, da wurde die Bodenkruste trügerisch und brach ein. Jedoch darauf war er vorgesehen. Als wir zu einem alten, hohlen Lärchenbaum kamen, der sein wildes Geäst recht keck in die Luft hinausstreckte, hielt er an, langte mit der einen Hand in die schwarze Höhlung und zog ein Paar aus Weiden geflochtene Fußscheiben hervor, die er an die Schuhsohlen band. Mit diesen breiten Sohlen begann er die Wanderung von neuem; es ging langsam, denn er mußte die Füße sehr weit auseinanderbiegen, daß er die Scheiben vermitteln (benützen) konnte, aber mit solchen Entenfüßen brach er nicht mehr durch.

Auf einmal, es war schon recht finster und die Sterne leuchteten klar, hub mein Gaul an, mir die Schuhe loszulösen, zog sie zuletzt gar von den Füßen und tat sie in seine aufgebundene Schürze. Dann sagte er: „Jetzt, Bübel, steck deine Pfötelein da in meine Hosentaschen, daß die Zehen nicht herabfrieren." Meine vorgestreckten Hände nahm er in die seinen und hauchte sie mit dem warmen Atem an – was anstatt der Handschuhe war.

An meinen Wangen kratzte die Kälte, der Schnee winselte unter den Scheiben, so ritt ich einsam fort durch den Wald und über die Höhen. Ich ritt den ganzen langen Grat des Hochbürstling, wo ich nicht einmal zur Sommerszeit noch gewesen war! Ich preßte zuweilen, wenn es schon ganz langsam ging, mein Knie in die Weichen, und mein Gaul ertrug es willig und ging, wie er konnte, und er wußte den Weg. Ich ritt an einem Pfahl vorbei, auf welchem Winter und Sommer der heilige Viehpatron Erhardi stand. Ich kannte den heiligen Erhardi von daheim; ich und er hatten zusammen die Aufsicht über meines Vaters Herden; er war immer viel angesehener als ich, ging ein Rind zugrunde, so hatte ich, der Halterbub, die Schuld; gediehen die andern recht, so hatte er das Lob. – Es tat mir wohl, daß er sah, wie ich es zum Rittersmann gebracht, während er die ewige Weil wie angenagelt auf dem Pfahle stand.

Endlich wendete sich der Lauf, ich ritt abwärts über Stock und Stein einem Lichtlein zu, das unten in der Schlucht flimmerte. Und als so alle Bäume und Gegenden an mir vorübergegangen waren und ich vor mir den dunklen Klumpen mit der kleinen Tafel des Lichtscheines hatte, stand mein guter Christoph still und sagte: „Du liebes Waldbauernbübel! Da du mir fremdem Menschen so unbesonnen gefolgt bist – wohl könnte es sein, daß ich schon jahrelang einen Groll hätt gegen deinen Vater und daß ich dich jetzt in eine Räuberhöhle führte."

Horchte ich einen Augenblick so hin.

Weil er zu seinen Worten nichts mehr beisetzte, so sagte ich in demselben Ton: „Da mein Vater mich der Drachenbinderin ihrem Knecht so anvertraut hat und da ich so unbesonnen gefolgt bin, so wird der Drachenbinderin ihr Knecht keinen Groll haben können und mich nicht in eine Räuberhöhle führen."

Der Mann hat nach diesen meinen Worten in seinen Bart gepustert. Bald darauf hub er mich auf einen Strunk und sagte: „Jetzt sind wir bei der Drachenbinderin ihrem Haus." Er machte an dem dunklen Klumpen eine Tür auf und ging hinein.

In der kleinen Stube war ein Herd, auf dem ein Häufchen Glut lag, ein Kienspan, der brannte, und ein Strohlager, auf dem ein Kind schlief. Daneben stand ein Weib, das schon sehr alt und gebückt war und das im Gesicht schier so blaß und faltenreich aussah wie das grobe Nachtkleid, in das es gehüllt stand.

Dieses Weib stieß, als wir eintraten, einige jauchzende Töne aus, hub dann heftig zu lachen an und verbarg sich hinter dem Herde.

„Das ist die Drachenbinderin", sagte mein Begleiter, „sie wird gleich zu dir reden, setz dich dieweilen auf den Schemel da neben dem Bett und tu deine Schuh wieder an."

Ich tat es, und er setzte sich daneben auf einen Holzblock.

Als das Weib still geworden war, trippelte es am Herd herum, und bald brachte es uns in einer Tonschüssel eine graue, dampfende Mehlsuppe und zwei beinerne Löffel dazu. Mein Mann aß würdevoll und beharrlich, mir wollte es nicht recht munden. Zuletzt stand der Knecht auf und sagte leise zu mir: „Schlaf wohl, du Waldbauernbub!" und ging davon.

Und als ich in der schwülen Stube allein war mit dem schlummernden Kind und dem alten Weib, da hub es mir schon an, recht unheimlich zu werden. Doch nun trat die Drachenbinderin heran, legte ihre leichte, hagere Hand an meine Wange und sagte: „Dank dir Gott, unser lieber Herr, daß du zu mir gekommen bist! Es währet kein halbes Jährlein noch, seit mir meine Tochter ist gestorben. Das da" – sie deutete auf das Kind – „ist mein junger Zweig, ist ein gar lieber

Wurm, wird mein Erbe sein. Und jetzt hör ich schon wieder den Tod anklopfen an meiner Tür; ich bin halt schon an die achtzig Jahr. Mein Leben lang hab ich gespart – mein Sargbett will ich mir wohl erbetteln von guter Leute Herzen. Mein Mann ist früh gestorben und hat mir das Drachenbinderhäusel, wie es genannt wird, zurückgelassen. Meine Krankheiten haben mir das Häusel wieder gekostet – sind's aber nicht wert gewesen. Was ich hinterlaß, ist meinem Enkelkind zu eigen. In sein Herz geht's heut noch nicht hinein, und in die Hand geben kann ich's keinem Menschen. So will ich's schreiben lassen, daß es bewahrt ist. Durch den Schulmeister in der Stanz will ich's nicht tun, und der Doktor kann's ohne Stempelgeld nicht machen. So haben die Leut vom Waldbauernbuben erzählt, der wär so hochgelehrt, daß er auch ohne Stempel einen Letzten Willen wüßt zu schreiben. Und so hab ich dich von weiten Wegen bringen lassen. Morgen tu mir die Lieb, und heute geh zur friedsamen Ruh."

Sie geleitete mich mit dem brennenden Span in eine Nebenkammer; die war nur aus Brettern geschlagen. Ein Lager von Heu und eine Decke aus dem dicken Sonntagskleid des Weibes war da, und in einem Winkel stand ein kleiner brauner Kasten mit zwei Türmchen, in welchen Glöcklein schrillten, sooft wir auf den wankenden Fußboden traten. Die Drachenbinderin steckte den Span in ein Turmfenster, segnete mich mit einem Daumenkreuz, und bald darauf war ich allein in der Kammer.

Es war kalt, ich fröstelte vor dem Winter und vor dem Weibe, das meine Gastfrau war; aber noch ehe ich mich ins Nest verkroch, machte ich mit Neugierde die Tür des Kirchleins auf. Eine Maus huschte heraus, die hatte eben an dem goldpapierenen Altar und der pappenen Hand des heiligen Joseph ihr Nachtmahl gehalten. Es waren Heilige und Englein da und bunte Fähnlein und Kränzlein – ein lieblich Spiel. Ich meinte, das sei gewiß der alten Drachenbinderin ihre Pfarrkirche, weil das Weiblein doch schon viel zu mühselig sei, um nach Stanz zum Gottesdienst zu wandern. Ich betete vor dem Kirchlein mein Abendgebet, worin ich den lieben Herrgott bat, mich in dieser Nacht recht zu beschützen; dann löschte ich den Span aus, daß er nicht zu den Turmfenstern hineinbrennen konnte, und legte mich hernach in des lieben Gottes Namen auf das Heu. – Mir kam es vor, als wäre ich losgerissen von mir selber und ein gelehrter Schreiber in einem fernen kalten Haus, während der wahrhaftige Waldbauernbub gewiß daheim in dem warmen Nestlein schlummerte.

Als ich endlich im Einschlafen war, hörte ich drinnen in der Stube wieder das kurz ausgestoßene Jauchzen und bald darauf das heftige Lachen.

Was ergötzt sie denn so sehr, und wen lacht sie aus? – Ich fürchtete mich und sann auf Flucht.

Ein Standbrett wäre doch 'leicht ausgehoben – aber der Schnee!

Erst gegen Morgen schlief ich ein und träumte und träumte von einer roten Maus, die allen Heiligen der Kirche die rechte Hand abgebissen habe. Und zum Turmfenster sah mein Vater mit den eingeseiften schiefen Backen heraus, und er hielt einen brennenden Span im Mund; ich schluchzte und kicherte zugleich und hatte heiße Angst.

Als ich endlich erwachte, meinte ich, ich wäre in einem Käfig mit silbernen Spangen, so strahlte das weiße Tageslicht durch die aufrechten Bretterfugen. Und als ich hinausging vor die Tür des Hauses, da staunte ich, wie eng die Schlucht und wie fremd und hoch und winterlich die Berge waren. Im Hause schrie das Kind und jauchzte wieder die Drachenbinderin.

Bei der Frühsuppe war auch mein Gaul wieder da; aber er sagte schier kein Wort, er sah nur auf sein Essen, und als dieses gar war, stand er auf, setzte seinen großmächtigen Hut auf und ging gegen Stanz hinaus zur Kirche.

Als das Weib das Kind beruhigt, die Hühner gefüttert und andere Dinge des Hauses getan hatte, schob es den Holzriegel vor die äußere Tür, ging in die Kammer und hub mit den kleinen Glocken des Kirchleins zu läuten an.

Dann entzündete sie zwei Kerzen, die am Altare standen, und dann tat sie ein Gebet, wie ich meiner Tage kein ergreifenderes gehört habe. Sie kniete vor dem Kirchlein, streckte die Hände aus und murmelte:

„Von wegen der Marterwunden deiner rechten Hand, du kreuzsterbender Heiland, tu meine verstorbenen Eltern erretten, wenn sie noch in der Pein sind. Schon der Jahre ein halbes Hundert sind sie in der Erden, und heut noch hör ich meinen Vater rufen um Hilf mitten in der Nacht. – Von wegen der Marterwunden deiner linken Hand laß dir empfohlen sein meiner Tochter Seel. Sie hat kaum mögen die Welt anschauen, und wie sie dem lieben Gatten das Kindlein in die Hand will legen, da kommt der bittere Tod und tut sie uns begraben. – Von wegen der Marterwunden deines rechten Fußes will ich dich bitten wohl im Herzen für meinen Mann und für meine Blutsfreund und Guttäter und daß du den Waldbauernbuben nicht wolltest vergessen. – Von wegen der Marterwunden deines linken Fußes, du kreuzsterbender Heiland, sei auch eingedenk in Lieb und Gnaden all meiner Feinde, die mich mit Händen haben geschlagen und mit Füßen haben getreten. Dich haben verblendete Menschen gekreuzigt bis zum Tode, und hast ihnen auch wohl vergeben. – Von wegen der Marterwunden deines heiligen Herzens sei zu tausend- und tausendmal angerufen: Du gekreuzigter Gott, schließe mein Enkelkind in dein göttliches Herz. Sein Vater ist bei den Soldaten in weitem Feld, ich hab 'leicht kein langes Verbleiben, du mußt dem Kind ein Vormund sein, ich bitte dich...!“

So hat sie gebetet. Die roten Kerzen brannten so fromm.

Ich hab gemeint zur selben Stund: Wenn ich der lieb Herrgott wäre, ich stiege herab vom Himmel und tät das Kind nehmen in meine Händ und tät sagen: Auf daß du's siehst, Drachenbinderin, ich halt's an meinem Herzen warm und will sein Vormund sein! Ich wollte ihm wachsen lassen weiße Flügel, daß es könnt fliegen in das schönste Land.

Aber ich bin der lieb Herrgott nicht gewesen.

Nach einer Weile sagte das Weib: „Jetzt heben wir zu schreiben an.“ – Aber wie wir wollten zu schreiben anheben, da war keine Tinte, keine Feder und kein Papier. Allmiteinander hatten wir darauf vergessen.

Die Alte stützte ihren Kopf auf die flache Hand und murmelte: „Das ist schon ein Elend!“

Ich hatte einmal das Geschichtchen gehört von jenem Doktor, der in Ermangelung der Dinge sein Rezept an die Stubentür geschrieben. 's war hier der Nachahmung wert, fand sich aber keine Kreide im Haus. Ich wußte mir keinen Rat, und ich schämte mich unsagbar, daß ich ein Schreiber ohne Feder war.

„Waldbauernbub“, sagte das Weib plötzlich, „'leicht hast du's auch mit Kohlen gelernt?“

Ja, ja, mit Kohlen, wie sie auf dem Herde lagen, das war ein Mittel.

„Und das ist in Gottes Namen mein Papierblatt“, versetzte sie und hob die Decke eines alten Schrankes empor, der hinter dem Ofen stand. In dem Schranke waren Lodenschnitzel, ein Stück Linnen und ein rostiger Spaten. Als die Drachenbinderin bemerkte, daß ich auf den Spaten blickte, wurde sie völlig verlegen, deckte ihr altes Gesicht mit der braunen Schürze und murmelte: „'s ist doch eine Schande!“

Mir fuhr's ins Herz; ich hielt das für einen Vorwurf, daß ich kein Schreibzeug bei mir habe.

„Du wirst mich rechtschaffen auslachen, Waldbauernbub!“ lispelte die Alte, „aber tu ja nichts Schlechtes von mir denken; ich kann halt nicht mehr, ich *kann* nicht mehr, ich bin schon gar soviel ein mühseliger Mensch.“

Jetzt verstand ich vielleicht: Das arme Weib schämte sich, daß es den Spaten nicht mehr handhaben konnte und daß dieser also rostig geworden.

Ich suchte mir am Herd ein mildes Stück Kohle – die Kiefer ist so gut und leiht mir die Feder, daß ich das Testament, oder was es sein wird, der alten Drachenbinderin vermag aufzuschreiben.

Als also der graufarbige Schrank offenstand und ich bereit war, auf die Worte des Weibes zu hören und sie zu verzeichnen, daß sie nach vielen Jahren dem Enkel eine Botschaft seien – da tat die Alte neben mir plötzlich ein helles Aufjauchzen. Eilig wendete sie sich seitab, jauchzte zwei- und dreimal und brach zuletzt in ein heiseres Lachen aus. Ich zerrieb in der Angst die Kohle zwischen meinen Fingern und schielte nach der Tür.

Als das Weib eine Weile gelacht hatte, war es still, tat einen tiefen Atemzug, trocknete sich den Schweiß, wendete sich zu mir und sagte: „So schreib. Hoch werden wir nicht zählen, fang aber doch an in der oberen Eck.“

Ich legte die Hand auf die oberste Ecke des Deckbrettes.

Hierauf sprach das Weib folgende Worte: „Eins und eins ist Gott allein. – Das, du Kind meines Kindes, ist dein eigen.“

Ich schrieb diese Worte auf das Holz.

„Zwei und zwei“, fuhr sie fort, „zwei und zwei ist Mann und Weib. Drei und drei das Kind dabei. Vier und fünf bis acht und neun, weil die Sorgen zahllos sein. – Bet, als wenn du keine Hand; arbeit, als wenn dir kein Gott bekannt. Trage Holz und denk dabei: Kochen wird mir Gott den Brei.“ –

Als ich diese Worte geschrieben hatte, senkte die Drachenbinderin den Deckel auf den Schrank, versperrte ihn sorgsam und sagte zu mir: „Jetzt hast du mir eine große Guttat erwiesen, jetzt ist mir ein schwermächtiger Stein vom Herzen. Diese Truhe da ist das Vermächtnis für mein Enkelkind. – Und jetzt kannst du sagen, was ich dir geben soll für deinen Dienst.“

Ich schüttelte den Kopf, wollte nichts verlangen, gar nichts.

„So gut schreiben lernen und so weit herreisen und eine ganze Nacht harte Kälte leiden und zuletzt nichts dafür nehmen wollen, das wär sauber!" rief sie. „Waldbauernbub, das kunnt ich nicht angehen lassen."

Ich blinzelte durch die offene Tür ein wenig in die Kammer hinein, wo das Kirchlein stand. Das wäre eine prächtige Heiligkeit für mein Bettlein daheim. – Da roch sie's gleich. „Mein Hausaltar liegt dir im Sinn", sagte sie, „Gotteswegen, so magst du ihn haben. Man kann's nicht versperren wie die Truhe, das liebe Kirchel, und die Leut täten mir's doch nur verschleppen, wenn ich nicht mehr bin. Bei dir ist's in Ehren, und du denkst wohl an die alte Drachenbinderin zur heiligen Stund, wenn du betest."

Das ganze Kirchlein hat sie mir geschenkt. Und das war jetzt die größte Seligkeit meiner ganzen Kindschaft.

Gleich wollte ich es auf die Achsel nehmen und forttragen über die Alpe zu meinem Haus. Aber das Weib sagte: „Du lieber Närrisch, das kunnt wohl auf alle Mittel und Weis nicht sein. Kommt erst der Knecht heim, der wird einen Rat schon wissen." Und als der Knecht heimgekommen war und mit uns das Mittagsbrot gegessen hatte, da wußte er einen Rat. Er band mir das Kirchlein mit einem Strick auf den Rücken, dann ließ er sich nieder vor dem Holzblock und sagte: „Jetzt, Bübel, reit wieder auf!"

Saß ich denn das zweitemal auf seinem Nacken, steckte die Füße in seine Hosentaschen und umschlang mit den Händen seinen Hals. Die Alte hielt mir das erwachende Kind noch vor, daß es mir das Händchen hinhalte, sagte Worte des Dankes, schoß hinter den Ofen und jauchzte.

Ich aber ritt davon, und an meinem Rücken klöpfelten die Heiligen in der Kirche, und in den Türmen schrillten bei jeder Bewegung die Glöcklein.

Als der Mann mit mir emporgestiegen war bis zu den Höhen des Bürstling und sich dort wieder die Schneescheiben festband, da fragte ich ihn, warum denn die Drachenbinderin allfort so jauchze und lache.

„Das ist kein Jauchzen und Lachen, liebes Waldbauernbüblein", antwortete mir der Mann, „die Drachenbinderin hat eine böse Krankheit zu tragen. Sie hat jahrelang so ein Schlucksen gehabt, wie es eins bei Verkühlungen oder sonstwie bekommen kann; sie hat nicht darauf geachtet, hat die Sach übergehen lassen, und so ist nach und nach, wie der Bader sagt, das Krampfschreien und das Krampflachen daraus geworden. Jetzt ballt sich ihr Eingeweide zusammen, und wenn sie in der Erregung ist, so hat sie die starken Anfälle. Sie kann schier keine Speisen mehr vertragen und sieht den Tod vor Augen."

Ich entgegnete kein Wort, blickte auf die schneeweißen Höhen, auf den dämmrigen Wald und sah, wie wir an dem reinen Sonntagnachmittag sachte abwärts stiegen gegen mein Heimathaus. Ich dachte, wie ich die Kirche, die ich zum Vermächtnis bekommen, nun aufstellen wolle in der Stube und darin Gottesdienst halten, und daß jetzt Vater und Mutter den weiten Weg nach dem Pfarrdorf nicht mehr zu machen brauchten.

Mein guter Gaul schritt geduldig dahin, und allweg klingelten hinter mir die Metallglöckchen in den Türmen.

Was läuten sie? ... Die alte Drachenbinderin ist gestorben.

Als dem kleinen Maxel das Haus niederbrannte

Ich erinnere mich noch gar gut an jene Nacht.

Ein dumpfer Knall, als wenn die Tür des Schüttbodens zugeworfen worden wäre, weckte mich auf. Und dann klopfte jemand am Fenster und rief in die Stube herein: Wer des Klein Maxel Haus brennen sehen wollte, der möge aufstehen und schauen gehen.

Mein Vater sprang aus dem Bett, ich erhob ein Jammergeschrei und dachte fürs nächste daran, meine Kaninchen zu retten. Wenn bei besonderen Ereignissen wir anderen über und über außer Rand und Band gerieten, so war es allemal die blinde Jula, unsere alte Magd, die uns beruhigte. So sagte sie auch jetzt, daß ja nicht unser Haus im Feuer stehe, daß das Klein-Maxel-Haus eine halbe Stunde weit von uns weg wäre; daß es auch nicht sicher sei, ob das Klein-Maxel-Haus brenne, daß ein Spaßvogel vorbeigegangen sein könnte, der uns die Lug zum Fenster hineingeworfen, und daß es möglich sei, daß gar niemand hereingeschrien hätte, sondern uns nur so im Traum vorgekommen wäre.

Dabei streifte sie mir das Höselein und die Schuhe an, und wir eilten vor das Haus, um zu sehen.

„Auweh!" rief mein Vater, „'s ist schon alles hin."

Über den Waldrücken herüber, der sich in einem weitgebogenen Sattel durch die Gegend legt und das Ober- und Unterland voneinander scheidet, strebte still und hell die Flamme auf. Man hörte kein Knistern und Knattern, das schöne, neue Haus, welches erst vor einigen Wochen fertig geworden war, brannte wie Öl. Die Luft war feucht, die Sterne des Himmels waren verdeckt; es murrte zuweilen ein Donner, aber das Gewitter zog sich sachte hinaus in die Gegenden von Birkfeld und Weiz.

Ein Blitz – so erzählte nun der Mann, der uns geweckt hatte, der Schaf-Gistel war's – wäre etlichemal hin und her gezuckt, hätte ein Drudenkreuz auf den Himmel geschrieben und wäre dann niederwärts gefahren. Er wäre aber nicht mehr ausgeloschen, der lichte Punkt an seinem untern Ende wäre geblieben und rasch gewachsen, und da hätte er, der Mann, gedacht: Schau du, jetzt hat's den Klein Maxel 'troffen.

„Wir müssen doch schauen gehen, daß wir was helfen mögen", sagte mein Vater.

„Helfen willst da?" versetzte der andere, „wo der Donnerkeil dreinfahrt, da rühr ich keine Hand mehr. Der Mensch soll unserm Herrgott nicht entgegenarbeiten, und wenn *der* einmal einen Himmletzer (Blitz) aufs Haus wirft, so wird er auch wollen, daß es brennen soll. Hernachen mußt wissen, ist so ein Einschlagets auch gar nicht einmal zu löschen."

„Deine Dummheit auch nicht", rief mein Vater, und zornig, wie ich ihn noch selten gesehen hatte, schrie er dem Gistel ins Gesicht: „Du bist *blitzdumm!*"

Ließ ihn stehen und führte mich an seiner Hand rasch davon. Wir stiegen ins Engtal hinab und gingen am Fresenbach entlang, wo wir das Feuer nicht mehr sehen konnten, sondern nur die Röte in den Wolken. Mein Vater trug einen Wasserzuber bei sich, und ich riet, daß er denselben gleich an der Fresen (Freßnitz) füllen solle. Mein Vater hörte gar nicht drauf, sondern sagte mehrmals vor sich hin: „Maxel, aber daß dich jetzt so was treffen muß!" Ich kannte den kleinen Maxel recht gut. Es war ein behendiges, heiteres Männlein, etwa in den Vierzigern; sein Gesicht war voll Blatternarben, und seine Hände waren braun und rauh wie die Rinden der Waldbäume. Er war seit meinem Gedenken Holzhauer in Waldbach.

„Wenn einem andern das Haus niederbrennt", sagte mein Vater, „na, so brennt ihm halt das Haus nieder."

„Ist's beim Klein Maxel nicht so?" fragte ich.

„Dem brennt alles nieder. Alles, was er gestern gehabt hat und heut hat und morgen hätt haben können."

„So hat der Blitz den Maxel 'leicht selber erschlagen?"

„Das wär 's best, Bub. Ich vergunn ihm das Leben, Gottseid, ich vergunn ihm's – aber, wenn er ehvor hätt beichten mögen und in keiner Todsünd gewesen wär, wollt richtig gleich sagen, das allerbeste wenn's ihn auch selber 'troffen hätt."

„Da wär er jetzt schon im Himmel oben", sagte ich.

„Watsch nur nicht so ins nasse Gras hinein. Geh gleim hinter mir und halt dich beim Jankerzipf an. Vom Maxel, von dem will ich dir jetzt was sagen."

Der Weg ging sanft berganwärts. Mein Vater erzählte.

„Jetzt kann's dreißig Jahr aus sein – ist der Maxel ins Land 'kommen. Armer Leute Kind. Die erste Zeit hat er bei den Bauern herum einen Halterbuben gemacht, nachher, wie er sich ausgewachsen hat, ist er in den Holzschlag 'gangen. Ein rechtschaffener Arbeiter und allerweil fleißig und sparsam. Wie er ist Vorarbeiter worden, hat er sich vom Waldherrn ausgebeten, daß er das Sauerwiesel auf der Gfarerhöh ausreuten und für sein Lebtag behalten darf, weil er soviel gern eigen Grund und Boden hätt. Ist ihm gern zugesagt worden, und so ist der Maxel alle Tag, wenn sie im Holzschlag Feierabend gemacht haben, auf sein Sauerwiesel 'gangen, hat den Strupp (das Gestrüpp) weggeschlagen, hat Gräben gemacht, hat Steine ausgegraben, hat die Wurzeln des Unkrautes verbrannt – und in zwei Jahren ist das ganze Sauergütel trockengelegt, und es wachst gutes Gras drauf, und gar ein Fleckel Brandkorn hat er anbaut. Wie es so weit angeht, daß er's auch mit Kohlkraut hat probiert und gesehen, wie gut es den Hasen schmeckt, ist er um Waldbäume eingekommen. Die können sie ihm nicht schenken wie das Sauerwiesel, die muß er abdienen. So hat er Arbeitslohn dafür eingelassen, und die Bäume hat er umgehauen und viereckig gehackt und abgeschnitten zu Zimmerholz – alles in den Feierabenden, wenn die anderen Holzknechte lang schon sind auf dem Bauch gelegen und haben ihre Pfeifen Tabak geraucht. Und nachher hat er angehebt, an solchen Feierabenden andere Holzhauer zu verzahlen, daß sie ihm bei den Arbeiten helfen, die ein einziger Mann nicht dermachen kann, und so hat er auf dem Sauerwiesel sein Haus gebaut. Fünf Jahr lang hat er daran gearbeitet, aber nachher – du weißt ja selber, wie es dagestanden ist mit den goldroten Wänden, mit den hellen Fenstern und der Zierat auf dem Dach herum, schier vornehm anzuschauen. Ein fein Gütel ist worden auf der Sauerwiese, und wie lang wird's denn her sein, daß uns unser

Pfarrer bei der Christenlehr den Klein Maxel als ein Beispiel des Fleißes und der Arbeitsamkeit hat aufgestellt? Nächsten Monat hat er heiraten wollen; und daß er heraufgestiegen ist vom Waiselbuben bis zum braven Hausbesitzer und Hausvater – Bub, da ruck dein Hütel! Und jetzt ist auf einmal alles hin. Der ganze Fleiß und alle Arbeit die vielen Jahr her ist umsonst. Der Maxel steht wieder auf demselben Fleck wie vorher."

Ich habe dazumal meine Frömmigkeit noch aus der Bibel bezogen, und so entgegnete ich auf des Vaters Erzählung: „Der Himmelvater hat den Maxel halt gestraft, daß er so aufs Zeitliche ist gegangen wie die Heiden, und der Maxel hat sich 'leicht ums Ewige zu wenig gesorgt. Sehet die Vöglein in den Lüften, sie säen nicht, sie ernten nicht –"

„Sei still!" unterbrach mich der Vater unwirsch, „der das hat gesagt, ist der König Salomo gewest, der kann so was schon sagen. Unsereiner sollt's probieren! – Ich kenn mich nimmer aus, und das sag ich, wenn's mir so geht wie dem Klein Maxel, ich bin verzagt und heb an zu faulenzen. Wenn ein Mensch mit dem Zündholz in ein Strohdach fährt, so wird er in den Kotter gesteckt – ist auch recht, gehört ihm nichts anderes. Aber wenn einer vom Himmel herunter Feuer auf das nagelneue Haus wirft, das ein armer, braver Arbeitsmann gebaut –"

Er unterbrach sich. Wir standen auf der Anhöhe, und vor uns loderte die Wirtschaft des Klein Maxel, und das Haus brach eben in seinen Flammen zusammen. Mehrere Leute waren da mit Hacken und Wassereimern, aber es war nichts anderes zu machen, als dazustehen und zuzuschauen, wie die letzten Kohlenbrände in sich einstürzten. Das Feuer war nicht wütend, es brüllte nicht, es krachte nicht, es fuhr nicht wild in der Luft herum; das ganze Haus war eine Flamme, und die qualmte heiß und weich zum Himmel auf, von wannen sie gekommen.

Eine kleine Strecke vom Brande war der Steinhaufen, auf welchen der Maxel die Steine der Sauerwiese zusammengetragen hatte. An demselben saß er nun, der kleine, braune, blatternarbige Maxel, und sah auf die Glut hin, deren Hitze auf ihn herströmte. Er war halb angekleidet, hatte seinen schwarzen Sonntagsmantel, das einzige, was er gerettet, über sich gehüllt. Die Leute traten nicht zu ihm; mein Vater wollte ihm gern ein Wort der Teilnahme und des Trostes sagen, aber er getraute sich auch nicht zu ihm. Der Maxel lehnte so da, daß wir meinten, jetzt und jetzt müsse er aufspringen und einen schreckbaren Fluch zum Himmel stoßen und sich dann in die Flammen stürzen.

Und endlich, als das Feuer nur mehr auf dem Erdengrund herumleckte, und aus den Aschen die kahle Mauer des Herdes aufstarrte, erhob sich der Maxel. Er schritt zur Glut hin, hob eine Kohle auf und zündete sich die Pfeife an.

Ich war damals doch noch klein und konnte nicht viel denken. Aber an das erinnerte ich mich: Als ich in der Morgendämmerung den Klein Maxel vor seiner Brandstätte stehen sah, und wie er den blauen Rauch aus der Pfeife sog und von sich blies, da war mir in meiner Brust plötzlich heiß. Als ob ich es fühlte, wie mächtig der Mensch ist, um wieviel größer als sein Schicksal, und es für das Verhängnis keinen größeren Schimpf gäbe, als wenn man ihm in aller Seelenruhe Tabakrauch in die Larve bläst.

Und als die Pfeife brannte, setzte er sich wieder auf den Steinhaufen und blickte in die Gegend hinaus. Was er gedacht hat, das möchtet ihr wissen? Ich auch.

Später hat der Klein Maxel die Asche seines Hauses durchwühlt und aus derselben sein Schlagbeil hervorgezogen. Er schaftete einen neuen Stiel an, er machte es an einem Schleifstein der Nachbarschaft wieder scharf – und ging an die Arbeit. Seither sind viele Jahre vorbei: Um die Sauerwiese liegen heute schöne Felder, und auf der Brandstätte steht ein neugegründeter Hof. Junges Volk belebt ihn, und der Hausvater, der Klein Maxel, lehrt seine Söhne das Arbeiten, erlaubt ihnen aber auch das Tabakrauchen. Nicht gar zuviel – aber ein Pfeiflein zu rechter Zeit.

Als ich das erstemal auf dem Dampfwagen saß

Noch viel seltsamer, als diese Geschichten waren, ist jenes Erlebnis gewesen, das hier erzählt wird.

Mein Pate, der Knierutscher-Jochem – er ruhe in Frieden! – war ein Mann, der alles glaubte, nur nicht das Natürliche. Das wenige von Menschenwerken, was er begreifen konnte, war ihm göttlichen Ursprungs; das viele, was er nicht begreifen konnte, war ihm Hexerei und Teufelsspuk. Der Mensch, das bevorzugteste der Wesen, hat zum Beispiel die Fähigkeit, das Rindsleder zu gerben und sich Stiefel daraus zu verfertigen, damit ihn nicht an den Zehen friere; diese Gnade hat er von Gott. Wenn der Mensch aber hergeht und den Blitzableiter oder gar den Telegraphen erfindet, so ist das gar nichts anderes als eine Anfechtung des Teufels. So hielt der Jochem den lieben Gott für einen gutherzigen, einfältigen Alten (ganz wie er, der Jochem, selber war), den Teufel aber für ein listiges, abgefeimtes Kreuzköpfel, dem nicht beizukommen ist und das die Menschen und auch den lieben Gott von hinten und vorn beschwindelt. Abgesehen von dieser hohen Meinung vom Luzifer, Beelzebub (was weiß ich, wie sie alle heißen), war mein Pate aber ein gescheiter Mann. Ich verdanke ihm manches neue Linnenhöslein und manchen verdorbenen Magen.

Sein Trost gegen die Anfechtungen des bösen Feindes und sein Vertrauen war die Wallfahrtskirche Maria Schutz am Semmering. Es war eine Tagreise dahin, und der Jochem machte alljährlich einmal den Weg. Als ich schon hübsch zu Fuße war (ich und das Zicklein waren die einzigen Wesen, die mein Vater nicht einzuholen vermochte, wenn er uns mit der Peitsche nachlief), wollte der Pate Jochem auch mich einmal mitnehmen nach Maria Schutz. „Meinetweg“, sagte mein Vater, „da kann der Bub gleich die neue Eisenbahn sehen, die sie über den Semmering jetzt gebaut haben. Das Loch durch den Berg soll schon fertig sein.“

„Behüt uns der Herr“, rief der Pate, „daß wir das Teufelswerk anschaun! 's ist alles Blendwerk, 's ist alles nicht wahr.“

„Kann auch sein“, sagte mein Vater und ging davon.

Ich und mein Pate machten uns auf den Weg; wir gingen über das Stuhleckgebirge, um ja dem Tal nicht in die Nähe zu kommen, in welchem nach der Leute Reden der Teufelswagen auf und ab ging. Als wir aber auf dem hohen Berg standen und hinabschauten in den Spitalerboden, sahen wir einer scharfen Linie entlang einen braunen Wurm kriechen und darüber ein Rauchwölkchen schweben.

„Jessas Maron!“ schrie mein Pate, „das ist schon so was! Spring, Bub!“ – Und wir liefen die entgegengesetzte Seite des Berges hinunter.

Gegen Abend kamen wir in die Niederung, doch – entweder der Pate war hier nicht wegkundig, oder es hatte ihn die Neugierde, die ihm zuweilen arg zusetzte, überlistet, oder wir waren auf eine „Irrwurzen“ gestiegen: anstatt in Maria Schutz zu sein, standen wir vor einem ungeheuren Schutthaufen, und hinter demselben war ein kohlfinsteres Loch in den Berg hinein. Das Loch war schier so groß, daß darin ein Haus hätte stehen können, und gar mit Fleiß und Schick ausgemauert; und da ging eine Straße mit zwei eisernen Leisten daher und schnurgerade in den Berg hinein.

Mein Pate stand lange schweigend da und schüttelte den Kopf; endlich murmelte er: „Jetzt stehen wir da. Das wird die neumodische Landstraßen sein. Aber derlogen ist's, daß sie da hineinfahren!"

Kalt wie Grabesluft wehte es aus dem Loch. Weiter hin gegen Spital in der Abendsonne stand an der eisernen Straße ein gemauertes Häuschen; davor ragte eine hohe Stange, auf dieser baumelten zwei blutrote Kugeln. Plötzlich rauschte es an der Stange, und eine der Kugeln ging wie von Geisterhand gezogen in die Höhe. Wir erschraken baß. Daß es hier mit rechten Dingen nicht zuginge, war leicht zu merken. Doch standen wir wie festgewurzelt.

„Pate Jochem", sagte ich leise, „hört Ihr nicht so ein Brummen in der Erde?"

„Ja freilich, Bub", entgegnete er, „es donnert was! Es ist ein Erdbidn (Erdbeben)." Da tat er schon ein kläglich Stöhnen. Auf der eisernen Straße heran kam ein kohlschwarzes Wesen. Es schien anfangs stillzustehen, wurde aber immer größer und nahte mit mächtigem Schnauben und Pfustern und stieß aus dem Rachen gewaltigen Dampf aus. Und hinterher –

„Kreuz Gottes!" rief mein Pate, „da hängen ja ganze Häuser dran!" Und wahrhaftig, wenn wir sonst gedacht hatten, an das Lokomotiv wären ein paar Steirerwäglein gespannt, auf denen die Reisenden sitzen konnten, so sahen wir nun einen ganzen Marktflecken mit vielen Fenstern heranrollen, und zu den Fenstern schauten lebendige Menschenköpfe heraus, und schrecklich schnell ging's, und ein solches Brausen war, daß einem der Verstand stillstand. Das bringt kein Herrgott mehr zum Stehen! fiel's mir noch ein. Da hub der Pate die beiden Hände empor und rief mit verzweifelter Stimme: „Jessas, Jessas, jetzt fahren sie richtig ins Loch!"

Und schon war das Ungeheuer mit seinen hundert Rädern in der Tiefe; die Rückseite des letzten Wagens schrumpfte zusammen, nur ein Lichtlein davon sah man noch eine Weile, dann war alles verschwunden, bloß der Boden dröhnte, und aus dem Loch stieg der Rauch.

Mein Pate wischte sich mit dem Ärmel den Schweiß vom Angesicht und starrte in den Tunnel.

Dann sah er mich an und fragte: „Hast du's auch gesehen, Bub?"

„Ich hab's auch gesehen."

„Nachher kann's keine Blenderei gewesen sein", murmelte der Jochem.

Wir gingen auf der Fahrstraße den Berg hinan; wir sahen aus mehreren Schächten Rauch hervorsteigen. Tief unter unsern Füßen im Berg ging der Dampfwagen.

„Die sind hin wie des Juden Seel!“ sagte mein Pate und meinte die Eisenbahnreisenden. „Die übermütigen Leut sind selber ins Grab gesprungen!“

Beim Gasthaus auf dem Semmering war es völlig still; die großen Stallungen waren leer, die Tische in den Gastzimmern, die Pferdetröge an der Straße waren unbesetzt. Der Wirt, sonst der stolze Beherrscher dieser Straße, lud uns höflich zu einer Jause ein.

„Mir ist aller Appetit vergangen“, antwortete mein Pate, „gescheite Leut essen nicht viel, und ich bin heut um ein Stückel gescheiter worden.“ Bei dem Monumente Karls VI. standen wir still und sahen ins Österreicherland hinaus, das mit seinen Felsen und Schluchten und seiner unabsehbaren Ebene vor uns ausgebreitet lag. Und als wir dann abwärts stiegen, da sahen wir drüben in den wilden Schroffwänden unsern Eisenbahnzug gehen, klein wie eine Raupe, und über hohe Brücken, fürchterliche Abgründe setzen, an schwindelnden Hängen gleiten, bei einem Loch hinein, beim andern heraus – ganz verwunderlich.

„'s ist auf der Welt ungleich, was heutzutag die Leut treiben“, murmelte mein Pate.

„Sie tun mit der Weltkugel kegelschieben!“ sagte ein eben vorübergehender Handwerksbursche.

Als wir nach Maria Schutz kamen, war es schon dunkel.

Wir gingen in die Kirche, wo das rote Lämpchen brannte, und beteten.

Dann genossen wir beim Wirt ein kleines Nachtmahl und gingen an den Kammern der Stallmägde vorüber auf den Heuboden, um zu schlafen.

Wir lagen schon eine Weile. Ich konnte unter der Last der Eindrücke und unter der Stimmung des Fremdseins kein Auge schließen, vermutete jedoch, daß der Pate bereits süß schlummere; da tat dieser plötzlich den Mund auf und sagte:

„Schlafst schon, Bub?“

„Nein“, antwortete ich.

„Du“, sagte er, „mich reitet der Teufel!“

Ich erschrak. So was an einem Wallfahrtsort, das war unerhört.

„Ich muß vor dem Schlafengehen keinen Weihbrunn genommen haben“, flüsterte er, „'s gibt mir keine Ruh, 's ist arg, Bub.“

„Was denn, Pate?“ fragte ich mit warmer Teilnahme.

„Na, morgen, wenn ich kommuniziere, 'leicht wird's besser“, beruhigte er sich selbst.

„Tut Euch was weh, Pate?“

„'s ist eine Dummheit. Was meinst, Bübel, weil wir schon so nah dabei sind, probieren wir's?“

Da ich ihn nicht verstand, so gab ich keine Antwort.

„Was kann uns geschehen?“ fuhr der Pate fort, „wenn's die andern tun, warum nicht wir auch? Ich laß mir's kosten.“

Er schwätzt im Traum, dachte ich und horchte mit Fleiß.

„Da werden sie einmal schauen“, fuhr er fort, „wenn wir heimkommen und sagen, daß wir auf dem Dampfwagen gefahren sind!“

Ich war gleich dabei.

„Aber eine Sündhaftigkeit ist's!“ murmelte er, „na, 'leicht wird's morgen besser, und jetzt tun wir in Gottes Namen schlafen.“

Am anderen Tage gingen wir beichten und kommunizieren und rutschten auf den Knien um den Altar herum. Aber als wir heimwärts lenkten, da meinte der Pate nur, er wolle sich gar nichts vornehmen, er wolle nur den Semmering-Bahnhof sehen, und wir lenkten unsern Weg dahin.

Beim Semmering-Bahnhof sahen wir das Loch auf der andern Seite. War auch kohlfinster. – Ein Zug von Wien war angezeigt. Mein Pate unterhandelte mit dem Bahnbeamten, er wolle zwei Sechser geben, und gleich hinter dem Berg, wo das Loch aufhört, wollten wir wieder absteigen.

„Gleich hinter dem Berg, wo das Loch aufhört, hält der Zug nicht“, sagte der Bahnbeamte lachend.

„Aber wenn wir absteigen wollen!“ meinte der Jochem.

„Ihr müßt bis Spital fahren. Ist für zwei Personen zweiunddreißig Kreuzer Münz.“

Mein Pate meinte, er lasse sich's was kosten, aber so viel wie die hohen Herren könne er armer Schlucker nicht geben; zudem sei an uns beiden ja kein Gewicht da. – Es half nichts; der Beamte ließ nicht handeln. Der Pate zahlte; ich mußte zwei „gute" (metallene) Kreuzer beisteuern (nicht Papiergeld). Mittlerweile kroch aus dem nächsten, unteren Tunnel der Zug hervor, schnaufte heran, und ich glaubte schon, das gewaltige Ding wolle nicht anhalten. Es zischte und spie und ächzte – da stand es still.

Wie ein Huhn, dem man das Hirn aus dem Kopf geschnitten, so stand der Pate da, und so stand ich da. Wir wären nicht zum Einsteigen gekommen; da schupfte der Schaffner den Paten in einen Waggon und mich nach. In demselben Augenblick wurde der Zug abgeläutet, und ich hörte noch, wie der ins Coupé stolpernde Jochem murmelte: „Das ist meine Totenglocke." Jetzt sahen wir's aber: im Waggon waren Bänke, schier wie in einer Kirche; und als wir zum Fenster hinausschauten – „Jessas und Maron!" schrie mein Pate, „da draußen fliegt ja eine Mauer vorbei!"

Jetzt wurde es finster, und wir sahen, daß an der Wand unseres knarrenden Stübchens eine Öllampe brannte. Draußen in der Nacht rauschte und toste es, als wären wir von gewaltigen Wasserfällen umgeben, und ein ums andere Mal hallten schauerliche Pfiffe. Wir reisten unter der Erde.

Der Pate hielt die Hände auf dem Schoß gefaltet und hauchte: „In Gottes Namen. Jetzt geb ich mich in alles drein. Warum bin ich der dreidoppelte Narr gewesen."

Zehn Vaterunser lang mochten wir so begraben gewesen sein, da lichtete es sich wieder, draußen flog die Mauer, flogen die Telegraphenstangen und die Bäume, und wir fuhren im grünen Tal.

Mein Pate stieß mich an der Seite: „Du Bub! Das ist gar aus der Weis gewesen, aber jetzt – jetzt hebt's mir an zu gefallen. Richtig wahr, der Dampfwagen ist was Schönes! Jegerl und jerum, da ist ja schon das Spitalerdorf! Und wir sind erst eine Viertelstunde gefahren! Du, da haben wir unser Geld noch nicht abgesessen. Ich denk, Bub, wir bleiben noch sitzen."

Mir war's recht. Ich betrachtete den Zug von innen, und ich blickte in die fliegende Gegend hinaus, konnte aber nicht klug werden. Und mein Pate rief: „Na, Bub, die Leut sind gescheit! Und daheim werden sie Augen machen! Hätt ich das Geld dazu, ich ließ mich, wie ich jetzt sitz, auf unsern Berg hinauffahren!"

„Mürzzuschlag!“ rief der Schaffner. Der Wagen stand; wir schwindelten zur Tür hinaus.

Der Türsteher nahm uns die Papierschnitzel ab, die wir beim Einsteigen bekommen hatten, und vertrat uns den Ausgang. „He, Vetter!“ rief er, „diese Karten galten nur bis Spital. Da heißt's nachzahlen, und zwar das Doppelte für zwei Personen; macht einen Gulden sechs Kreuzer!“

Ich starrte meinen Paten an, mein Pate mich. „Bub“, sagte dieser endlich mit sehr umflorter Stimme, „hast du ein Geld bei dir?“

„Ich hab kein Geld bei mir“, schluchzte ich.

„Ich hab auch keins mehr“, murmelte der Jochem.

Wir wurden in eine Kanzlei geschoben, dort mußten wir unsere Taschen umkehren. Ein blaues Sacktuch, das für uns beide war und das die Herren nicht anrührten, ein hart Rindlein Brot, eine rußige Tabakspfeife, ein Taschenfeitel, etwas Schwamm und Feuerstein, der Beichtzettel von Maria Schutz und der lederne Geldbeutel endlich, in dem sich nichts befand als ein geweihtes Messing-Amulettchen, das der Pate stets mit sich trug im festen Glauben, daß sein Geld nicht ganz ausgehe, solang er das geweihte Ding im Sacke habe. Es hatte sich auch bewährt bis auf diesen Tag, und jetzt war's auf einmal aus mit seiner Kraft. Wir durften unsere Habseligkeiten wieder einstecken, wurden aber stundenlang auf dem Bahnhof zurückbehalten und mußten mehrere Verhöre bestehen.

Endlich, als schon der Tag zur Neige ging, zur Zeit, da nach so rascher Fahrt wir leider schon hätten zu Hause sein können, wurden wir entlassen, um nun den Weg über Berg und Tal in stockfinsterer Nacht zurückzulegen.

Als wir durch den Ausgang des Bahnhofs schlichen, murmelte mein Pate: „Beim Dampfwagen da – 's ist doch der Teufel dabei!“

Als ich...

Einst war in unserem Waldhaus ein alter Knecht, der einen gloriosen Spitznamen hatte: er hieß der Talerbüchsen-Toni.

Er besaß nämlich – ob als Erbschaft oder als Ersparnis, das ist nicht ergründet worden – einen kleinen Schatz von alten Silbermünzen, teils mit Bildnissen Maria Theresias, Friedrichs des Großen, teils mit dem Bilde der Mutter Gottes oder mit dem Zeichen vom Krummstab und Schwert, von Adlern, Löwen, zweiköpfigen Tigern, von Kreuzen und Ringen, seltsamen Buchstaben oder anderen geheimnisvollen Markierungen. Etliche dieser Münzen, die wir, ohne Unterschied des Landes, der Prägung und der Größe, Taler nannten, sollen sogar vom Dreißigjährigen Kriege hergestammt haben. Den Schatz hielt Toni, der Knecht, eingeschachtelt in einer runden, blutrot angestrichenen Holzbüchse. Wenn nun der Feierabend kam oder eine stille Feiertagsstunde war, holte er aus seiner Kleidertruhe die Büchse hervor, aber nicht etwa, um nach alter Geizhalsart für sich allein darin zu wühlen und zu schwelgen, sondern um die Talerfreude mit seinen Hausgenossen zu teilen, ihnen nach seiner Weise die Geldstücke zu erklären, sie dann auf dem Tisch klingen zu lassen, um die Feinheit des Silbers zu bekunden, und sich an den gierigen Blicken zu weiden, die auf seine schönen Taler niederstachen.

Sobald jedoch die Leute merkten, es fiele bei dieser wiederholten Silberbeschau weiter nichts für sie ab, wurde ihnen die Sache langweilig, und sie sagten: „Geh, laß uns in Ruh, Toni, mit deinen alten, blinden Schimmeln, wenn du keinen herschenkst, so wollen wir sie auch gar nicht sehen." Derlei undankbare und lieblose Bemerkungen verdrossen den Knecht Toni allemal so tief, daß er in dem betreffenden Hause sofort den Dienst kündigte und in einen anderen Hof zog, wo man die Talersammlung, die den Inhalt seines Knechtelebens ausmachte, wieder besser zu würdigen verstand. – Aber die Bauersleute sind soviel hochsinnig, sie halten nichts aufs Geld, wenn sie es nicht kriegen. Und so kam es, daß der Toni gar häufig seinen Dienst wechselte, trotzdem er sonst ein stiller, zufriedener Mensch und gewiß kein schlechter Arbeiter war.

Nun, so war der Talerbüchsen-Toni auch in unser Waldhaus gekommen, und weil er an meinem Vater einen Mann fand, der die Geldstücke nicht nach dem Gewicht schätzte, sondern an den Bildnissen der Könige und Kaiser und besonders an der lieben Mutter Gottes seine Freude hatte, und weil er an uns Kindern – ich war damals etwa acht Jahre alt – eine jubelnde Schar von unersättlichen Bewunderern fand, so lebte er in unserem Hause neu auf. Und jeden Abend nach dem Vesperbrot kam er denn von seiner Gewandtruhe, die oben im Dachgelaß stand, zu uns in die Stube, geheimnisvoll die rote Büchse noch unter dem Rock bergend, sie dann langsam hervorziehend, stets mit einer Miene, als ob es das allererstemal geschehe und er etwas unerhört Neues aufzuzeigen hätte. Und wenn er dann am sicheren Ort des großen Eichentisches saß und wir in einem festen Wall um ihn herum waren, schraubte er mit einer bedächtigen Fertigkeit die Büchse auf und faßte einen um den anderen mit zwei Fingern an, wie der Priester die Hostie, und begann mit seinen Auslegungen. An jedem Stück war eine besondere Merkwürdigkeit. Da war eine Maria Theresia, die scheinbar ihre Augen verdrehte, wenn man ihr die blinkende Münze Fritz des Großen gegenüberhielt. Ein anderer Taler zeigte noch Rostflecken vom Dreißigjährigen Krieg, von welchem der Knecht bemerkte, man müsse nicht glauben, daß dieser Krieg dreißig Jahre lang ohne alle Unterbrechung gedauert habe; in den meisten Nächten, besonders aber zu den hohen Festtagen, habe man die Schlacht unterbrochen, und Freund und Feind habe in Gemeinschaft sein Gebet verrichtet. – Auf einem andern Taler war das wahrhaftige Bildnis Unserer Lieben Frau und ein Ablaß daran für den, der es küßte. Wir durften es auch küssen, alle der Reihe nach, auch die Dienstboten, die der Knecht gut leiden konnte; zu den andern sagte er, sie möchten sich ihren Ablaß nur anderswo holen, sie saugeten mit ihren ungewaschenen Mäulern leicht die ganze heilige Weihe aus dem Silber.

Besonders ein halberwachsener Bursche, der Hiasel, war es, welcher durch manch lose Bemerkung über den Toni und seine Büchse des alten Knechtes Unwillen in so hohem Grade erweckt hatte, daß er nicht ein einzig Mal zur Talerschau, geschweige zum Kuß zugelassen wurde.

Der Hiasel war kurze Zeit früher als unterstandsloser, etwas verkommener Junge des Weges gestrichen, und mein Vater hatte ihn aufgenommen, mit gutem Hanfzeug bekleidet, auch ordentlich ausgefüttert, denn die ersten Wochen war der heimatlose Bursche gar nicht zu sättigen gewesen. Dafür griff der Hiasel nun auch die Arbeit flink an, war munter, und das regelmäßige Leben schien ihm gar nicht übel zu gefallen. Er sah jetzt recht gesund aus, war schlank gewachsen, und weil er sich auch die Haare kämmte, so wollte er schier ein hübsches Bürschlein werden. Ich, das muß ich wohl gestehen, hatte keine besondere Zuneigung zum Hiasel, nicht allein, weil er mir immer als Beispiel aufgestellt wurde, wenn ich mich nicht waschen und strählen lassen wollte, sondern und viel mehr noch, weil der Hiasel „Peitenstegga" anstatt Peitschenstecken sagte. Er war aus dem Niederösterreich herübergekommen, und mir war das „Fremdeln" in der Sprache unheimlich und dieses „Peitenstegga" geradezu eine Ungeheuerlichkeit. Der Bursche schnitt mir manchen Peitschenstecken und unterstützte mich bisweilen in meinen kindlichen Spielen; doch niemals vermochte ich für ihn Neigung zu fassen, da wandte ich mich zehnmal lieber dem alten Toni und seiner Talerbüchse zu.

Des Alten schmunzelndes, wichtigtuendes Gesicht anzuschauen war für mich eine rechte Unterhaltung. Dieses platte runzelige Gesicht mit den großen Wangenknochen, mit den völlig wasserfarbigen Äuglein, die fortwährend hinter den buschigen Brauen Verstecken spielten, wenn die Taler aufmarschierten, dieses Gesicht war ein großer Spaß; und wie der Mann als Zeichen seiner höchsten Befriedigung die furchige Stirnhaut auf und nieder riß und selbst die Ohrläppchen bewegte wie ein Eselein, das war doch gar zu possierlich. Und nun kam mir auf einmal der Gedanke: Wenn der Toni schon in seiner Lustigkeit ein so spaßiges Gesicht machte, wie erst, wenn er zornig und wild ist? – Mit diesem Gedanken hebt die Geschichte an.

Eines Tages, als die Leute auf dem Feld waren, stieg ich mit etwas schlotternden Beinlein die Stiege vom Dachgelaß herab und freute mich auf die Stunde, wenn der Toni wieder seine Taler aufzeigen will und sie nicht findet. Das wird ein Gelächter geben! Aber ich lache still und sag den Spaß erst am andern Tag.

Es war die g'nötige (drangvolle) Schnittzeit, da wird bis in die späten Abende hinein gearbeitet, da ist's nichts mit dem Talergucken. Ich vergaß auch bald darauf, ich mußte Garben tragen und dem Vater die Kornschöberlein aufspreizen helfen. Auch waren die Kirschen reif, eine Zeit voll Sehnsucht für mich, denn ich wagte noch nicht, den Stamm emporzuklettern, und das Niederziehen der Äste vermittels Haken war scharf verboten; wenn ein Ast brach, da verstand mein Vater keinen Spaß. Das mutwillige Abreißen von Ästen nannte er: den Nachkommen Kirschen stehlen. Das war freilich ein garstiges Wort, und darum verzichtete ich schließlich doch lieber auf die so hellrot niederleuchtenden Kirschen bis zum Samstagfeierabend, wenn sie mir der Vater regelrecht herabholte oder der Hiasel es tat, der ein arger Kletterer war.

Damals erfuhr ich, was ein böses Wort vermag. Als der Hiasel hoch oben auf einem schaukelnden Aste saß und ihm bei jeder Schwenkung des Hauptes die frischen Kirschengabeln förmlich in den Mund hineinhingen, rief er zu mir nieder ins Gras, es wäre eine Schande, daß ich noch auf keinen Kirschbaum könne! Und er warf mir, der ich die Haube nach Kirschen auftat, ein paar feuchte Kerne hinein. Ich sprang ergrimmt an den Baumstamm, und in wenigen Augenblicken war ich zu meiner eigenen Überraschung oben beim Hiasel.

Ich wollte eben der Jubelstimmung über meine plötzlich eingetretene Mannhaftigkeit in einem hellen Juchschrei Luft machen, als daneben im Hause auf einmal ein unheimlicher Lärm entstand. Der Toni sprang wie rasend zur Tür heraus, hielt mit beiden Händen seinen grauen Kopf und schrie:

„Mein Geld ist weg! Mein Geld ist weg!"

Ihm folgte mein Vater: der Toni solle sich doch nicht den Kopf wegreißen, das Geld würde sich ja finden, er ließe das ganze Haus untersuchen. Ein paar Dienstmägde zeterten: das wäre ihnen auch auf der Welt noch nicht passiert, daß sie sich aussuchen lassen müßten wie Schelminnen, aber sie täten es von selber, würfen dem Bauern all ihre Habseligkeiten vor die Füße, Stück für Stück, und solle er schauen, ob die dumme Talerbüchse darunter sei.

„Die dumme Talerbüchse!" stöhnte der alte Knecht, „o Bauer! mein Bauer! Das Herz möchte mir zerspringen vor lauter Unglück!" Und er hub an laut zu weinen und ging, immer noch den Kopf zwischen den Händen haltend, ums Haus herum, als müsse die Talerbüchse irgendwo auf dem grünen Rasen liegen.

Jetzt hörte ich auch die Stimme meiner Mutter, welche darüber schalt, daß die Leute an ihren Gewandtruhen die Schlüssel stecken ließen, daß sie damit leicht ein ganzes Haus in Unehr bringen könnten; sie halte aber dafür, der Toni hätte in seiner verrückten Weise das Geld aufs Kornfeld mitgeschleppt und dort verstreut. Seit Wochen sei kein Bettler, kein Handwerksbursch oder sonst ein Fremder in den Hof gekommen, und daß im Haus kein Dieb lebe, das wisse sie gewiß.

Mir, der ich auf dem Kirschbaum hockte, war wunderlich zumute. Wenn ich jetzt nur wieder unten wäre! Das Ding geht höllisch schief!

Im Haus wurde der Hiasel gerufen.

„Wenn's eins im Haus getan hat – niemand anderer als der Hiasel!"

Als der Junge dieses Wort gehört hatte, sprang er vom Baum mit einem kecken Schwung über die Äste hinweg auf den Erdboden. Bald war er von den Leuten umringt. Der Toni hatte seine Fassungskraft wiedererlangt, er faßte daher den Hiasel am Arm und fragte, wo er das Geld habe!

Der Bursche war im Gesicht röter als die reifste Kirsche und sagte, er wisse von keinem Geld.

Das Leugnen würde ihm nichts nutzen. Man wisse bestimmt, daß er die Taler genommen habe!

Auf eine solche Anschuldigung ist der Bursche – überhaupt ungewandt im Reden, aber gewohnt, herrischen Aussprüchen sich zu fügen – ganz stumm geworden. Er stand da wie ein Stück Holz und starrte den Ankläger schier seelenlos an.

„Wenn du's willig sagst, wo mein Geld ist", sprach der Toni in milder, fast bittender Weise, „so geschieht dir nichts; ich lege beim Waldbauern ein Gebitt ein, daß er dich frei laufen laßt. Wenn du aber leugnest, so schlage ich dich tot!"

Und ich? Als ich merkte, welch schreckbare Wendung mein „Spaß" zu nehmen begann und daß die Sache jetzt gar nicht einmal wie ein Spaß aussah, und als ich eine Geisterstimme hörte: *Das, was du getan hast, war Diebstahl!* – da war wohl mein erster Gedanke: Alsogleich sagen, du hast das Geld hinter der Gewandtruhe unter den Holzsparren gesteckt. – Aber sehr rasch rief eine andere Stimme: Das wäre zu gefährlich! Siehe, jetzt reißt er schon die Heckenrute ab, die kriegst du, sobald du das Wort sagst! Denn das Gesicht des alten Knechtes war ganz schreckbar anzusehen, die Wut, die Ratlosigkeit und den Jammer habe ich in meinem Leben nirgends so scharf ausgedrückt gefunden als damals auf dem Angesicht des Toni. Da gab's nichts zu lachen! Wohl totenblaß mag ich gewesen sein, als ich mich hinter den Kirschbaumstamm schlich, dann plötzlich kehrtmachte, ins Haus eilte, ins Dachgeschoß hinauf, die unselige Talerbüchse aus ihrem Versteck holte und in die sperrangelweit offene Gewandtruhe des alten Knechtes warf.

Als ich hernach wieder zum Kirschbaum zurückgekommen war, lagen von der Heckenrute nur mehr die weißen Splitter umher auf dem grünen Rasen; die Leute verzogen sich grollend und scheltend, und den Waldweg entlang wankte der Bursche mit zerrauftem Haar.

Der Knecht wimmerte im Hause umher, der Vater trat zu mir und sagte, ich hätte nun gesehen, wohin Unehrlichkeit führe; den Hiasel habe er verjagt, und ich solle nun wieder auf den Kirschbaum steigen.

Jetzt sag's! Jetzt sag's! rief es ungestüm in mir. Aber ich habe es nicht gesagt. Mir war, als *könnte* ich es nicht mehr sagen, als sei schon zuviel geschehen. Ich war ja fürs ganze Haus das fromme, gutmütige Büblein, das schier den ganzen Katechismus auswendig wußte und das heilige Evangelium lesen konnte so schön und kräftig wie der Pfarrer auf dem Predigtstuhl, ich sollte nun als Dieb und Schuftlein dastehen! Hatte ich nicht die haarsträubende Entrüstung der Leute gesehen, die sich in allen Formen über den armen Hiasel entleerte? Über mich mußte es noch ärger kommen, denn ich war ein doppelter Bösewicht. Für einen solchen ist es doppelt unklug, sich zu verraten – und ich habe *nichts ge*sagt.

Hingegen bin ich jetzt fortgegangen, den Waldweg entlang, um den Hiasel zu suchen. Ich bin, wie der Steig führt, in den Schmithofgraben hinabgegangen und jenseits wieder emporgestiegen zu den Hochwaldungen des Teufelssteingebirges. Und auf der Höhe, dort, wo der weite, grüne Anger liegt, mitten im Wald, und wo das hohe, rot angestrichene Christuskreuz steht, dort habe ich ihn gefunden. Er lag unter dem Kreuze und schlief, und auf seinem Antlitz lagen Spuren von Tränen.

Über den schwarzen, hohen Baumwipfeln lag die Abendröte, kein Lüftchen und kein Laut war auf dem dämmernden Anger – ich saß neben dem schlafenden Burschen und weinte. Kinder weinen oft, aber es wird wohl selten sein, daß einer so bitter, bitterlich weint, als ich's damals getan habe, da ich Wache hielt vor dem schlummernden Jungen, dem so grob Unrecht geschehen war.

Wecken wollte ich ihn nicht. Er war ja so müdegehetzt. Daß er unschuldig ist, das weiß er, und wird ihm's sein lieber Schutzengel auch im Traum sagen. Er hat nicht Vater und Mutter, er hat nichts Gutes auf der Welt, und wenn ihm jetzt schon fremde Sünden zugeworfen werden, weil ihn kein Mensch in Schutz nimmt, wie erst, wenn er groß ist und es die schlechten Leute innewerden: Das ist einer zum Tragen und Büßen...! Er soll schlafen.

Ähnliches mag ich gedacht oder gefühlt haben, und ein unendliches Mitleid kam über mich, eine Reue und eine Liebe, und ich wußte mir vor Weinen nicht zu helfen. Als er sich einmal ein klein wenig bewegte, da ging's mir heiß durchs Herz, und mir verging fast der Mut, es ihm zu sagen, daß ich das Schelmenstück getan hätte, wofür er mißhandelt worden. Konnte ihn das nicht gegen mich empören, wütend machen? Konnte er mich nicht auf der Stelle totschlagen in diesem finsteren Wald und mir dabei zuschreien: die Strafe dafür hätte er schon im voraus empfangen?

Aber – und das allein ist's, was aus jenem bösen Tag heute noch milde auf mich herüberschaut – ich blieb neben dem Schlummernden kauern und war entschlossen, nicht eher von ihm zu gehen, als bis ich ihm alles gestanden und abgebeten hätte. Dann wollte ich ihn mitnehmen hinein in mein Vaterhaus, daß er alles dort habe, was ich bisher gehabt, und das so lang, so lang, als die Heckenruten wachsen neben dem Kirschbaum.

Bevor jedoch der Hiasel aus seiner schweren Betäubung erwachte, kam was anderes. Den Waldweg heran knarrte ein Leiterwagen, bespannt mit zwei Ochsen, die ein Mann leitete. Der Stegleitner von Fischbach war's, er fuhr von seinem Walde heim – ich kannte ihn von einem Ochsentausch her, den er etliche Wochen früher mit meinem Vater unternommen. Trotz der tiefen Dämmerung erkannte ich auch die Ochsen als jene, welche er von uns fortgeführt hatte. Das heimelte mich an. Als der Stegleitner hier unter dem Kreuz einen schlafenden und einen schluchzenden Jungen fand, war er gar erschrocken und fragte, was das zu bedeuten habe. Und vor den Stegleitner bin ich hierauf hingekniet, als ob er der Bestohlene oder der Mißhandelte gewesen wäre, und habe ihm wohl mit gefalteten Händen alles erzählt.

Der Stegleitner war ein ruhiger, ernster Mann; als ich fertig war, fragte er nur, ob ich fertig wäre, und da ich schwieg, hat er mir folgendes gesagt: „Mit dem Hiasel hast du und hat dein Vater nichts mehr zu schaffen, der gehört jetzt mein, ich nehm ihn mit mir. Abbitten wirst du ihm's, wenn du größer geworden bist, denn das – mußt du wissen – verjährt nicht. Für jetzt werde ich ihm sagen, was zu sagen ist, daß sein Schutzengel seine Unschuld ans Licht getragen hat. Mehr braucht er nicht zu wissen. Und du, Waldbauernbub, gehst jetzt heim, und was du zu tun hast, das weißt du."

„Das Geld ist schon zurückgegeben", bemerkte ich gefaßter.

„Das Geld ist Mist", sagte der Stegleitner, „die Ehre gibst zurück. – Mein Kind!" fuhr er fort und richtete mich mit seiner Hand auf, „schau, dort oben heben jetzt die Sternlein an zu leuchten. Sie schauen nieder auf dich, wenn du bei der Tür eintrittst in dein Vaterhaus, sie sehen, was du tun wirst und was lassen – und sie brennen fort, bis zum Jüngsten Gericht!"

Die Worte waren ruhig, fast leise gesprochen, und doch war mir, als bebte vor ihnen der Erdboden unter meinen Füßen.

Der Stegleitner blieb mit seinem Gefährt noch stehen bei dem roten Kreuz; ich tat einen kurzen Blick auf den Schläfer, und mir war, als sähe ich das Bild eines Heiligen. Dann ging ich heimwärts; ging und lief und ahnte Gespenster, die mir folgten.

Als ich gegen unser Haus kam, hörte ich schon von weitem die Stimme meiner Mutter, die meinen Namen rief.

„Was das für ein Tag ist!" klagte sie, „Geld und Kinder werden gestohlen, da müssen doch rein Zigeuner im Land sein!" Aber Geld und Kind hatten sich nun glücklich wiedergefunden, und in der Stube kniete der Vater am großen Tisch, knieten die anderen Leute an den Wandbänken herum, und sie beteten laut und gemeinstimmig den üblichen Samstagrosenkranz. Mir war wohl und weh. Ich kniete zum alten Knecht Anton – recht nahe an seine Seite hin – und begann laut mitzubeten. Sie wiederholten immer wieder das Vaterunser und das Ave Maria, und ich stimmte in den surrenden Ton mit ein und sagte fortwährend: „Lieber Knecht, vergib mir meine Schulden, ich habe dir das Geld gestohlen! Lieber Knecht, vergib mir meine Schulden, ich habe dir das Geld gestohlen!"

Weil der Toni entweder stark schläfrig war, oder weil er während des Rosenkranzes in Gedanken an die wiedergefundene Talerbüchse schwelgte, so währte es ziemlich lang, bis ihm mein wunderlicher Text auffiel. Endlich huben sich seine Stirnhaut und sein Ohrläppchen an zu bewegen, er wendete sachte sein entsetztes Gesicht und schrie in die Stube hinein, man solle still sein und den kleinen Buben allein weiterbeten lassen.

Und als, von solcher Unterbrechung überrascht, alles still war, duckte ich mich weinend in den Wandwinkel und wimmerte laut: „Ich habe das Geld genommen!"

Der Rosenkranz war für heute aus. Die Begebenheiten spitzten sich nun rasch und scharf einem herben Ende zu, welches Ende jedoch durch den Umstand, daß der Hiasel geborgen und von seiner Ehrenrettung bereits durch den Stegleitner Kenntnis haben mußte, bedeutend gemildert worden ist.

Von diesem verhängnisvollen Tag an ist der Talerbüchsen-Toni nicht mehr lange bei uns geblieben. Aber zum Abschied nahm er mich an seine Gewandtruhe. Dort öffnete er gravitätisch die Büchse und schenkte mir daraus ein funkelndes Talerlein als – Finderlohn.

Nach Jahren, als der Toni mühselig und krank geworden war, wollte er mit seinem Silberschatz eine „wundertätige Kapell'„ stiften, was ihm aber der Pfarrer entschieden mißriet. Hingegen ward ihm nahegelegt, ob er nicht einem braven Bauernburschen, dem dieser Silberlinge wegen einmal Unrecht geschehen, ein kleines Andenken hinterlassen wolle?

Aber der Hiasel war nicht im Lande. Er war lange im Stegleitnerhof gewesen, und man hatte schon davon gemunkelt, daß er dort die hübsche Haustochter heiraten werde – da wurde die Gegend plötzlich geräumt. Alle jungen, kräftigen Männer mußten fort. Es war die Zeit, in welcher nach dem Sprichwort die Weibsleute um jeden Stuhl rauften, auf dem einmal ein Mannsbild gesessen. Wie die Meereshochflut, die den Damm zerreißt, so brach der Feind ins Vaterland herein. Oh, laßt mich schweigen von den Ereignissen jener Tage, sie waren furchtbar groß. Der Sturm war bald vorüber; viele Männer kehrten heim, viele blieben auf ewig aus. Der Hiasel kam mit einem durchschossenen Fuß zurück. Bei Königgrätz war's gewesen.

„Armer Bursch“, so begrüßte der alte Stegleitner den Heimkehrenden, „jetzt bist ein zweites Mal unschuldigerweis geschlagen worden.“

„Ich trag's“, antwortete der Hiasel, „mir ist's nur *ihretwegen* hart!“

„Was ihretwegen!“ sagte der Bauer, „ihre Ahndl, meine Mutter selig, hat auch einen hinkenden Mann gehabt. Dirndel, geh her! Schau, der Krumme kann dir nicht so leicht davonlaufen. Der lieb Herrgott geb seinen Segen dazu!“

Jetzt ist die Geschichte aus. Heute ist der Hiasel angesehener Stegleitner, und sein Weib vergilt ihm – soviel mir bekannt ist – hundertfach manch erlittene Unbill.

Der alte Talerbüchsen-Toni ist erst vor wenigen Jahren gestorben. Der größte Anteil seiner Münzen ging auf das Begräbnis, etliche Stücke nahm er mit in seinen Sarg, darunter das mit dem wahrhaftigen Bildnisse der Mutter Gottes. Da ist's wohl kein Wunder, daß der Alte im Tod ein so wohlgemutes, fast schmunzelndes Gesicht machte und im Grabe schmunzelnd zu Asche zerfallen wird – bei den Talern.

In der Christnacht

In unserer Stube, an der mit grauem Lehm übertünchten Ofenmauer, stand jahraus, jahrein ein Schemel aus Eichenholz. Er war immer glatt und rein gescheuert, denn er wurde, wie die anderen Stubengeräte, jeden Samstag mit feinem Bachsand und einem Strohwisch abgerieben. In der Zeit des Frühlings, des Sommers und des Herbstes stand dieser Schemel leer und einsam in seinem Winkel, nur an jedem Tag zur Abendzeit zog ihn die Ahne etwas weiter hervor, kniete auf denselben hin und verrichtete ihr Abendgebet. Auch an den Samstagen, wenn der Vater am Tisch die Feierabendandacht vorbetete, kniete die Ahne auf dem Schemel.

Als aber der Spätherbst kam mit den langen Abenden, an welchen die Knechte in der Stube aus Kienscheiten Leuchtspäne schnitzten und die Mägde sowie auch meine Mutter und die Ahne Wolle und Flachs spannen, und als die Adventzeit kam, in welcher an solchen Span- und Spinnabenden alte Märchen erzählt und geistliche Lieder gesungen wurden, da saß ich beständig auf dem Schemel am Ofen.

Ich hörte von da aus den Geschichten und Gesängen zu, und wenn solche schauerlich wurden und sich meine kleine Seele aufzuregen und zu fürchten begann, rückte ich den Schemel näher zu der Mutter und begann mich ängstlich an ihr Kleid zu halten, und ich konnte gar nicht mehr begreifen, wie die anderen über mich oder über ihre schrecklichen Geschichten noch zu lachen vermochten. Zuletzt, als es zum Schlafengehen kam und mir die Mutter mein Ladbettchen hervorzog, wollte ich schon gar nicht mehr allein in das Bett gehen, und es mußte die Ahne neben mir liegen, bis die fürchterlichen Bilder in mir vergingen und ich endlich einschlief.

Aber die langen Adventnächte waren bei uns immer sehr kurz. Bald nach zwei Uhr begann es im Hause unruhig zu werden. Oben auf dem Dachboden hörte man die Knechte, wie sie sich ankleideten und umhergingen, und in der Küche brachen die Mägde Späne ab und schürten am Herde. Dann gingen sie alle auf die Tenne zum Dreschen.

Auch die Mutter war aufgestanden und hatte in der Stube Licht gemacht; bald darauf erhob sich der Vater, und sie zogen Kleider an, die nicht ganz für den Werktag und auch nicht ganz für den Feiertag waren. Dann sprach die Mutter zur Ahne, die im Bett lag, einige Worte, und wenn ich, erweckt durch die Unruhe, auch irgendeine Bemerkung tat, so gab sie mir bloß zur Antwort: „Sei du nur schön still und schlaf!“ – Dann zündeten meine Eltern eine Laterne an, löschten das Licht in der Stube aus und gingen aus dem Hause. Ich hörte noch die äußere Tür gehen, und ich sah an den Fenstern den Lichtschimmer vorüberflimmern, und ich hörte das Ächzen der Tritte im Schnee, und ich hörte noch das Rasseln des Kettenhundes. – Dann wurde es wieder ruhig, nur das dumpfe, gleichmäßige Pochen der Drescher war zu vernehmen, dann schlief ich wieder ein.

Der Vater und die Mutter gingen in die fast drei Stunden entfernte Pfarrkirche zur Rorate. Ich träumte ihnen nach, ich hörte die Kirchenglocken, ich hörte den Ton der Orgel und das Adventlied: Maria sei gegrüßt, du Lichter Morgenstern! Und ich sah die Lichter am Hochaltar, und die Engelein, die über demselben standen, breiteten ihre goldenen Flügel aus und flogen in der Kirche umher, und einer, der mit der Posaune über dem Predigtstuhl stand, zog hinaus in die Heiden und in die Wälder und blies es durch die ganze Welt, daß die Ankunft des Heilands nahe sei.

Als ich erwachte, strahlte die Sonne schon lange zu den Fenstern herein, und draußen glitzerte und flimmerte der Schnee, und die Mutter ging wieder in der Stube umher und war in Werktagskleidern und tat häusliche Arbeiten. Das Bett der Ahne neben dem meinigen war auch schon geschichtet, und die Ahne kam nun von der Küche herein und half mir die Höschen anziehen und wusch mein Gesicht mit kaltem Wasser, daß ich aus Empfindsamkeit zugleich weinte und lachte. Als dieses geschehen war, kniete ich auf meinen Schemel hin und betete mit der Ahne den Morgensegen:

In Gottes Namen aufstehen,
gegen Gott gehen,
gegen Gott treten,
zum himmlischen Vater beten,
daß er uns verleih
lieb Englein drei:
der erste, der uns weist,
der zweite, der uns speist,
der dritt, der uns behüt und bewahrt,
daß uns an Leib und Seel nichts widerfahrt.

Nach dieser Andacht erhielt ich meine Morgensuppe, und nach derselben kam die Ahne mit einem Kübel Rüben, die wir nun zusammen zu schälen hatten. Ich saß dabei auf meinem Schemel. Aber bei dem Schälen der Rüben konnte ich die Ahne nie vollkommen befriedigen; ich schnitt stets eine zu dicke Schale, ließ sie aber stellenweise doch wieder ganz auf der Rübe. Wenn ich mich gar in die Finger schnitt und sofort zu weinen begann, so sagte die Ahne immer sehr unwirsch: „Mit dir ist's wohl ein rechtes Kreuz, man soll dich frei hinauswerfen in den Schnee!“ Dabei verband sie mir die Wunde mit unsäglicher Sorgfalt und Liebe.

So vergingen die Tage des Advents, und ich und die Ahne sprachen immer häufiger vom Weihnachtsfest und vom Christkind, das nun bald kommen werde zu den Menschen.

Je mehr wir dem Feste nahten, um so unruhiger wurde es im Haus. Die Knechte trieben das Vieh aus dem Stall und gaben frische Streu hinein und stellten die Barren und Krippen zurecht; der Halterbub striegelte die Ochsen, daß sie ein glattes Aussehen bekamen; der Futterbub mischte mehr Heu in das Stroh als gewöhnlich und bereitete davon einen ganzen Stoß in der Futterkammer. Die Kuhmagd tat das gleiche. Das Dreschen hatte schon einige Tage früher aufgehört, weil man durch den Lärm die nahen Feiertage zu entheiligen geglaubt hätte.

Im ganzen Haus wurde gewaschen und gescheuert, selbst in die Stube kamen die Mägde mit ihren Wasserkübeln und Strohwischen und Besen hinein. Ich freute mich immer sehr auf dieses Waschen, weil ich es gern hatte, wie alles drunter und drüber gekehrt wurde, und weil die Glasbilder im Tischwinkel, die braune Schwarzwälderuhr mit ihrer Metallschelle und andere Dinge, die ich sonst immer nur von der Höhe zu sehen bekam, herabgenommen und mir näher gebracht wurden, so daß ich alles viel genauer und von verschiedenen Seiten betrachten konnte. Freilich war mir nicht erlaubt, dergleichen Dinge anzurühren, weil ich noch zu ungeschickt und unbesonnen dafür wäre und die Gegenstände leicht beschädigen könne. Aber es gab doch Augenblicke, in welchen man im eifrigen Waschen und Scheuern nicht auf mich achtete.

In einem solchen Augenblick kletterte ich einmal über den Schemel auf die Bank und von der Bank auf den Tisch, der aus seiner gewöhnlichen Stellung gerückt war und auf dem die Schwarzwälderuhr lag. Ich machte mich an die Uhr, von der die Gewichte über den Tisch hingen, sah durch ein offenes Seitentürchen in das messingene, sehr bestaubte Räderwerk hinein, tupfte einigemal an die kleinen Blätter des Windrädchens und legte die Finger endlich selbst an das Rädchen, ob es denn nicht gehe; aber es ging nicht. Zuletzt rückte ich auch ein wenig an einem Holzstäbchen, und als ich das tat, begann es im Werk fürchterlich zu rasseln. Einige Räder gingen langsam, andere schneller, und das Windrädchen flog, daß man es kaum sehen konnte. Ich war unbeschreiblich erschrocken, ich kollerte vom Tisch über Bank und Schemel auf den nassen, schmutzigen Boden hinab; da faßte mich schon die Mutter am Röcklein, und die „birkene Liesel“ war da. Das Rasseln in der Uhr wollte gar nicht aufhören, und zuletzt nahm mich die Mutter mit beiden Händen und trug mich in das Vorhaus und schob mich durch die Tür hinaus in den Schnee und schlug die Tür hinter mir zu. Ich stand wie vernichtet da, ich hörte von innen noch das Greinen der Mutter, die ich sehr beleidigt haben mußte, und ich hörte das Scheuern und Lachen der Mägde, und ich hörte noch immer das Rasseln der Uhr.

Als ich eine Weile dagestanden und geschluchzt hatte und als gar niemand kam, der mich wieder in das Haus gerufen hätte, ging ich fort nach dem Pfade, der in den Schnee getreten war, und ich ging über den Hausanger und über das Feld dem Walde zu. Ich wußte nicht, wohin ich wollte, ich bildete mir nur ein, daß mir ein großes Unrecht geschehen sei und daß ich nun nicht mehr in das Haus zurückkehren könne.

Aber ich war noch nicht zum Wald gekommen, als ich hinter mir ein grelles Pfeifen hörte. Das war das Pfeifen der Ahne, wie sie es machte, wenn sie zwei Finger in den Mund nahm, die Zunge spitzte und blies: „Wo willst du denn hin, du dummes Kind“, rief sie, „wart, wenn du so im Wald herumlaufen willst, so wird dich schon die Mooswaberl abfangen, wart nur!“

Auf dieses Wort kehrte ich augenblicklich um, denn die Mooswaberl fürchtete ich unsäglich.

Ich ging aber immer noch nicht in das Haus, ich blieb im Hof stehen, wo der Vater und zwei Knechte gerade ein Schwein aus dem Stall zogen, um es abzustechen. über das ohrenzerreißende Schreien des Tieres und über das Blut, das ich nun sah und das eine Magd in einem Topf auffing, vergaß ich auf das Vorgefallene, und als der Vater im Vorhaus das Schwein abhäutete, stand ich schon wieder dabei und hielt die Hautzipfel, die er mit einem großen Messer von dem speckigen Fleisch immer mehr und mehr lostrennte. Als später die Eingeweide herausgenommen waren und die Mutter Wasser in das Becken goß, sagte sie zu mir: „Geh weg da, sonst wirst du ganz angespritzt!“

Aus diesen Worten entnahm ich, daß die Mutter mit mir wieder versöhnt sei, und nun war alles gut, und als ich wieder in die Stube kam, um mich ein wenig zu erwärmen, stand da alles an seinem gewöhnlichen Platz. Boden und Wände waren noch feucht, aber reingescheuert, und die Schwarzwälderuhr hing wieder an der Wand und tickte. Und sie tickte viel lauter und heller durch die neu hergestellte Stube als früher.

Endlich nahm das Waschen und Scheuern und Glätten ein Ende, im Haus wurde es ruhiger, fast still, und der Heilige Abend war da. Das Mittagmahl am Heiligen Abend wurde nicht in der Stube eingenommen, sondern in der Küche, wo man das Nudelbrett als Tisch und sich um dasselbe herumsetzte und das einfache Fastengericht still, aber mit gehobener Stimmung verzehrte.

Der Tisch in der Stube war mit einem schneeweißen Tuch bedeckt, und vor dem Tisch stand mein Schemel, auf welchen sich zum Abend, als die Dämmerung einbrach, die Ahne hinkniete und still betete.

Mägde gingen leise durch das Haus und bereiteten ihre Festtagskleider vor, und die Mutter tat in einen großen Topf Fleischstücke, goß Wasser dazu und stellte sie zum Herdfeuer. Ich schlich in der Stube auf den Zehenspitzen herum und hörte nichts als das lustige Prasseln des Feuers in der Küche. Ich blickte auf meine Sonntagshöschen und auf das Jöpperl und auf das schwarze Filzhütlein, das schon an einem Nagel an der Wand hing, und dann blickte ich durch das Fenster in die hereinbrechende Dunkelheit hinaus. Wenn kein ungestümes Wetter eintrat, so durfte ich in der Nacht mit dem Großknecht in die Kirche gehen. Und das Wetter war ruhig, und es würde auch, wie der Vater sagte, nicht allzu kalt werden, weil auf den Bergen Nebel lag.

Unmittelbar vor dem „Rauchengehen", in welchem Haus und Hof nach alter Sitte mit Weihwasser und Weihrauch besegnet wird, hatten der Vater und die Mutter einen kleinen Streit. Die Mooswaberl war dagewesen, hatte glückselige Feiertage gewünscht, und die Mutter hatte ihr für den Festtag ein Stück Fleisch geschenkt. Darüber war der Vater etwas ungehalten; er war sonst ein Freund der Armen und gab ihnen nicht selten mehr, als unsere Verhältnisse erlauben wollten, aber der Mooswaberl sollte man seiner Meinung nach kein Almosen reichen. Die Mooswaberl war ein Weib, welches gar nicht in die Gegend gehörte, welches unbefugt in den Wäldern umherstrich, Moos und Wurzeln sammelte, in halbverfallenen Köhlerhütten Feuer machte und schlief. Daneben zog sie bettelnd zu den Bauernhöfen, wollte Moos verkaufen, und da sie keine Geschäfte machte, weinte sie und verfluchte das Leben. Kinder, die sie ansah, fürchteten sich entsetzlich vor ihr, und viele wurden gar krank; Kühen tat sie an, daß sie rote Milch gaben.

Wer ihr eine Wohltat erwies, den verfolgte sie einige Minuten und sagte ihm: „Tausend und tausend Vergeltsgott bis in den Himmel hinauf."

Wer sie aber verspottete oder sonst auf irgendeine Art beleidigte, zu dem sagte sie: „Ich bete dich hinab in die unterste Hölle!"

Die Mooswaberl kam oft zu unserem Haus und saß gern vor demselben auf dem grünen Rasen oder auf dem Querbrett des Zaunstiegels (Überstieg über den

Zaun), trotz des heftigen Bellens und Rasselns unseres Kettenhundes, der sich gegen dieses Weib besonders unbändig zeigte. Aber die Mooswaberl saß so lange vor dem Haus, bis die Mutter ihr eine Schale Milch oder ein Stück Brot oder beides hinaustrug. Meine Mutter hatte es gern, wenn das Weib sie durch ein tausendfaches Vergeltsgott bis in den Himmel hinaufwünschte. Der Vater legte dem Wunsche dieser Person keinen Wert bei, ob es ein Segensspruch war oder ein Fluch.

Als man draußen im Dorf vor Jahren das Schulhaus gebaut hatte, war dieses Weib mit ihrem Mann in die Gegend gekommen und hatte dabei geholfen, bis einst der Mann bei einer Steinsprengung getötet wurde. Seit dieser Zeit arbeitete sie nicht mehr, und sie zog auch nicht fort, sondern trieb sich umher, ohne daß man wußte, was sie tat und was sie wollte. Zum Arbeiten war sie nicht mehr zu bringen; sie schien geisteskrank zu sein.

Der Richter hatte die Mooswaberl schon mehrmals aus der Gemeinde gewiesen, aber sie war immer wieder zurückgekommen. „Sie würde nicht immer zurückgekommen sein“, sagte mein Vater, „wenn sie in dieser Gegend nichts gebettelt bekäme. So wird sie hier verbleiben, und wenn sie alt und krank ist, müssen wir sie auch hegen und pflegen; das ist ein Kreuz, welches wir uns selbst an den Hals gebunden haben.“

Die Mutter sagte nichts zu solchen Worten, sondern sie gab der Mooswaberl, wenn sie kam, immer das gewohnte Almosen, und heute etwas mehr, zu Ehren des hohen Festes.

Darum also war der kleine Streit zwischen Vater und Mutter, der aber alsogleich verstummte, als zwei Knechte mit dem Rauch- und Weihwassergefäß in das Haus kamen.

Nach dem Rauchen stellte der Vater ein Kerzenlicht auf den Tisch, Späne durften heute nur in der Küche gebrannt werden. Das Nachtmahl wurde schon wieder in der Stube eingenommen. Der Großknecht erzählte während desselben wundersame Geschichten.

Nach dem Abendmahl sang die Mutter ein Hirtenlied. So wonnevoll ich sonst diesen Liedern lauschte, heute dachte ich immer nur an den Kirchgang, und ich wollte durchaus schon das Sonntagskleidchen anziehen. Man sagte, es sei noch später Zeit dazu, aber endlich gab die Ahne meinem Drängen doch nach und zog mich an. Der Stallknecht kleidete sich sehr sorgsam in seinen Festtagsstaat, weil er nach dem Mitternachtsgottesdienst nicht nach Hause gehen, sondern im Dorf den Morgen abwarten wollte. Gegen neun Uhr waren auch die anderen Knechte und Mägde bereit und zündeten am Kerzenlicht eine Spanlunte an. Ich hielt mich an den Großknecht, und meine Eltern und meine Großmutter, welche daheim blieben, um das Haus zu hüten, besprengten mich mit Weihwasser und sagten, daß ich nicht fallen und nicht erfrieren möge.

Dann gingen wir.

Es war sehr finster, und die Lunte, welche der Stallknecht vorantrug, warf ihr rotes Licht in einer großen Scheibe auf den Schnee und auf den Zaun und auf die Steinhaufen und Bäume, an denen wir vorüberkamen. Mir kam dieses rote Leuchten, das zudem noch durch die großen Schatten unserer Körper unterbrochen war, grauenhaft vor, und ich hielt mich sehr ängstlich an den Großknecht, so daß dieser einmal sagte: „Aber hörst, meine Joppe mußt du mir lassen, was tät ich denn, wenn du mir sie abrissest?"

Der Pfad war eine Zeitlang sehr schmal, so daß wir hintereinander gehen mußten, wobei ich nur froh war, daß ich nicht der letzte war, denn ich bildete mir ein, daß dieser unendlichen Gefahren wegen der Gespenster ausgesetzt sein müsse.

Eine schneidende Luft ging, und die glimmenden Splitter der Lunte flogen weithin, und selbst als sie auf die harte Schneekruste fielen, glommen sie noch eine Weile fort.

Wir waren bisher über die Blößen und durch Gesträuch und Wälder abwärts gegangen, jetzt kamen wir zu einem Bach, den ich sehr gut kannte, er floß durch die Wiese, auf welcher wir im Sommer das Heu machten. Im Sommer rauschte dieser Bach sehr, aber heute hörte man ihn nur murmeln und gurgeln, weil er überfroren war. Auch an einer Mühle kamen wir vorüber, an welcher ich gar heftig erschrak, weil einige Funken auf das Dach flogen; aber auf dem Dach lag Schnee, und die Funken erloschen. Als wir eine Weile durch das Tal gegangen waren, verließen wir den Bach, und der Weg führte aufwärts durch einen finsteren Wald, in welchem der Schnee sehr seicht lag und keine so feste Kruste hatte wie auf den Blößen.

Endlich kamen wir zu einer breiten Straße, wo wir nebeneinander gehen konnten und wo wir dann und wann ein Schlittengeschelle hörten. Dem Stallknecht war die Lunte bereits bis zu der Hand herabgebrannt, und er zündete nun eine neue an, die er vorrätig hatte. Auf der Straße sah man nun auch mehrere andere Lichter, große rote Fackeln, die heranloderten, als schwämmen sie in der schwarzen Luft, und hinter denen nach und nach ein Gesicht und mehrere Gesichter auftauchten, von Kirchengehern, die sich nun auch zu uns gesellten. Und wir sahen Lichter von anderen Bergen und Höhen, die noch so weit entfernt waren, daß wir nicht erkennen konnten, ob sie standen oder sich bewegten.

So gingen wir weiter. Der Schnee knirschte unter unseren Füßen, und wo ihn der Wind weggetragen hatte, da war der schwarze Fleck des nackten Bodens so hart, daß unsere Schuhe an ihm klangen. Die Leute sprachen und lachten viel, aber mir war, als sei das in der heiligen Christnacht gar nicht recht; ich dachte nur immer schon an die Kirche und wie das doch sein werde, wenn mitten in der Nacht Musik und ein Hochamt ist.

Als wir eine lange Weile auf der Straße fortgegangen und an einzelnen Bäumen und an Häusern vorüber und dann wieder über Felder und durch einen Wald gekommen waren, hörte ich auf den Baumwipfeln plötzlich ein leises Klingen. Als ich horchen wollte, hörte ich es nicht, aber bald darauf hörte ich es wieder und deutlicher als das erstemal. Es war der Ton des kleinen Glöckleins vom Turm der Kirche. Die Lichter, die wir nun auf den Bergen und im Tal sahen, wurden immer häufiger, und nun merkten wir es auch, daß sie alle der Kirche zueilten. Auch die kleinen, ruhigen Sterne der Laternen schwebten heran, und auf der Straße wurde es immer lebhafter. Das kleine Glöcklein wurde durch ein größeres abgelöst, und das läutete so lange, bis wir fast nahe zur Kirche kamen. – Also war es doch wahr, wie die Ahne gesagt hatte: Um Mitternacht fangen die Glocken zu läuten an und läuten so lange, bis aus den fernen Tälern der letzte Bewohner der Hütten zur Kirche kommt.

Die Kirche steht auf einem mit Birken und Tannen bewachsenen Hügel, und um sie liegt der kleine Friedhof, welcher mit einer niederen Mauer umgeben ist. Die wenigen Häuser stehen im Tal.

Als die Leute an die Kirche gekommen waren, steckten sie ihre Lunten umgekehrt in den Schnee, daß sie erloschen, nur eine wurde zwischen zwei Steine der Friedhofsmauer geklemmt und brennen gelassen.

Jetzt klang auf dem Turm in langsamem, gleichmäßigem Wiegen schon die große Glocke. Aus den schmalen, hohen Kirchenfenstern fiel heller Schein. Ich wollte in die Kirche, aber der Großknecht sagte, es habe noch Zeit, und blieb stehen und sprach und lachte mit anderen Burschen und stopfte sich eine Pfeife an.

Endlich klangen alle Glocken zusammen, in der Kirche begann die Orgel zu tönen, und nun gingen wir hinein.

Das sah ganz anders aus als an den Sonntagen. Die Lichter, die auf dem Altar brannten, waren hellweiße, funkelnde Sterne, und der vergoldete Tabernakel strahlte gar herrlich zurück. Die Ampel des Ewigen Lichtes war rot. Der obere Raum der Kirche war so dunkel, daß man die schönen Verzierungen des Schiffes nicht sehen konnte. Die dunklen Gestalten der Menschen saßen in den Stühlen oder standen neben denselben; die Weiber waren sehr in Tücher eingeschlagen und husteten. Viele hatten Kerzen vor sich brennen und sangen aus ihren Büchern mit, als auf dem Chor das Tedeum ertönte. Der Großknecht führte mich durch die zwei Reihen der Stühle gegen einen Nebenaltar, wo schon mehrere Leute standen. Dort hob er mich auf einen Schemel zu einem Glaskasten empor, der, von zwei Kerzen beleuchtet, zwischen zwei aufgesteckten Tannenwipfeln stand und den ich früher, wenn ich mit den Eltern in die Kirche kam, nie gesehen hatte. Als mich der Großknecht auf den Schemel gehoben hatte, sagte er mir leise ins Ohr: „So, jetzt kannst das Krippel anschauen." Dann ließ er mich stehen, und ich schaute durch das Glas. Da kam ein Weiblein zu mir herbei und sagte leise: „Ja, Kind, wenn du das anschauen willst, so muß dir's auch jemand auslegen." Und sie erklärte mir die kleinen Gestalten.

Ich sah die Dinge an. Außer der Mutter Maria, welche über den Kopf ein blaues Tuch geschlagen hatte, das bis zu den Füßen hinabging, waren alle Gestalten, welche Menschen vorstellen sollten, so gekleidet wie unsere Knechte oder wie ältere Bauern. Der heilige Joseph selbst trug grüne Strümpfe und eine kurze Gamslederhose.

Als das Tedeum zu Ende war, kam der Großknecht wieder, hob mich von dem Schemel, und wir setzten uns in einen Stuhl. Dann ging der Kirchenmann herum und zündete alle Kerzen an, die in der Kirche waren, und jeder Mensch, auch der Großknecht, zog nun ein Kerzlein aus dem Sack und zündete es an und klebte es vor sich auf das Pult. Jetzt war es so hell in der Kirche, daß man auch die vielen schönen Verzierungen an der Decke genau sehen konnte.

Auf dem Chor stimmte man Geigen und Trompeten und Pauken, und als an der Sakristeitür das Glöcklein klang und der Pfarrer in funkelndem Meßkleid, begleitet von Ministranten und rotbemäntelten Windlichtträgern, über den purpurroten Fußteppich zum Altare ging, da rauschte die Orgel in ihrem ganzen Vollklang, da wirbelten die Pauken und schmetterten die Trompeten.

Weihrauch stieg auf und hüllte den ganzen lichterstrahlenden Hochaltar in einen Schleier. – So begann das Hochamt, und so strahlte und tönte und klang es um Mitternacht. Beim Offertorium waren alle Instrumente still, nur zwei helle Stimmen sangen ein liebliches Hirtenlied, und während des Benediktus jodelten eine Klarinette und zwei Flügelhörner langsam und leise den Wiegengesang. Während des Evangeliums und der Wandlung hörte man auf dem Chor den Kuckuck und die Nachtigall wie mitten im sonnigen Frühling.

Tief nahm ich sie auf in meine Seele, die wunderbare Herrlichkeit der Christnacht, aber ich jauchzte nicht auf vor Entzücken, ich blieb ernst, ruhig, ich fühlte die Weihe.

Aber während die Musik tönte, dachte ich an Vater und Mutter und Großmutter daheim. Die knien jetzt um den Tisch bei dem einzigen Kerzenlichtlein und beten, oder sie schlafen gar, und es ist finster in der Stube, und nur die Uhr geht, sonst ist es still, und es liegt eine tiefe Ruhe über den waldigen Bergen, und die Christnacht ist ausgebreitet über die ganze Welt.

Als endlich das Amt seinem Ende nahte, erloschen nach und nach die Kerzlein in den Stühlen, und der Kirchenmann ging wieder herum und dämpfte mit seinem Blechkäppchen an den Wänden und Bildern und Altären die Lichter aus. Die am Hochaltar brannten noch, als auf dem Chor der letzte freudenreiche Festmarsch erscholl und sich die Leute aus der weihrauchduftenden Kirche drängten.

Als wir in das Freie kamen, war es trotz des dichten Nebels, der sich von den Bergen niedergesenkt hatte, nicht mehr ganz so finster wie vor Mitternacht. Es mußte der Mond aufgegangen sein; man zündete keine Fackeln mehr an. Es schlug ein Uhr, aber der Schulmeister läutete schon die Betglocke zum Christmorgen.

Ich warf noch einen Blick auf die Kirchenfenster; aller Festglanz war erloschen, ich sah nur mehr den matten, rötlichen Schimmer des Ewigen Lichtes.

Als ich mich dann wieder an den Rock des Großknechtes halten wollte, war der Knecht nicht mehr da, einige fremde Leute waren um mich, die miteinander sprachen und sich sofort auf den Heimweg machten. Mein Begleiter mußte schon voraus sein; ich eilte ihm nach, lief schnell und an mehreren Leuten vorüber, auf daß ich ihn bald einhole. Ich lief, so sehr es meine kleinen Füße konnten, ich kam durch den finsteren Wald, und ich kam über Felder, über welche scharfer Wind blies, so daß ich, wie warm mir sonst war, von Nase und

Ohren fast nichts mehr fühlte. Ich kam an Häusern und Baumgruppen vorüber, die Leute, die früher noch auf der Straße gegangen waren, verloren sich nach und nach, und ich war allein, und den Großknecht hatte ich noch immer nicht erreicht. Ich dachte, daß er auch hinter mir sein könne, doch ich beschloß, geradewegs nach Hause zu eilen. Auf der Straße lagen hie und da schwarze Punkte: die Kohlen der Spanfackeln, welche die Leute auf dem Kirchweg abgeschüttelt hatten. Die Gesträuche und Bäumchen, die neben dem Weg standen und unheimlich aus dem Nebel emportauchten, beschloß ich gar nicht anzusehen, ich fürchtete mich davor. Besonders in Angst war ich, sooft ein Pfad quer über die Straße ging, weil das ein Kreuzweg war, an dem in der Christnacht gern der Böse steht und klingende Schätze bei sich hat, um arme Menschenkinder dadurch mit sich zu locken. Der Stallknecht hatte zwar gesagt, er glaube nicht daran, aber geben mußte es denn doch dergleichen Dinge, sonst könnten die Leute nicht so viel davon sprechen. – Ich war aufgeregt, ich wendete meine Augen nach allen Seiten, ob nicht irgendwo ein Gespenst auf mich zukomme. Endlich nahm ich mir vor, gar nicht mehr an solches Zeug zu denken, aber je fester ich das beschloß, desto mehr dachte ich daran.

Nun war ich zum Pfad gekommen, der mich von der Straße abwärts durch den Wald und in das Tal führen sollte. Ich bog ab und eilte unter den langästigen Bäumen dahin. Die Wipfel rauschten stark, und dann und wann fiel ein Schneeklumpen neben mir nieder. Stellenweise war es auch so finster, daß ich kaum die Stämme sah, wenn ich nicht an dieselben stieß, und daß ich den Pfad verlor. Letzteres war mir ziemlich gleichgültig, denn der Schnee war sehr seicht, auch war anfangs der Boden hübsch glatt; aber allmählich begann er steil und steiler zu werden, und unter dem Schnee war viel Gestrüpp und hohes Heidekraut. Die Baumstämme standen nicht mehr so regelmäßig, sondern zerstreut, manche schief hängend, manche mit aufgerissenen Wurzeln an anderen lehnend, manche mit wild und wirr aufragenden Ästen am Boden liegend. Das hatte ich nicht gesehen, als wir aufwärts gingen. Ich konnte oft kaum weiter, ich mußte mich durch das Gesträuch und Geäst durchwinden. Oft brach der Schnee ein, das steife Heidekraut reichte mir bis zur Brust heran. Ich sah ein, daß ich den rechten Weg verloren hatte, aber war ich nur erst im Tal und beim Bach, dann ging ich diesen entlang aufwärts, und da mußte ich endlich doch zur Mühle und zu unserer Wiese kommen.

Schneeschollen fielen mir in das Rocksäcklein, Schnee legte sich an die Höschen und Strümpfe, und das Wasser rann mir in die Schuhe hinab. Zuerst war ich durch das Klettern über das Gefälle und das Kriechen im Gesträuch müde geworden, aber nun war auch die Müdigkeit verschwunden; ich achtete nicht den Schnee, und ich achtete nicht das Heidekraut und Gesträuch, das mir oft rauh über das Gesicht fuhr, sondern ich eilte weiter. Oft fiel ich zu Boden, aber ich raffte mich schnell auf. Auch alle Gespensterfurcht war weg; ich dachte an nichts als an das Tal und an unser Haus. Ich wußte nicht, wie lange ich mich so durch die Wildnis fortwand, aber ich fühlte mich kräftig und behendig, die Angst trieb mich vorwärts.

Plötzlich stand ich vor einem Abgrund. In dem Abgrund lag grauer Nebel, aus welchem einzelne Baumwipfel emportauchten. Um mich hatte sich der Wald gelichtet, über mir war es heiter, und am Himmel stand der Halbmond. Mir gegenüber und weiter im Hintergrund waren nichts als seltsame, kegelförmige Berge.

Unten in der Tiefe mußte das Tal mit der Mühle sein; mir war, als hörte ich das Tosen des Baches, aber es war das Rauschen des Windes in den jenseitigen Wäldern. Ich ging rechts und links und suchte einen Fußsteig, der mich abwärts führte, und ich fand eine Stelle, an welcher ich mich durch Geröll, welches vom Schnee befreit dalag, und durch Wacholdergesträuche hinablassen zu können vermeinte. Das gelang mir auch eine Strecke, doch noch zur rechten Zeit hielt ich mich an eine Wurzel, fast wäre ich über eine senkrechte Wand gestürzt. Nun konnte ich nicht mehr vorwärts. Ich ließ mich aus Mattigkeit zu Boden. In der Tiefe lag der Nebel mit den schwarzen Baumwipfeln. Außer dem Rauschen des Windes in den Wäldern hörte ich nichts. Ich wußte nicht, wo ich war. – Wenn jetzt ein Reh käme, ich würde es fragen nach dem Weg, vielleicht könnte es ihn mir weisen, in der Christnacht reden ja Tiere menschliche Sprache!

Ich erhob mich, um wieder aufwärts zu klettern; ich machte das Geröll locker und kam nicht vorwärts. Mich schmerzten Hände und Füße. Nun stand ich still und rief, so laut ich konnte, nach dem Großknecht. Meine Stimme fiel von den Wäldern und Wänden langgezogen und undeutlich zurück.

Dann hörte ich wieder nichts als das Rauschen des Windes.

Der Frost schnitt mir in die Glieder.

Nochmals rief ich mit aller Macht den Namen des Großknechtes. Wieder nichts als der langgezogene Widerhall. Nun überkam mich eine fürchterliche Angst. Ich rief schnell hintereinander meine Eltern, meine Ahne, alle Knechte und Mägde unseres Hauses. Es war vergebens.

Nun begann ich kläglich zu weinen.

Bebend stand ich da, und mein Körper warf einen langen Schatten schräg abwärts über das nackte Gestein. Ich ging an der Wand hin und her, um mich etwas zu erwärmen, ich betete laut zum heiligen Christkind, daß es mich erlöse.

Der Mond stand hoch am dunklen Himmel.

Ich konnte nicht mehr weinen und beten, ich konnte mich auch kaum mehr bewegen, ich kauerte mich zitternd an einen Stein und dachte: Nun will ich schlafen, das ist alles nur ein Traum, und wenn ich erwache, bin ich daheim oder im Himmel.

Da hörte ich plötzlich ein Knistern über mir im Wacholdergesträuch, und bald darauf fühlte ich, wie mich etwas berührte und emporhob. Ich wollte schreien, aber ich konnte nicht, die Stimme war wie eingefroren. Aus Furcht und Angst hielt ich die Augen fest geschlossen. Auch Hände und Füße waren mir wie gelähmt, ich konnte sie nicht bewegen. Mir war warm, und mir kam vor, als ob sich das ganze Gebirge mit mir wiegte. –

Als ich zu mir kam und erwachte, war noch Nacht, aber ich stand an der Tür meines Vaterhauses, und der Kettenhund bellte heftig. Eine Gestalt hatte mich auf den festgetretenen Schnee gleiten lassen, pochte dann mit dem Ellbogen gewaltig an die Tür und eilte davon. Ich hatte diese Gestalt erkannt – es war die Mooswaberl gewesen.

Die Tür ging auf, und die Ahne stürzte mit den Worten auf mich zu: „Jesus Christus, da ist er ja!"

Sie trug mich in die warme Stube, aber von dieser schnell wieder zurück in das Vorhaus; dort setzte sie mich auf einen Trog, eilte dann hinaus vor die Tür und machte durchdringliche Pfiffe.

Sie war ganz allein zu Hause. Als der Großknecht von der Kirche zurückgekommen war und mich daheim nicht gefunden hatte, und als auch die anderen Leute kamen und ich bei keinem war, gingen sie alle hinab in den Wald und in das Tal und jenseits hinauf zur Straße und nach allen Richtungen. Selbst die Mutter war mitgegangen und hatte überall, wo sie ging und stand, meinen Namen gerufen.

Nachdem die Ahne glaubte, daß es mir nicht mehr schädlich sein konnte, trug sie mich wieder in die warme Stube, und als sie mir die Schuhe und Strümpfe auszog, waren diese ganz zusammen- und fast an die Füße gefroren. Hierauf eilte sie nochmals ins Freie und machte wieder ein paar Pfiffe und brachte dann in einem Kübel Schnee herein und stellte mich mit bloßen Füßen in diesen Schnee. Als ich in dem Schnee stand, fühlte ich in den Zehen einen so heftigen Schmerz, daß ich stöhnte, aber die Ahne sagte: „Das ist schon gut, wenn du Schmerz hast, dann sind dir die Füße nicht erfroren."

Bald darauf strahlte die Morgenröte durch das Fenster, und nun kamen nach und nach die Leute nach Hause, zuletzt aber der Vater, und zuallerletzt, als schon die rote Sonnenscheibe über der Wechselalpe aufging und als die Ahne unzählige Male gepfiffen hatte, kam die Mutter. Sie ging an mein Bettlein, in welches ich gebracht worden war und an welchem der Vater saß. Sie war ganz heiser.

Sie sagte, daß ich nun schlafen sollte, und verdeckte das Fenster mit einem Tuch, auf daß mir die Sonne nicht in das Gesicht scheine. Aber der Vater meinte, ich solle noch nicht schlafen, er wolle wissen, wie ich mich von dem Knecht entfernt habe, ohne daß er es merkte, und wo ich herumgelaufen sei? Ich erzählte sofort, wie ich den Pfad verloren hatte, wie ich in die Wildnis kam, und als ich von dem Mond und von den schwarzen Wäldern und von dem Windrauschen und von dem Felsenabgrund erzählte, da sagte der Vater halblaut zu meiner Mutter: „Weib, sagen wir Gott Lob und Dank, daß er da ist, er ist auf der Trollwand gewesen!"

Nach diesen Worten gab mir die Mutter einen Kuß auf die Wangen, wie sie nur selten tat, und dann hielt sie ihre Schürze vor das Gesicht und ging davon.

„Ja, du Donnersbub, und wie bist denn heimkommen?" fragte mich der Vater. Darauf sagte ich, daß ich das nicht wisse, daß ich nach langem Schlafen und Wiegen auf einmal vor der Haustür gewesen und daß die Mooswaberl neben mir gestanden. Der Vater fragte mich noch einmal über diesen Umstand, aber ich antwortete, daß ich nichts Genaueres darüber sagen könne.

Nun sagte der Vater, daß er in die Kirche zum Hochgottesdienst gehe, weil heute der Christtag sei, und daß ich schlafen solle.

Ich muß darauf viele Stunden geschlafen haben, denn als ich erwachte, war draußen Dämmerung, und in der Stube war es fast finster. Neben meinem Bett saß die Ahne und nickte, von der Küche herein hörte ich das Prasseln des Herdfeuers.

Später, als die Leute beim Abendmahl saßen, war auch die Mooswaberl am Tisch.

Auf dem Kirchhof, über dem Grabhügel ihres Mannes, war sie während des Vormittagsgottesdienstes gekauert, da trat nach dem Hochamt mein Vater zu ihr hin und nahm sie mit in unser Haus.

Über die nächtliche Begebenheit brachte man nicht mehr von ihr heraus, als daß sie im Wald das Christkind gesucht habe; dann ging sie einmal zu meinem Bett und sah mich an, und ich fürchtete mich vor ihren Blicken.

In dem hinteren Geschoß unseres Hauses war eine Kammer, in welcher nur altes, unbrauchbares Gerät und viel Spinngewebe war.

Diese Kammer gab mein Vater der Mooswaberl zur Wohnung und stellte ihr einen Ofen und ein Bett und einen Tisch hinein.

Und sie blieb bei uns. Oft strich sie noch in den Wäldern umher und brachte Moos heim, dann ging sie wieder hinaus zur Kirche und saß stundenlang auf dem Grabhügel ihres Mannes, von dem sie nicht mehr fortzuziehen vermochte in ihre ferne Gegend, in der sie wohl auch einsam und heimatlos gewesen wäre wie überall. Über ihre Verhältnisse war nichts Näheres zu erfahren, wir vermuteten, daß das Weib einst glücklich und sicher bei voller Vernunft gewesen war und daß der Schmerz über den Verlust des Gatten ihr den Verstand geraubt hatte.

Wir hatten sie alle lieb, weil sie ruhig und mit allem zufrieden lebte und niemandem das geringste Leid zufügte. Nur der Kettenhund wollte sie immer noch nicht sichern, der bellte und zerrte überaus heftig an der Kette, sooft sie über den Anger ging. Aber das war von dem Tiere anders gemeint; als einmal die Kette riß, stürzte der Hund auf das Weib zu, sprang ihm winselnd an die Brust und leckte ihm die Wangen.

Da kam einmal in den Spätherbsttagen, an welchen die Mooswaberl fast ununterbrochen auf dem Grabhügel saß, eine Zeit, in welcher unser Kettenhund, statt lustig zu bellen, stundenlang heulte, so daß meine Ahne, die indes schon mühselig geworden war, sagte: „Schau, jetzt wird in unserer Gegend herum bald einmal wer sterben, weil der Hund gar so heent (jammert, jault); tröste ihn Gott!“

Und nach kurzer Zeit wurde die Mooswaberl krank, und als die Winterszeit gekommen war, starb sie.

In ihren letzten Augenblicken hielt sie noch meinen Vater und meine Mutter an der Hand und sprach die Worte: „Vergelt's euch Gott zu tausend- und zu tausendmal, bis in den Himmel hinauf!"

Was bei den Sternen war

Selbst der Naturforscher gibt es diesmal zu, was der Poet behauptet, daß nämlich im Waldland die Sterne heller leuchten als sonstwo. Das macht die reine, feuchte Luft, sagt der eine; der andere hingegen meint, der kindliche Glaube der Einschichtbewohner sei Ursache, daß der Sternenhimmel so hell und hold niederfunkle auf den weiten, stillen Wald.

Hat doch mein Vater zu mir gesagt, als wir noch beisammen auf dem Holzbänklein unter der Tanne gesessen:

„Du bist mein liebes Kind. Und jetzt schau zum Himmel hinauf, die Augen Gottes blicken auf uns herab."

Ei freilich, ich konnte mir's wohl denken, einer, der auf des Menschen Haupt die Haare zählt, muß hunderttausend Augen haben. Nun war es aber schön zu sehen, wie mir der liebe Gott mit seinen Augen zublinzelte, als wollte er mir was zu verstehen geben; ja, und ich konnte es doch um alles nicht erraten, was er meinte. – Ich nahm mir wohl vor, recht brav und folgsam zu sein, besonders bei Nacht, wenn Gott da oben seine hunderttausend Augen auftut und die guten Kinder zählt und die bösen sucht und recht scharf anschaut, auf daß er sie kennt am Jüngsten Tage...

Ein andermal saß ich auf demselben Holzbänkchen unter der Tanne, an der Seite meiner Mutter. Es war bereits spät Abendstunde, und die Mutter sagte zu mir:

„Du bist ein kleiner Mensch, und die kleinen Leute müssen jetzt schon ins Bett gehen, schau, es ist ja die finstere Nacht, und die Engel zünden schon die Lichter an, oben in unseres Herrgotts Haus."

Mit solchen Worten ein Kind zur Ruhe bringen? Das war übel geplant.

„In unseres Herrgotts Haus die Lichter?" fragte ich, sofort durchaus für den Gegenstand eingenommen.

„Freilich“, entgegnete die Mutter, „jetzt gehen alle Heiligen von der Kirche heim, und im Haus ist eine große Tafel, und da setzen sie sich zusammen und essen und trinken was, und die Englein fliegen geschwind herum und zünden alle Lichter an und den großen Kronleuchter auch, der mitten hängt, und nachher laufen sie zu den Pfeifen und Geigen und machen Musik.“

„Musik?“ entgegnete ich, in die Anschauung des Bildes versunken. „Und der Wollzupfer-Michel, ist der auch dabei?“

Der Wollzupfer-Michel war ein alter, blinder Mann gewesen, der bei uns Waldbauern das Gnadenbrot genossen und dafür zuweilen Schafwolle gezupft und gekraut hatte. Wenige Wochen vor diesem Abendgespräch war er gestorben.

„Ja du“, versetzte die Mutter auf meine Frage, „der Wollzupfer-Michel, der sitzt ganz voran bei unserem lieben Herrgott selber, und er ist hoch in Ehren gehalten von allen Heiligen, weil er auf der Welt so arm gewesen und so verachtet und im Elend hat leben müssen, und weil er doch alles so geduldig ertragen hat.“

„Wer gibt ihm denn beim Essen auf den Teller hinaus?“ war meine weitere Frage.

„Nun, wer denn?“ meinte die Mutter, „das wird schon sein heiliger Schutzengel tun.“ Sogleich aber setzte sie bei: „Du Närrisch, der Michel braucht jetzt ja gar keine Behelfer mehr, im Himmel ist er ja nimmer blind; im Himmel sieht er seinen Vater und seine Mutter, die er auf der Welt niemalen hat gesehen. Und er sieht den lieben Herrgott selber und Unsere Liebe Frau und alle, und zu uns sieht er auch herab. Ja freilich, mit dem Michel hat's gar eine glückselige Wendung genommen, und hell singen und tanzen wird er bei der himmlischen Musik, weil der heilige David harfenspielen tut.“

„Tanzen?“ wiederholte ich und suchte mit meinen Augen das Firmament ab.

„Und jetzt, Bübel, geh schlafen!“ mahnte die Mutter. Wohl machte ich die Einwendung, daß sie im Himmel erst die Lichter angezündet hätten und also gewißlich auch noch nicht schlafen gingen; aber die Mutter versetzte mit entschiedenem Ton, im Himmel könnten sie machen, was sie wollten, und wenn ich fein brav wäre und einmal in den Himmel käme, so könnte ich auch machen, was ich wollte.

Ging zu Bett und hörte in selbiger Nacht die lieben Englein singen.

Wieder ein andermal saß ich mit der Ahne auf der hölzernen Bank unter den Tannen.

„Guck, mein Bübel“, sagte sie, gegen das funkelnde Firmament weisend, „dort über das Hausdach hin, das ist dein Stern.“

Ein helles, flimmerndes Sternchen stand oft und auch heute wieder über dem Giebel des Hauses; aber daß selbes mein Eigentum wäre, hörte ich von der Ahne das erstemal.

„Freilich“, belehrte sie weiter, „jeder Mensch hat am Himmel seinen Stern, das ist sein Glücksstern oder sein Unglücksstern. Und wenn ein Mensch stirbt, so fällt sein Stern vom Himmel.“ Todeserschrocken war ich, als gerade in diesem Augenblick vor unseren Augen eine Sternschnuppe sank.

„Wer ist jetzt gestorben?“ fragte ich, während ich sogleich schaute, ob mein Sternchen wohl noch über dem Dachgiebel stehe. „Kind“, sagte die alte Ahne, „die Welt ist weit, und hätten wir nur Ohren dazu, wir täten Tag und Nacht nichts hören als Totenglockenklingen.“

Focht mich dieweilen nicht an.

„Ahndl“, fragte ich; denn Kinder, die in ihrem Haupt so viel Raum für Vorstellungen und Eindrücke haben, sind unermüdlich im Fragen, „Ahndl, wo hast denn du deinen Stern?“

„Mein Kind“, antwortete sie, „der ist schon völlig im Auslöschen, den sieht man nimmer.“

„Und ist das ein Glücksstern gewesen?“

Da schloß sie mich an ihre Brust und hauchte: „Wird wohl so sein, du herzlieber Enkel, wird wohl so sein!“

Ein alter Schuhmacher kam zuweilen in unser Haus, der redete wie ein Heide. Wir Menschen, meinte der alte Schuhmacher, kämen nach dem Tode weder in den Himmel noch in die Hölle, sondern auf einen Stern, wo wir so wie auf dieser Welt wieder geboren würden und je nach Umständen weiterlebten.

Das Närrischste aber sagte schon der Schulmeisterssohn aus Grabenbach, der als Student einmal zu uns kam. Der schwätzte von Bären und Hunden und Wasserschlangen, die da oben am Himmel herumliefen, und ein Widder und ein Walfisch sei auch dabei; und gar eine Jungfrau wollte er durch seine Augengläser gesehen haben. Dieser Schulmeisterssohn war schuld daran, daß mich mein Vater nicht studieren lassen wollte.

„Wenn sie solche Narrheiten lernen in der Stadt", sagte mein Vater, „daß sie auf unseres Herrgotts goldnem Firmament lauter wilde Tiere sehen, nachher hab ich genug. Mein Bub, der bleibt daheim."

Eine junge Magd hatten wir im Haus; die war gescheit, die hat einmal was gesagt, was mir heute das Herz noch warm macht. Sie hatte es sicherlich von ihrem alten Ziehvater, der so ein Waldgrübler gewesen war. Der Mann hat etwas Wundersames in seinem Kopf gehabt; er wäre gern Priester geworden, aber blutarm, wie er war, sind ihm alle Wege dazu verlegt gewesen. Da wurde er Kohlenbrenner. Ich habe den Alten oft heimlich belauscht, wenn er auf seinem Kohlenmeiler stand und Messe las, oder wenn er den Vögeln des Waldes vorbetete wie voreinst der heilige Franziskus in der Wüste. Von diesem Mann mag unsere junge Magd das seltsame Wort gehört haben.

„Der Sternenhimmel da oben", sagte sie einmal, „das ist ein großmächtiger Liebesbrief mit goldenen und silbernen Buchstaben. Fürs erste hat ihn der liebe Herrgott den Menschen geschrieben, daß sie doch nicht ganz auf ihn vergessen sollten. Fürs zweite schreiben ihn die Menschen füreinander. Das ist so. Wenn zwei Leut, die sich rechtschaffen liebhaben, weit auseinander müssen, so merken sie sich vorher einen hellen Stern, den sie beide von aller Fremde aus sehen können, und auf dem ihre Augen zusammenkommen. Dasselbig funkelnde Ding dort", setzte die Magd leise und ein wenig zögernd bei, indem sie auf ein glühend Sternlein deutete, das hoch über dem Waldrand stand, „dasselbig Ding, das schaut zu dieser jetzigen Stund auch der Hans an, der weit drin im Welschland ist bei den Soldaten. Ich weiß wohl, er wird nicht darauf vergessen, es glänzt wie kein Stern so hell auf dem ganzen Firmament."

Eines Tages mußte ich am Waldrand spätabends noch die Rinder weiden, die tagsüber im Joch gegangen waren. Sonst war in solchen Stunden die lieb Ahne bei mir, aber die war nun seit länger unwohl und mußte zu Hause bleiben. Jedoch hatte sie mir versprochen, oftmals vor das Haus herauszutreten und den Hühnerpfiff zu tun, damit mir in der einschichtigen stillen Nacht nicht zu grauen beginne.

Ich stand zagend neben meinen zwei Rindern, die auf der taunassen Wiese eifrig grasten, aber ich hörte heute keinen jener lustigen Pfiffe, welche meine Ahne mittels zweier Finger, die sie in den Mund legte, so vortrefflich zu machen verstand, gewöhnlich zu dem Zwecke, um die Hühner damit zusammenzulocken.

Das Haus lag still und traurig oben auf dem Berg. Von der tiefen Schlucht herauf hörte ich das Rieseln des Wässerleins, das ich sonst noch nie vernommen hatte. Hingegen schwiegen heute die Grillen ganz und gar. Ein Uhu rief im Wald und erschreckte mich dermaßen, daß ich die Hörner des Rindes erhaschte und dieselben gar nicht mehr loslassen wollte.

Der Sternenhimmel hatte heute einen so heiligen Ernst; mir war, als hörte ich durch die große Stille das Saitenspiel des heiligen Sängers David klingen. – Siehe, da löste sich plötzlich ein Stern und fiel in einem scharfen Silberfaden, der gerade über unser Haus niederging, vom Himmel herab.

Mir zuckte es heiß durchs Herz, mir blieb der Atem stehen. „Jetzt ist die Ahne gestorben!“ sagte ich endlich laut, das ist ihr Stern gewesen. Ich hub an zu schluchzen. Da hörte ich vom Haus her bereits des Vaters Stimme, ich sollte eilends heimzu treiben.

Bald jagte ich in den Hof ein. Das Haus war in allen Fenstern beleuchtet; ein Geräusch und Gepolter war, und Leute eilten hin und her nach allen Ecken und Winkeln.

„Geschwind, Peterle, geh her!“ rief es mir von der Tür aus zu, und das war die Stimme der Ahne. Ich lief in das Haus – was hab ich gehört? Kleinkindergeschrei.

„Ein Brüderlein hast 'kriegt“, rief die Ahne, „das hat ein Engel vom Himmel gebracht!“

So war es. Mutter lag schon im Bett, und sie hielt das winzige Kindlein an der Brust.

Ein Engel vom Himmel! Ja, ich habe ihn fliegen gesehen.

„Ahndl“, sagte ich, „es ist nicht wahr, daß Sterne fallen, lauter Engel sind es, die mit kleinen Kindlein niederfliegen vom Himmel!“

Ich verharre bei diesem Glauben noch heute, da ich vor einer Wiege stehe, in die mir selbst ein liebes himmlisches Wunder gegeben ist.

Wie ich mit der Thresel ausging und mit dem Maischel heimkam

Die Kramer-Thresel, das war eine der acht Seligkeiten meiner Kindheit. Sie war ein altes Weib, und das war ein Glück, denn die *jungen* Weiber jener Gegend tragen ihre Seligkeiten nicht auf dem Rücken umher, wie das die Kramer-Thresel tat, und die jungen Weiber bieten ihre Schätze nicht an Knaben unter siebzehn Jahren aus, wie das die Kramer-Thresel tat. Sie trug eine braune Holzkraxe auf ihrem krummen Rücken, in derselben waren der Schubladen drei oder vier, und obendrauf lag noch ein großes blaues Bündel festgebunden.

Wenn wir Kinder etwas recht Braves, recht unerhört Braves taten, so sprach aus dem Munde unserer guten Mutter der Geist der Verheißung. „Kinder“, sprach er, „wenn einmal die Kramer-Thresel kommt, so will ich euch was kaufen.“

Da huben wir denn allemal ein Freudengeschrei an und stampften mit den Füßen, bis die Mutter wieder sagte: „Ja, wenn ihr ein solches Getös macht, da werde ich euch nichts kaufen!“

Alsogleich war's still, daß man ein Mäuschen hätte laufen hören können, wenn eins gelaufen wäre. Aber die Mäuse kamen nur in der Mitternacht hervor – und die Kramer-Thresel kam gar nicht.

Heißt das, sie kam. Seit urewigen Zeiten kam sie des Jahres ein- oder zweimal in unser Haus, wir selbst hatten das schon erlebt, doch so unbeschreiblich langsam ging die Zeit dahin, daß uns Kindern zwischen Frühjahr und Herbst und zwischen Herbst und Frühjahr eine blaue Ewigkeit lag, in der die Mythe von der Kramer-Thresel schwamm und verschwamm wie eine Lerche im Himmelsblau.

Und einmal mitten im Winter, an einem ganz gewöhnlichen Tag, da der Vater im Stall die Ochsen striegelte und die Mutter in der Stube spann und meine kleineren Geschwister sich einer zerbrochenen Spule wegen auf dem Fletz (Fußboden) herumbalgten und ich Feldrüben in den Schweinstrog schnitt, im Busen den Trieb, mich an dem Kampf zu beteiligen – ging die Tür auf, und sie war da.

Die Kramer-Thresel. Und als aus ihrer Kraxe die Schubladen mit den Taschenfeiteln und den Mundharmoniken, und den Tabakspfeifen und den hellrot angemalten Spielkästlein, und den messingenen Hosenknöpfen und Hafteln, und den bunten Zwirnsträhnen und Nähzeug, und den feingeschnitzten

Holzlöffeln, und den Stehaufmandeln und allem, allem auf unserem Tisch ausgestellt waren und wir Kinder mit Poltern und Stoßen ringsumher die Bänke besetzten und Augen und Mund auftaten, da sah ich erst ein, was dieser Tag für ein grauenhaftes Loch gehabt hätte, wenn die Kramer-Thresel nicht gekommen wäre.

Mein Sinn stand nach allem, obzwar ich mir sofort klarstellte: Alles kannst nicht haben, den Himmel kriegst erst, wenn du gestorben bist, aber auf eins setz dich fest. – Meine Hand zuckte nach einem Rößlein, das auf einem Brettchen stand, welches vier „Radeln" hatte. Das Rößlein war ziegelrot angestrichen und hatte an den Weichen weiße Blumen.

Und im Sattel saß ein blauer Reiter, der hatte einen großen Schnurrbart im Gesicht und sogar Augen und einen wirklichen Federbusch auf.

„Laß stehen, Bub, und greif nicht alles an!" verwies mir die Mutter, aber die Kramer-Thresel, welche so gütig und geduldig war wie Unsere Liebe Frau, sagte: „Oh, das macht nichts, tu's nur angreifen, das Zeugl, schau, der Husar reitet dir schon entgegen!" und schupfte das Rößlein, daß es zu mir über den Tisch herrollte.

„Haben ja kein Geld nicht", bemerkte die Mutter.

Die Kramer-Thresel überhörte zum Glück das gefährliche Wort, sie machte einen Deuter auf mich und sagte: „Das ist gewiß das ausbündige Bübel, das lesen und rechnen kann und allerhand Gedichtet's austüpfelt, wie's die Leut verzählen."

„Ja", antwortete die Mutter, ohne das Spinnrad auch nur einen Augenblick stehenzulassen, „austüpfeln kann er schon was, wenn er nur nicht so schlimm sein tät!"

„'s selb glaub ich nicht, daß er schlimm ist", meinte die Thresel, „weißt was, Waldbäurin, das Bübel kunntst mir leihen. – Ganz ernster Weis, Waldbäurin. Meine Tochter, die hat bei den Geißen heimbleiben müssen, und jetzt bin ich morgen auf dem Rattner Kirchtag hell allein. Der Kramerstand (Kramladen im Freien) ist just nicht klein, Leut sind viel, und ist allemal ein Gedräng ums Standl herum, eins kann nicht genug aufpassen, und hab ich mir unterwegs noch träumen lassen: wenn ich den Waldbauernbuben kunnt mitkriegen, ich tät schon was hergeben."

So die Thresel. Und als jetzt die Mutter das Spinnrad stehenließ, um Antwort zu geben, war mir „wie einer armen Seel beim Jüngsten Gericht“.

Die Mutter sagte: „Ja, wenn die Thresel meint, daß sie ihn brauchen kann, vielleicht friert ihm der Unend (Fürwitz) dabei ein Eichtl (wenig) aus, und Zeit hat er, daß er mitgeht.“

Ich bin von der Bank geflogen, und ehe noch an den Vater berichtet werden konnte von meiner unglaublichen Standeserhöhung, war ich schon im Sonntagsg'wandel.

Meine Geschwister erhielten jedes ein Holzlöffelchen, das glänzend schwarz lackiert war und in der Höhlung ein rotes Blümlein hatte. Sie fuhren alsogleich damit in den Mund und bildeten sich ein, sie äßen Kindsbrei.

„Und der Reiter gehört dein“, sprach die Kramer-Thresel zu mir, „den hebt dir die Mutter auf, und morgen, wenn du heimkommst, laßt ihn recht ausreiten.“

Die Mutter riet, ich solle ein Stück Brot mitnehmen, allein die Thresel sagte, indem sie ihre Warentrage wieder zurechtmachte: „Das wär nicht schlecht: verköstigen werde ich meinen jungen Kramer schon selber. Verhoff's, daß wir ein gutes Geschäft machen werden auf dem Rattner Kirchtag. Und jetzt werden wir anrucken müssen, Bübel.“

„So gehts halt in Gottes Namen!“ sagte die Mutter und spann. Meine Geschwister aßen mit ihren neuen Löffeln von der Tischplatte weg noch die leere Luft, und wir gingen, wie es die Mutter gesagt.

Ratten ist ein Dörflein zwischen den Waldbergen der Feistritz am Fuße der Rattneralpe. Es hat viele Bauernhäuser auf den Hängen und in den Schluchten zerstreut. Es hat einen ausgiebigen Dorftrost, nämlich ein paar stattliche Wirtshäuser, und es hat eine schöne, geräumige Kirche, in welcher der heilige Nikolaus als Pfarrpatron wohnt. Diesem Patron zu Ehren wird alljährlich zu seinem Namenstag, am 6. Dezember, ein Kirchtag abgehalten, und das war der Kirchtag, zu dem wir gingen.

Wir hatten drei Stunden dahin zu gehen, weil wir unterwegs in einigen Häusern zusprachen, verhoffend, ein paar Kreuzer zu lösen. Die Leute schoben aber ihre Einkäufe auf den morgigen Kirchtag. „Macht nichts“, meinte die Thresel, „sie kommen uns morgen.“ Da im tiefen Schnee der Graben, den wir Pfad nannten, gar schmal war, so schritt voran die Thresel mit ihrer Kraxe, deren angebundener Ballen hoch über ihr Haupt hinausragte; und hintendrein trippelte ich und hatte nur selten einen Blick frei über die Schneemauer hinaus in die weite Welt. Diese weite Welt dehnte sich bis zum Waldhang, der hinter dem vereisten und versulzten Wasser aufstieg und an welchem dort und da ein Häuslein klebte oder eine träge rauchende Kohlstätte war. Und endlich sah ich über eine Höhung die rote Riesenzwiebel des Kirchturms von Ratten hervorragen. Auf der Straße, in die wir nun einbogen, war es recht lebhaft. Da fuhren Schlitten, mit einem alten Roß oder mit einem alten Weib bespannt, da schleppten andere an hochgeschichteten Rückentragen, Jüdlein darunter mit ihren Bündeln, doch den übrigen vorhastend, da huschten mit aufgestülpten Rockkragen Musikanten mit vereisten Schnurrbärten, da kamen schon Holzknechte und Tagwerker in ihrem Sonntagsstaat daher und trotteten recht langsam, als wenn es gar nicht eile, aber doch auf dem kürzesten Weg dem schon durch und durch lebendigen Wirtshaus zu.

Auf dem Kirchplatz baute das Krämervolk schon an seinen „Ständen“, deren Bretter noch öde und leer lagen, deren Wand- und Dachgerippe noch von keiner Plache überspannt waren.

Als wir mitten auf den Platz gekommen waren, blieb die Thresel stehen, starrte gegen das Kirchhofstor hin und murmelte: „Was ist das?“

War der Standplatz schon verbaut, der an der lebhaftest begangenen Stelle lag, just vom Kirchtor her, und den die Thresel von alters her besessen hatte. Der Maischel, ein wegen seiner spottbilligen Waren berüchtigter Hausierjude, hatte hier seine Stätte aufgeschlagen.

„Ich pack nit aus“, sagte die Thresel in einem schönen Ebenmaß von Entrüstung und Selbstgefühl und tat just so, als wollte sie auf der Stelle umkehren. Stand noch zu rechter Zeit der Taverner da, der Kirchenwirt, der die Standplätze zu vergeben hatte und der seine Handlung damit entschuldigte, daß er der Thresel zu bedenken gab, der Jude habe doppeltes Standgeld für den Platz am Kirchhofstor geboten.

Für einen solchen Handel, sagte nun die Thresel, sei ein Jude zu wenig, einer müsse sein, der das Gebot mache, und ein zweiter, der es annehme.

Der Taverner tat ein süßes Lächeln, als hätte ihm die Thresel eine Schönheit gesagt, dann schlug er ihr den gegenüberliegenden Platz vor, just neben der Bildsäule des heiligen Nikolaus, das wäre eigentlich noch ein viel besserer Platz und für den alten Preis zu haben.

Was blieb nun übrig, als anzunehmen? Nun gingen wir eine warme Suppe essen, dann machten wir uns flink an das Standaufrichten. Die Thresel hatte ihr eigenes Zeug dazu, welches in einem Gelaß der Taverne aufbewahrt war und welches wir nun herbeischleppten. Als wir die Bretter heranschleiften, wußte die Thresel ein paarmal solche Schwenkungen zu machen, daß wir damit scharf an das gegenüberliegende Judenständlein anrannten. Dieses wackelte, aber der Maischel stützte es behendig und schmunzelte dabei. Der Jud Maischel war ein gar schlichtes, aber rührsames Männlein, sein Haar und Bart war kohlschwarz und gekräuselt wie bei neugeborenen Lämmern die Wolle, in seinem dunkelroten Gesicht lugten zwei Äuglein, die einem nie ins Antlitz schauten, sondern allemal, wenn er sprach, der Gegenperson an den Hals oder an die Achsel guckten. Der Jud Maischel hatte eine geradezu überchristliche Sanftmut, er war mit nichts zu erzürnen. Tief entrüstet war er einzig nur, wenn man ihm für eine Ware, die er auf drei Gulden schätzte, etwa zwölf Groschen anbot. Aber voll tiefer Verachtung schlug er die Ware um dies schmähliche Angebot los, und dem Käufer wurde angst und bang.

„Frau Thresel“, sagte ich nun zu meiner etwas schwermütig gewordenen Prinzipalin, „die Rattnerleut sind Ehrenleut, die kaufen dem Leutanschmierer nichts ab, die Frau Thresel wird's schon sehen.“

„Gott geb's!“ seufzte sie auf.

Nun wurde es Abend, und am Abend wurde es lustig. Beim Taverner waren alle Tische besetzt, und auf jedem Tisch stand ein Kerzenlicht, und darüber war der Wein- und Bratenduft und der blaue Tabakrauch, daß es eine helle Pracht war.

Wir zwei saßen im Ofenwinkel, hatten neben uns auf der Bank ein Glas Obstwein stehen, in das wir – einmal ich und einmal die Thresel – eine Semmel tauchten. Die Wirtin wollte uns Licht bringen, indem sie sagte: „Nicht einmal ein Toter mag ohne Licht sein.“

„Das schon“, antwortete die Thresel, „aber wir zwei sind noch lebendig, und zum Dasitzen sehen wir häufig genug, und daß wir uns für andere beleuchten lassen wollten, dazu sind wir zu wenig schön.“

In Wahrheit wollte sie nur nicht, daß das übrige Krämervolk, welches in der Wirtsstube hochmütigerweise bei Wein und Schöpsenfleisch schwelgte, unser bescheidenes Nachtmahl sehen sollte. Sie hatte eine Ahnung davon, was bei einem Kaufmann der äußere Schein bedeutet.

Die Gesellschaft wurde immer lauter und unbändiger, und etliche Burschen huben an zu singen:

„In Ratten, da ist's lustig,
in Ratten, da ist's lustig,
in Ratten, da ist alles frei,
da gibt's ka Polizei!"

„Leider Gottes!" sagte die Kramer-Thresel vor sich hin, „und jetzt gehen wir schlafen."

Sie hatte sich eine Kammer bestellt; ich wurde zum Pferdeknecht ins Bett getan. Der Pferdeknecht hatte schon von Natur einen stattlichen Leib, als er aber so neben mir im Bette lag und schlief – er schlief wie ein Pferdeknecht –, floß er so sehr auseinander, daß ich an den Rand gedrückt wurde und Gefahr lief, auf den Boden zu fallen. Glücklicherweise war vom Bett etwa nur einen Fuß entfernt die Stallwand, an welcher zwar das Wasser des Stalldunstes niedertropfte, an welche ich mich aber mit dem ausgestreckten Arm dermaßen anstemmen konnte, daß ich dem Druck meines Bettgenossen die ganze Nacht hindurch glücklich standhielt. Daß man in solcher Lage vom Schlaf nicht belästigt wird, ist selbstverständlich, und so hatte ich denn Zeit, in Gedanken den Pferdeknecht zu entschuldigen, der, müde von des Tages Last und Plage, rechtmäßig ja über das ganze Bett verfügen konnte; und in Gedanken auch Gebete zu verrichten, daß morgen unter meiner Mitwirkung der Kirchtag für meine Prinzipalin doch um Gottes willen gut ausfallen möge. Ich sann mir Reden aus, um die Käufer anzulocken und die Waren zu preisen, und ich sah die Leute herbeiströmen zu unseren köstlichen Sachen. Wir hätten alles verkauft, auch das leere „Standl" noch dazu, wenn ich nicht zu früh von meinem Traum erwacht wäre. Und nun gewahrte ich, daß sich mein Pferdeknecht mitsamt den Pferden fortgemacht hatte – „schon fahrend draußen auf den kalten Straßen". Jetzt, das war ein Wohlbehagen, wie ich mich nach Gefallen strecken konnte im weiten Bett und mich einmal gründlich durchwärmen. Ich bedauerte den Pferdeknecht, daß er schon so früh in den Winter hinaus mußte, aber im Grunde war's mir doch lieber, als wenn er noch im Bett gelegen wäre mit seiner breiten, schlaftrunkenen Wesenheit.

Leider dauerte das nicht lange. Die Thresel tastete sich in den Stall, rief meinen Namen und fragte, ob ich ausgeschlafen hätte. Ich sprang sogleich auf. Als wir bei der Frühsuppe saßen in der wohldurchwärmten Wirtsstube, gab mir die

Thresel Weisung, wie ich mich am Standl zu verhalten hätte. Fürs erste einmal achtgeben, daß nichts „Füße kriegt", dann, wenn um den Preis von etwas gefragt würde, es ihr, der Thresel, alsogleich mitzuteilen, nach ihrem Ausspruch nachher aber nicht mehr „handeln" zu lassen, weil sie die Sachen nicht überschätze. Dann gab sie mir zwei Sechser, damit ich wisse, wofür ich mir am Standl Finger und Nase erfrieren lasse, dann nahm sie ihre Kraxe, und wir gingen in des lieben Gottes Namen hinaus auf den Kirchplatz.

Es war noch nächtig, aber man hörte schon das Gesurre der Leute, und die Kirchenglocken läuteten zu der Rorate. An den „Kramerstandln" war viel Hämmern und Schreien, und auch wir prüften nochmals unsere Bude und legten, während drin in der Kirche die Orgel tönte, unter stillem Einschluß in die heilige Messe die Waren aus. Und nun trat mir die Größe und Vielfältigkeit der Habe meiner Prinzipalin ganz vor Augen. Sie hatte alles, denn was sie nicht hatte, daran dachte ich nicht, es war Nebensache. Sie hatte Klein- und Galanteriewaren, wie sie der Bauer braucht, oder wenigstens gerne besäße, wenn er sie kaufen könnte: allerlei Messer und Gabeln und andere Werkzeuge, Geldtäschchen, Brieftaschen, Hosenträger, Uhrschlüssel, Rauchzeug, Sacktücher, Heiligenbildchen, Einschreibbüchlein, Zwirn, Bänder, Kinderspielwaren, Handspiegel und so weiter über den langen und breiten Tisch hin, und was an den Stangen und Haken hing, und was noch in den Laden der Kraxe und in dem unerschöpflichen Ballen war.

Aber als nun der Tag graute – ein trüber, sachte schneiender Wintertag –, da mußte ich sehen, daß der Jude uns gegenüber all dieselben Sachen ausgestellt hatte, aber viel kecker und wirrer ausgestellt, daß sie ordentlich in die Augen schrien. Und an den Dachecken seines Standls prangten zwei rote Fähnlein wie bei uns zu Kriegszeiten, wenn die Soldaten fortzogen, oder beim Festscheibenschießen am Kaisertag, oder wenn sonst etwas Unerhörtes war. Und zwischen den Fähnlein war eine große Tafel: „Gut und billig, da kaufts ein!" Und nahm jetzt – wie die Leute aus der Kirche strömten – der Racker eine Mundharmonika zwischen die Zähne und blies darauflos und schrie über die Leute hin, daß er einen Haupttreffer gemacht hätte in der Lotterie und daher heute alles verschenke. „Das Stück Silberlöffel fünf Kreuzer, das Dutzend noch billiger!" rief er und brachte damit die Leute in Verwirrung. Dann schwang er hellrote Seidentücher über die Köpfe hin, „für Dirndaln!" rief der Maischel, konnte aber nicht einmal die Worte aussprechen, „und wenn das eine tragt um den Hals, laufen ihr alle Buiben nach. Ich geb's aber nicht her!" Und zog es hastig wieder zurück. Solche Sachen trieb er und schrie fortwährend: „Da gehts herbei! Da wird gehandelt, geschenkt, noch was draufgegeben, da ist der Glücksberg!" Und immer dichter wurde um das Judenstandl die Menschenmenge, und uns, dem ehrbaren Stande der Thresel, wendeten sie den Rücken zu.

Mir wurden in meinem Zorn alle Schneeflocken grün und gelb vor den Augen, und ich stieß die Thresel: sie solle doch auch zu schreien anheben, daß uns die Leute sähen.

„Du bist nicht gescheit", sagte sie zu mir, „wo *solche* Leute lärmen, da ist's ein Schand und Spott, das Maul aufzumachen. Da packen wir lieber z'samm."

Jetzt hub weiter unten auf dem Platz auch noch ein anderer zu schreien an; das war ein Krainer, wollte aber gescheiter sein als der Jude und rief: „Daher, Leutel, daher! Bei mir ist die Schönheitsseife zu haben, die echte, approbierte und privilegierte Schönheitsseife! Werden alle garstigen Dirndln, die sich damit waschen, engelsauber und alle alten Weiber blutjung!"

„Das ist Schwindel vom Krainer!" rief der Maischel, „bei mir zu bekommen die ganz neu erfundene, blütenweiße und rosenrote Schönheitsseife, aber nur für die Jungen und Schönen zu gebrauchen, daß sie nicht werden alt. Echt und billig. Meine Herren und Damen, geht nicht vorbei an eurem Glück!"

Selbstverständlich wählte jeder die Seife des Juden.

Nun hub der Maischel an und schellte mit einem Sack Nummern und ließ ziehen. Er spielte seine Waren aus; mit einem Groschen Einsatz konnte man goldene Ringe und Uhren, ganze Fläschchen von Liebestränken und die unglaublichsten Schätze gewinnen.

Die Thresel hatte den lärmenden Juden lange beobachtet – Zeit hatte sie dazu –, und nun sagte sie kopfschüttelnd: „Der ist vom Teufel besessen."

Der Markt war schon in vollstem Gang, es wurde gefeilscht und gekauft, es wurden Späße getrieben beim Lebzelter und beim Schnapsschenker, und man hörte singen:

„In Ratten, da ist alles frei,
da gibt's ka Polizei!"

Weiber gingen umher von Stand zu Stand und füllten ihre Handbündelchen mit Äpfeln, Nüssen, Lebzelten und Spielwaren für ihre Kinder zum „Nikolo". Ich hielt die Hände in den Hosentaschen und zappelte mit den Füßen hin und her und klöpfelte die hartgefrorenen Schuhe aneinander. Von den Zehen wußte ich ohnehin nichts mehr, sie gaben kein Lebenszeichen von sich, was übrigens in jenen Zeiten bei mir nichts Neues war – die Zehen hielten ihren Winterschlaf, und die Kälte fing in ihnen allemal erst an weh zu tun, wenn es warm wurde.

Nun, so trippelte ich an unserem vergessenen Standl, und wir hatten immer noch nicht ein Stück verkauft. Mir war zum Verzagen.

„Ich möchte in den Erdboden sinken", flüsterte ich der Thresel zu.

„Dazu ist er viel zu hart gefroren", war ihre Antwort, „aber das muß ich schon sagen, ein solcher Kirchtag ist mir was Neues."

Das Wort hat mich ins Herz getroffen. Vielleicht war ich die Schuld? Ich hatte keinen Schick, gar keinen, konnte die Sache nicht betreiben, stand da „wie der Damerl beim Tor" und schaute blitzdumm drein. – Ein solcher Kirchtag ist ihr was Neues!

Jetzt sah ich am Rande unseres Standes einen guten Bekannten von meiner Gegend, es war des Grabenbergers Geißbub, das Natzelein. Das lugte so auf die bleiernen Taschenuhren her und auf die Ludelpfeifen und auf die blinkenden Federmesserlein und auf mich, wohl erwägend, wieso ich bei diesen Schätzen stehe, die er mit gierigen Augen angriff, nachdem ihm früher die Thresel mit den Worten: „Schau, das gehört nicht dein, das laß stehen!" seine Finger von einem zinnernen Streichholzbüchslein losgelöst hatte. Zu diesem Natzelein strich ich nun hin, und ihm heimlich meine zwei Sechser in die Hand drückend, flüsterte ich ihm hastig ins Ohr: „Kauf was! Kauf dir was!"

Alsbald stand ich wieder an meinem Platz und schaute mutiger auf die ergebene Thresel hin, mit Herzklopfen die Herrlichkeit erwartend, da jetzt bald ein Käufer anrücken würde.

Das Natzelein lugte in seine hohle Hand, und als es sah, es wären zwei silberne Sechser drin, machte es ein grinsendes Gesicht zu mir herüber, dann drehte es sich flugs um und kaufte drüben beim Juden ein Tabakrauchzeug.

Jetzt vergaß ich meiner Würde, hin schoß ich zwischen den Beinen der Leute wie ein gereizter Tiger auf das Natzelein zu und warf es zu Boden. Ein Gebalge entstand, daß der Schnee stäubte und die Leute mit hellem Gelächter einen Kreis um uns bildeten. ich wollte dem Natzelein für seinen Hochverrat die neue Pfeife entwinden und sie zu Scherben machen, aber der Rattner Gemeindediener ließ mir keine Zeit dazu. Dieser Mensch faßte mich beim Rockkragen an und zog mich hübsch kräftig in die Höhe, und weil alles rief, ich hätte ohne allen Anlaß den arglosen Jungen überfallen, so war nun vom Gemeindekotter die Rede.

Da kam ich drauf, daß der Ausspruch der Thresel auch auf mich passe: „Ein solcher Kirchtag ist mir was Neues." Aber ich biß in die Lippen hinein, und wie sie mich auch verhörten: warum ich raufend geworden? das wäre sauber, wenn es an Kirchtagen die kleinen Buben den Großen nachmachen wollten! – ich sagte kein Wort. Ich konnte keines sagen und wollte auch nicht, weil ich mir dachte, sie könnten dann glauben, das, was geschah, wäre aus Geschäftsneid geschehen.

So wurde ich nun befragt, ob ich der Kramer-Thresel ein Sohn sei; da schrie meine Prinzipalin vom Standl her, ich wäre nichts weniger als ihr Sohn, ich wäre der Waldbauernbub, sonst ein gutes Kind, aber ich müsse vor Kälte wahnsinnig geworden sein.

Der Gemeindediener von Ratten konnte nichts Besseres tun, als stark in seinen riesigen Schnurrbart hineinzufauchen und mich dann an der Hand durch die Leute, die ganz grauenhaft bereitwillig uns eine Gasse bildeten, vom Marktplatz wegzuführen. Vom Markte weg und hinaus vor das Dorf, wo er mich mit dem wohlgemeinten Rat, ich solle schauen, daß ich heimkäme, auf der freien Straße stehenließ.

Von Rechts wegen hätte ich jetzt wimmern sollen, allein ich konnte nicht, meine Entrüstung war zu groß. Ich beschloß, nicht zu schauen, daß ich heimkäme, sondern auf der Straße zu warten, um über den Grabenberger-Buben, wenn er des Weges ginge, ein gerechtes Gericht zu halten und auch die Kramer-Thresel abzupassen, um ihr den ganzen Sachverhalt mitzuteilen, wie ich dem Natzelein mein Geld gegeben, daß er ehrenhalber bei uns was für sich kaufe, und wie diese falsche Kreatur die Silberlinge zum lärmenden Juden getragen habe.

Spät am Nachmittag, als schon das Volk der ganzen Gegend mit seinen verschiedenen Einkäufen und Räuschen zu Fuß und zu Schlitten vorübergezogen war, kam die Thresel mit ihrer schweren Trage herangeschnauft, und neben ihr watschelte die Kreatur daher mit verbundenem Kopf, liebreich von der Alten an der Hand geführt und gezärtelt, als wollte sie es gutmachen, was ihr Bursche an diesem Natzelein verbrochen. Unter solchen Umständen verbarg ich mich rasch hinter einem Fichtenstamm und ließ sie vorbeiziehen. Und dann ging ich ihnen langsam nach, voll der tiefsten Betrübnis.

Ich war noch nicht auf halbem Wege, als eine solche Müdigkeit über mich kam, daß ich mich an den Schnee hinlehnte, um zu rasten. Auf diesem Pfad gingen keine Menschen mehr. Es war im Hauensteiner Wald, die Häher und Krähen stäubten Schnee herab von den Bäumen. – Ich mußte schon recht gut geschlafen haben, da wurde ich plötzlich aufgerüttelt, und vor mir in der Abenddämmerung stand der Hausierer Maischel mit seinem Bündel.

„Was ist's denn mit dir, Würmlein", sagte er, „das Erfrieren ist ja nicht gesund! Da müssen wir noch beizeiten einheizen!" Er hielt mir ein Holzplützerchen an den Mund, und als ich daraus ein paar Schlucke tat, da wurde mir so warm inwendig, so warm ums Herz, daß es mir zu Sinn kam: Der Maischel ist doch kein schlechter Mensch. Da er fand, daß es nicht ratsam sei, mich allein zu lassen, so ging er mit mir bis zum Hause meines Vaters. Also ist es geschehen, daß ich mit der Thresel ausging und mit dem Maischel heimkam.

Als ich auf den Taschenfeitel wartete

Bei einer Christenlehre im Waldland hatte ich mich ausgezeichnet, und da kam nun für mich eine herrliche Zeit. Nimmer war ich das nichtige Waldbauernbüblein, sondern vielmehr der junge Gottesgelehrte, der dem Pfarrer hatte sagen, können, was christkatholisch glauben heißt, was zur Seligkeit notwendig ist, worin die christliche Gerechtigkeit besteht und was der heilige Paulus über die Ehe gesagt hat. Die Bauern, in deren Gegenwart solche Fragen beantwortet worden, haben sich nur darüber gewundert, daß der Pfarrer mich nicht auf der Stelle zum Priester geweiht hat; vielleicht, meinte der Höfelhans, weiß er ihm zuviel, der Peterl, so daß er gleich zum Papst gewählt werden müßte, und dazu wäre der Bub zu jung.

Zehn Jahre war ich alt. Um diese Zeit hat der Mensch noch eine Menge Vettern. Einer von diesen, der Vetter Jakob wird's gewesen sein, tuschelte mir ins Ohr: „Wart, Peterl, bis dein Namenstag kommt, kriegst was von mir – was Schönes! Extra was, weil du's so brav gemacht hast, allen Verwandten eine Ehr! Einen Taschenfeitel, wenn du magst!" – Ja, Vetter Jakob, den mag ich! jubelte es in mir auf, und von der Stunde an begann ich mich unbändig zu freuen auf den Taschenfeitel. Wenn man so einen hat, da kann man nachher was! Man kann Peitschenstecken abschneiden, man kann aus Kiefernrinden Rösser schnitzeln, man kann aus Spänen Kreuzeln machen und sie ans Haustor heften, man kann

Pfeil und Bogen herrichten, man kann auf dem Felde die Rüben ausziehen und sie abschälen und hübsch stückweise in den Mund stecken, man kann den Forellen die Köpfe wegschneiden, bevor man sie in die Bratglut wirft, kurz, man kann alles mögliche tun, wenn man einen Taschenfeitel hat. Jede Nacht träumte ich vom Taschenfeitel mit dem gedrechselten gelben Heft, bis der Namenstag endlich herangekommen war. Am Vorabend, als sie mir mit Kübeln, Pfannen, Hafendeckeln und Feuerzangen die übliche Namenstagsmusik gemacht hatten, kehrte ich mich nicht viel drum, mein ganzes Wesen erfüllte der Gedanke: Morgen hast du deinen Taschenfeitel.

Am nächsten Frühtag, als die Wände des Hauses im Morgenrot leuchteten, strich ich schon draußen auf dem taufrischen Anger herum und guckte zwischen Bäumen und Sträuchern nach allen Seiten aus, ob nicht der Vetter Jakob dahersteige. In die Stube zurückgekehrt, gab's eine Überraschung. An die Namenstagsstrauben (eine Bäckerei) hatte ich gar nicht gedacht. Die Mutter hatte sie mir heuer mit besonders viel Weinbeerlein ausgestattet; ich steckte sie in großen Brocken rasch in den Mund, um die Finger abgeschleckt zu haben und bereit zu sein, wenn der Vetter Jakob mit dem Taschenfeitel käme. Die Stubentür ging auf, der Vater trat herein, ging langsam auf mich zu: „Dem Namenstagsbuben muß man doch eine neue Kappen aufsetzen!" und streifte mir eine buntgestreifte Zipfelmütze mit schönem Boschen (Quaste) über die Ohren. Fast wollte er sie mir in guter Laune auch über die Augen ziehen, ich wehrte mit den Händen ab, die Augen müssen freibleiben, wenn der Vetter Jakob kommt!

Jetzt erschienen meine Geschwister. Der Jackerl brachte von seiner Henne, er besaß eine, drei Eier, die Plonele verehrte mir ein Sträußlein aus frischen Nelken und Reseden und einen Kreuzer dazu; die Mirzele schluchzte in ihr Schürzlein, weil sie nichts hatte, worauf ihr meine Mutter eine hölzerne Perlenschnur gab, damit sie mir dieselbe als Angebinde schenken konnte, und ich solle damit nur fleißig rosenkranzbeten. „Der Hund bellt!" rief ich und horchte erwartungsvoll, ob die schweren Schuhe des Vetters Jakob nicht schlürfelten draußen am Antrittstein. Man hörte so was. Die Grableringodel kam daher, ganz schämig kam sie zur Tür herein und stellte auf die Ofenbank einen großen Handkorb. „Für den braven Namenstagbuben", flüsterte sie und begann auszupacken. Zwei große Krapfen und ein braunglänzendes Honigtöpflein und etliche Kaiserbirnen; irgendwo auf der Welt mußten sie also schon reif sein. Und endlich ein Päcklein mit nagelneuem Herbstgewandel, grünausgeschlagenes Jöpplein, roter Brustfleck, braunseidenes Halstüchlein, schwarzes Lederhöslein; ich fuhr alsogleich mit der Hand in den Hosensack: „Da tu ich den Taschenfeitel hinein!“ Ein Paar Schuhe noch und ein Filzhütel mit Hahnenfeder. „All's z'viel ist's, G'vatterin!“ rief meine Mutter aus. „Da kommt der Taschenfeitel hinein!“ wiederholte ich immer wieder.

„Wenn er Geistlich wird, soll er einmal eine Meß für mich lesen“, antwortete die Godel bescheidentlich.

Während die Mutter der Spenderin eine Eierspeise buk, um sie zu ehren, und ich dann eingeladen wurde, mitzuessen, kamen erst unsere Mägde daher. Auch ein paar aus der Nachbarschaft. Die Kathel brachte mir ein kirschrotes Sacktüchlein, die Traudel ein Paar Wollensocken, die sie selber gestrickt hatte; die Rosel ein Lebkuchenherz mit Bildchen drauf, wo in einem güldenen Körblein zwischen Rosen ein Liebespaar saß. Der alte Steffel brachte mir ein Kränzlein Zithersaiten; die Zither selber bringe er später, wenn er sie selber erst bekommen hätte. Er habe einen Bruder, und wenn dieser einmal sterbe, dann bekäme sie der Namenstagbub, und dieweilen möge er halt mit den Saiten fürliebnehmen, die ja auch sehr schön wären. Der ganze Tisch war schon voller Sachen, als noch der Stallbub Michel mit einem Napf frisch gepflückter Kirschen daherkam.

„Aber, Bübel!“ schrie meine Mutter voller Glück, „dich mauern sie heut in lauter gut Sach ein! Das ist doch aus der Weis, da mußt jetzt wohl recht zum Bravsein schauen.“

Ich ging von einem Fenster zum andern. Draußen waren die Torsäulen und die Bäume und die Büsche, und auf dem Anger die Schafe, der Vetter Jakob aber –

Endlich wackelte über die Wiese etwas daher. Der dicke Vetter Martin kam und hatte ein hölzernes Trühlein bei sich. Während er es in der Stube säumig auftat, redete er zu mir: „Du, Peterl, wann du etwan doch nit Papst solltest werden, so rat ich dir, werd ein Zimmermann, da geht's dir auch gut. Zimmerleut braucht man alleweil, und gibt's Geld und gut Essen. Und deswegen hab ich gemeint, ich wollt dir meinen alten Zimmerzeug schenken; ich brauch ihn nimmer, weil ich mir einen neuen zugelegt hab. Sollt der Zeug zu rostig sein und Schatten haben, so tust ihn halt ein wenig schleifen, und ich wünsch dir einen glückseligen Namenstag.“ Bohrer, Stemmeisen, Hobel, Reifmesser, das war schon was! Jetzt, wenn nur auch der Vetter Jakob mit dem Taschenfeitel tät kommen!

Statt dessen kam der Firmpate, der gute Simon Miesebner, mit einem weißen Lämmlein, und als er das meckernde Tier vor mir auf die Bank stellte, schlug meine Mutter die Hände über dem Kopf zusammen: „Das helle Christkindl kunntst sein, Bub, soviel tragen sie dir zu! Na, geh, das ist zuviel, das bist doch nit wert!“ Ich streichelte das weiche Lämmlein und schielte dabei mit einem Auge zum Fenster hinaus.

Beim Mittagmahl gab's meine Lieblingsspeisen, ich konnte nichts essen. Ich saß im neuen Herbstgewandel da, steckte meine Hände in die Taschen – allerlei war schon drinnen, nur kein Taschenfeitel.

Nachmittags kam weiterer Besuch. Da gingen ein paar Schulkameraden aus Kathrein herüber. Der eine hatte eine Sammlung von Hosenknöpfen aus Horn und aus Messing und aus Stahl. Von einigen Gattungen, wovon er mehrere hatte, schenkte er mir zum Namenstag. Ein anderer verehrte mir eine Schachtel mit den damals neuen Streichhölzern, warnte mich aber so lange vor dem „Zündeln“, bis mir eins aufzischend an den Fingern brannte, daß ich es entsetzt von mir warf. Der Nachbarn-Thomerlbub schenkte mir ein Handschlittlein mit dem Vorbehalte, ihm selbiges im Winter, sooft Schneebahn wäre, wieder zurückzuleihen. Den Thomerlbuben fragte ich hierauf nur, ob er den Vetter Jakob kenne.

Der alte Schuster Ernest brachte ein Büchlein über Obstbaumzucht; bei uns wuchsen aber nur Wildkirschen und Holzäpfel. Die Nähterin Leni schickte durch ihr Dirndl den „Himmelschlüssel“. Das war ein Gebetbüchlein für die armen Seelen im Fegefeuer. „Den Himmelschlüssel wird der Petrus wohl eh selber haben“, bemerkte der alte Steffel, auf meinen Namensheiligen anspielend, worauf die Magd Kathel scharf zurückgab: „Für *deine* arme Seel möcht der Schlüssel auch nit genug sein, die wird wohl auch noch Gebeter brauchen.“ – „Könnt eh sein“, entgegnete der Steffel und pfiff mit der Nase. Mir machte das keinen Spaß, ich dachte nur an den Vetter Jakob. Ich hatte den ganzen Tag nichts zu arbeiten gebraucht, aber warten ist schwerer als arbeiten!

Gegen Abend kam des Nachbars Hieserl und schenkte mir eine Mundharmonika, an welcher zwar einige Zünglein fehlten, doch blies ich darauf das „Großer Gott, wir loben dich“ und dachte dabei: Bis auch der Taschenfeitel da ist, nachher tut sich's!

Es tut sich auch so! mochte die Jungmagd Rosel gemeint haben; das von mir geblasene „Te Deum laudamus“ für einen Walzer haltend, packte sie mich um die Mitte und hopste mit mir eines über den Anger.

„Ist das schon die Papsteinweihung?“ fragte plötzlich jemand hinter mir, und eine Hand hatte mich am Rockkragen gefaßt. Der Vetter Jakob! – Vor Freudenschreck fiel mir die Mundharmonika von den Lippen in das Gras.

„Wir müssen doch einen Namenstagball haben!“ suchte die Rosel das Tänzlein zu rechtfertigen.

„Christi Heustadl!“ rief der Vetter lustig aus. „Heut ist zuletzt gar dem Peterl sein Namenstag! – Wenn das ist, da muß man wohl –“ Er bohrte seine Hand in den Sack, zerrte gemächlich ein ledernes Beutelein heraus, bandelte an demselben herum und kletzelte mir ein funkelndes Silbergröschlein hervor. „So, Bübel, das tust in dein Sparbüchsel, und bleib halt schön gesund und brav, daß deine Eltern mit dir eine Freud haben. Und ich muß wieder anrucken, sonst komm ich ins Finstere.“

Darauf ist er, mit Stock und Füßen weit ausschreitend, fortgegangen. –

Am Abend, als in der Stube das Spanlicht aufgesteckt wurde, was war das für ein stolzes Eigen! Mein Gewandtrühlein, mein Winkelkastel, die Wandstellen ringsum voller Sachen. Sie standen, lehnten, lagen, hingen da, teils noch in blaues Papier geschlagen, teils in hellen Farben auf mich herlachend. Und ich? Ich bin in meinem Leben selten so traurig gewesen als an jenem Namenstagabend. Sachen von zehnfacher Güte und Schöne hatte ich bekommen, sie machten mir kein Vergnügen, denn sie waren nicht erwartet worden, für sie war in dem kindischen Herzlein kein Platz vorgerichtet worden, sie waren mir gleichgültig. Und der eine einzige, der heißbegehrte und sehnsuchtsvoll erwartete, der, an den schon so viele Vorstellungen und Absichten geknüpft waren, der Taschenfeitel ist nicht gekommen.

So geht es oft auf dieser Welt, auch das wohlwollendste, aus allen Füllhörnern Gaben streuende Glück kann enttäuschen, wenn es blind ist. Nicht darauf kommt es an, daß man ein argloses Menschenkind mit Schätzen überhäuft, als vielmehr einzig nur darauf, daß man seinen oft recht bescheidenen Wunsch erfüllt.

Als ich das Ofenhückerl war

Warum es so frostig wird heutzutage? Warum wir gefroren sind? Weil wir keinen ordentlichen Ofen mehr bauen können. Allen Respekt vor den schwedischen und russischen Öfen, gar zierlich sind sie und ein Zimmerschmuck und alles mögliche, aber so recht gemütlich? So recht gemütlich ist nur der große, breite, behäbige Kachelofen mit seinen grünen oder braunen Augenreihen, mit seinem Holzgeländer und seiner Ofenbank. Die Ofenbank, wo die Kindheit und das Alter hocken, das Enkelein und die Großmutter – und die alten Märchen!

Daheim in meinem Vaterhaus, da stand so einer! Ganz hinten in der linken Stubenecke, wo es immer etwas dunkel war. Über der breiten Ofenbank, die sich um ihn herumzog, war eine Reihe viereckiger Plattkacheln und darüber in weißen Lehm eingefügt die runden Kacheln mit hervorquellenden Bäuchen, in welchen sich die lichten Stubenfenster mit ihren Kreuzen spiegelten. Der Ofen strebte breit auf und wölbte sich oben in Kacheln sachte zusammen. Wenn man fragte, wie alt er sei, so antwortete der Vater: „Mein Ahndl wird ihn haben setzen lassen, oder der Urähndl.“ Freilich wurde jeder kleine Schaden an ihm sofort verkleistert und mit weißem Lehm übertüncht, freilich wurden ihm fast alle Samstage die großen Augen gewaschen, so daß er immer jung und frisch in die Stube schaute. Umfriedet war er von dem leiterartigen Geländer, an das die Mutter unsere frischgewaschenen Hemden zum Trocknen hing. Denn warm war es bei diesem Ofen immer, selbst im Sommer, wo sonst der Brunnentrog warm und der Ofen kalt zu sein pflegt. Er wurde überhaupt nie kalt, und es mochte sein, wie es wollte, es mochte regnen oder schneien oder winden – auf der Ofenbank war's immer gut. Und wenn draußen der Sturm toste in den alten Fichten und der hölzerne Hirsch an der Wand klapperte, und wenn die Blitze bleckten, daß die Berge über dem Graben drüben grün und gelb waren, und wenn der Donner schmetterte, als breche schon der Dachstuhl nieder mitsamt dem Giebel und seinen Schwalbennestern, da dünkte mich die Ofenbank der sicherste Ort, wohin das Verderben so leicht nicht reichen könne. Kurz, die Ofenbank war mir der trautsamste Mittelpunkt des heimatlichen Nestes. Lange Zeit hatte ich mein Bett auf derselben. Ich lag auf der Ofenbank, als ich so klein war, daß im Munde noch der „Zuzel“ und zwischen den Beinen noch die Windel stak; ich lag auf der Ofenbank, als ich so krank war, daß die Mutter mich dem Himmel gelobte, wenn er mich nicht zu zeitig nähme (das wurde später rückgängig, weil das Geistlichwerden Geld kostete). Ich lag auf der Ofenbank, als ich so dumm war, allmorgendlich die Oberlippe mit Seife einzureiben, damit der Schnurrbart endlich wachse. Ich lag auf der Ofenbank viel später, als der Bruder Jakob mir den Bart wegkratzte, weil er mir zuwider war. Und wenn ich in früheren Zeiten dort so lag, da hörte ich manchmal hinter den Kacheln drin leise das Feuer knistern, wenn die Mutter morgens eingeheizt hatte; es wurde wärmer, aber es wurde nicht schwül um mich. Es wurde nie kalt, und es wurde nie heiß, und wenn mir einer so einen alten Kachelofen plump und unförmig schimpft, so stelle ich seinem Leben nach. Denn über den besten Freund unseres Hauses lasse ich nichts kommen.

Er gab uns nicht allein Wärme, er gab uns auch Brot. Alle zwei Wochen einmal war Backtag. Man kennt die Stattlichkeit der Brotlaibe bäuerlicher Abkunft; solcher Laibe ihrer vierzehn hatten nebeneinander Raum auf dem glühendheißen Steinboden drinnen.

Während der Ofen also das Brot buk, hatte unsere Mutter ein besonderes Heil mit ihm. Da durfte kein feuchter Lappen in seiner Nähe hängen, da durfte in der Stube keine Tür und kein Fenster aufgemacht werden, damit kein ungeschaffenes Lüftchen den braven Ofen anwehe und seine Frucht etwa beeinträchtige. Zwei Stunden lang dauerte die Backzeit, und da war es in der Stube allerdings so, daß nicht bloß die Heiligen auf dem Hausaltar schwitzten, sondern auch alle Fenster – selbst im hohen Sommer. Die Fenster sind sonst nicht so wie unsereiner, der im Sommer schwitzt; die Fenster schwitzen im Winter, wenn's drinnen wärmer ist als draußen. Aber beim Backen gab's eine Ausnahme. Einmal stieß in solch heikler Stunde des Backens der Wind ein Fenster auf: was geschah? Die Brotlaibe, die schon angefangen hatten aufzuschwellen, fielen in sich zusammen und blieben speckig wie ein Klumpen Schmer (Fett, Schmalz). Nicht *ein* so großes Löchelchen im Innern des Laibes, daß man ein Haferkorn, geschweige eine Erbse drin hätte verstecken können! Damals hat die Mutter geweint. Wir aßen das Brot in der Suppe wie sonst. „Wenn's den Laib im Ofen nicht auftreibt, so treibt's den Magen auf“, heißt es, und so war's auch.

Am Backtag gab's für mich kleinen Buben allemal eine säuerliche Freude. Denn bevor das Brot in den Ofen kam, mußte ich hinein. Aber zum Glück nicht nach dem Feuer, sondern vor demselben. Da war's etwas staubig drinnen und rußig und ganz finster. Mit einem Besen aus Tannenreisig hatte ich den Steinboden des Ofens auszufegen, Kohlen, Asche fortzuschaffen und dann die großen Holzscheiter übereinanderzuschichten, die mir die Magd zum Ofenloch hineinsteckte. Ich weiß nicht, ob die Spanier im Mittelalter auch so geschichtet haben: zuerst eine Brücke geradeaus, darüber eine Brücke in die Quere, dann wieder eine geradeaus und eine in die Quere und so weiter. So baute ich den Scheiterhaufen, und so brennt's am besten. Die Scheiter waren anderthalb Ellen lang, und als das Gebäude aufgeführt war bis fast zur Wölbung, da engte es sich arg, und da kroch ich ringsherum, zu sehen oder vielmehr zu tasten, ob es gut war – und dann zum Loch hinaus.

Zum Lohn für solch finstere Taten bekamen wir Kinder jedes ein frisch gebackenes Brotstriezlein, welches wir gleich in noch dampfendem Zustand verzehrten.

Wie die Scheiter gebaut wurden, ist schon gesagt worden. Alsdann den Stoß anzünden, brennen lassen, ausgluten lassen, die Glut mit einem Krückel auseinanderstieren, dann herauskratzen und mit der Ofenschüssel, einer langbestielten Holzscheibe, die kugelrunden Teigklumpen einschießen.

„Einschießen", ja, das war der Ausdruck dafür. Ich vermute, die Mutter hat während des Einschießens allemal ein heiliges Gelöbnis gemacht: einen Rosenkranz extra will sie beten, oder einem Bettler will sie ein besonders großes Stück Brot schenken, wenn's gelingt. Denn wie ich schon angedeutet – allemal gelang es nicht.

Einigemal lieferte uns der Ofen etwas besonders Gutes. Ein strudelartig breit und dünn ausgewalzter Teig wurde in den heißen Ofen geschossen; nach einiger Zeit kam die Platte heraus, hatte eine bräunliche Farbe und war hart und spröde wie Glas. Schon das war fein zu knuspern. Nun kam aber die Mutter, zerkleinerte mit dem Nudelwalker knatternd diese Scheibe aus Mehl, tat die Splitter in eine Pfanne, wo sie geschmort und geschmälzt wurden. Das war hernach ein Essen! Scharlbrot wurde es genannt. Ich habe diese ganz eigenartig wohlschmeckende Speise sonst nirgends wiedergefunden, möchte aber gerne ihren und ihres Namens Ursprung wissen.

Der Ofen hatte auch noch andere Verpflichtungen: er dörrte das Korn, bevor es in die Mühle kam. Denn da oben im Gebirge will's nicht recht trocknen, und so mußte das Korn auf den heißen Boden hinein, wo es mit dem langstieligen Krücklein fortwährend umgerührt ward. Desgleichen dörrten wir im Ofen auch das „Hablam" (trockene Blüten- und Samenabfälle des Heues), aus welchem ein sehr geschätztes Mehl für Mastvieh bereitet wurde. Auch Kirschen, Heidelbeeren und Schwämme machte uns die Ofenhitze solchermaßen tauglich zum Aufbewahren für den Winter. „Die ausgetrockneten Früchte halten länger als die vollsaftigen!“ sagte das steinalte und spindeldürre Everl, als die junge Martel auf der Bahre lag. Das Everl dachte dabei vielleicht an die schwere, heiße Lebenszeit, die es ausgetrocknet und gedörrt hatte, wie der Ofen die Pflaume.

Einmal – und das ist's, was ich eigentlich erzählen will – spielte es sich, als sollte in unserem großen Ofen auch Fleisch gebraten werden.

So um Allerheiligen herum war ein junger, schlankgewachsener Vagabund zu uns gekommen. Ich weiß nur noch, daß er sehr lange Beine hatte und im Gesicht eine platte Nase und darunter eine Hasenscharte. Er schien soviel als erwachsen, hatte aber das Stimmlein wie ein Knabe. Und mit diesem Stimmlein fragte er ganz hell und grell meinen Vater, ob er über den Winter dableiben dürfe?

„Das ledige Herumzigeunern ist halt nur im Sommer lustig“, antwortete ihm mein Vater. „Nun, wenn du dreschen willst, so kannst bleiben. Kost und Liegestatt wirst dir doch verdienen.“ Der Bursche war nicht blöde, tat gleich, als ob er bei uns zu Hause wäre, und beim Nachtmahl erzählte er laut, daß er vor kurzem in einer Gegend gewesen sei, wo es ein sehr gutes Essen gab: das Kraut wäre gezuckert gewesen, der Sterz mit Wein geschmalzen, und die Knödel wären durch und durch schwarz gewesen vor lauter Weinbeerln.

Darob wurde der Junge ausgelacht, und unser Stallknecht sagte: die Sachen wären ja nicht zuwider, aber anders gemischt müßten sie sein: zum Sterz die Weinbeerln, zum Wein der Zucker und zu den Knödeln das Kraut. Hernach sagte der Kaunigl – so nannte sich der Bursche mit seinem Kinderstimmlein –, er habe auch schon Schwabenkäfer in zerlassener Butter gegessen, die seien sehr gut!, worauf ihm mein Vater den Rat gab, er solle still sein.

Nach dem Essen, als kaum das letzte Kreuz gemacht war, zog der Kaunigl ein Büschel Spielkarten aus der Hosentasche, mischte es mit kundiger Hand, warf für drei Personen ein Spiel aus und blickte erstaunt umher, ob denn keiner mittun wolle? Ich lugte hin nach den leichtgeschweiften Karten mit dem geeichelten Rücken und den bunten Figuren, die der Kaunigl so glatt abzulegen und so schön pfauenradförmig in der Hand zu halten wußte. Ich wollte schon anbeißen, da fuhr der Vater drein: „Weg mit den Karten! Morgen ist der Armenseeltag! Denkts aufs Beten!“

Am nächsten Tag, während der Vater in der Kirche war, saßen wir, der Kaunigl und ich, in der Flachskammer und spielten Karten. Ich mußte erst die Blätter kennenlernen, aber merkwürdigerweise wurde ich mit den zweiunddreißig

Kartenfiguren viel leichter vertraut als ein Jahr vorher mit den vierundzwanzig Buchstaben. Leider kam die Mutter um einen Rocken für ihr Spinnrad, sie verdarb alles. „Aber, Buben!“ sagte sie, „derbarmen euch die armen Seelen nicht, daß ihr so was treibt am heutigen Tag?“ Wir verzogen uns. Aber der Hasenschartige hatte mir's schon angetan. Er wußte und konnte allzu viele merkwürdige Sachen, die noch dazu verboten waren!

An einem der nächsten Tage hockten wir im Heustadl auf einem Futterhaufen und spielten wieder Karten. Ich hatte solche Fortschritte gemacht, daß mir nicht bloß die Figuren, sondern auch schon sehr viele Spiele bekannt waren. So taten wir „zwicken“, „brandeln“, „mauscheln“, „bettlerstrafen“, „königrufen“, „grün' Buben suchen“, „pechmandeln“, „mariaschen“ und anderes. Weil kein Tisch war, so legten wir die Karten aufs Knie, zwickten sie zwischen die Beine, und der Kaunigl steckte seine Trümpfe sogar einmal in die Hasenscharte. Keuchte jählings das alte Everl die Leiter herauf. Wir verhielten uns im dunklen Raum mäuschenstill, aber sie hatte uns doch bemerkt. „Buben!“ rief sie, „was tuts denn, Buben?“

„Beten“, gab der Kaunigl zur Antwort.

„Ja, beten! Mit des Teufels Gebetbuch, gelt?“ rief das Weiblein. „Wißt ihr es nit, daß der Vater das Kartenspielen nit leiden mag? Wird euch schön sauber der Schwarze bei den Füßen packen und in die Höll hinabschleifen.“ Somit war's mit dem Spiel wieder aus. In die Höll hinabschleifen, das wär so etwas!

Am nächsten Sonntag machte der Kaunigl den Vorschlag, daß ich mit ihm in den Schachen hinausginge, damit wir bei unserer Unterhaltung endlich einmal Ruh hätten. Aber es regnete, und es schneite, und es ging ein kalter Wind, also daß ich der Einladung nicht nachkam. Ob ich aus Papier wäre? piepste hierauf der Kaunigl, daß ich fürchten müsse, vom bisserl Regen aufgeweicht zu werden und auseinanderzufallen! Im Wassergraben habe er seiner Tage am besten geschlafen, und so wie er schwarze Erde mit Brennesseln esse, wenn er sonst nichts habe, so wolle er sich in Ermangelung eines Bettzeuges nackend in den Schnee einwickeln, und ich solle lieber in der Mutter ihren Kittel hineinschliefen. Aber schon an demselben Nachmittag kam der Kaunigl mit etwas anderem, was ich in der Lage war anzunehmen. Die Stube war besetzt vom Vater, der an der Wanduhr etwas zu basteln hatte, und von den Knechten, die ihre Schuhe nagelten. In den übrigen Winkeln des Hauses war es auch nicht sicher, also in den Ofen hinein! In demselben war ein Holzstößlein geschichtet, wir krochen hinter das Stößlein. Nachdem der Kaunigl den Deckel des Ofenloches zugezogen hatte, zündete er die mitgebrachte Kerze an, tat die Karten hervor, und wir huben an. Gemütlicheres gibt's gar nicht auf der Welt, als in einem großen Kachelofen bei Kerzenbeleuchtung „brandeln“ oder „zwicken“ oder „mariaschen“. Die rötlich gebrannte Mauer, die schwarzen Kachelhöhlen um und über uns bargen und hüteten uns, und nun waren wir doch einmal sicher und konnten „farbeln“ und „mauscheln“ oder was wir wollten, bis in die späte Nacht hinein. Durch die Kacheln von der Stube her hörten wir ein Surren; sie taten Rosenkranz beten, der Kaunigl warf die Blätter auf ein „Brandeln“. Wir spielten um Geld. Gewann er, so blieb ich schuldig, gewann ich, so blieb er schuldig. Es soll keine größere Ehrlosigkeit geben, als Spielschulden nicht zahlen. Lieber Leser, so einer bin ich! – Just hatte ich wieder ein schönes Blatt in der Hand: zwei Könige und drei Säue und den Schellenschneider, der Trumpf war – da klirrte plötzlich der blecherne Ofentürdeckel. Das Licht war sofort ausgeblasen, und wir verhielten uns still wie zwei tote Maulwürfe. Jetzt geschah etwas Unvorhergesehenes, etwas Schreckliches. Vor dem Ofenloch stand das gedörrte Everl und fuhr mit einer Spanlunte herein in den Holzstoß, der zwischen uns und dem Ausgang war. Die Flammen leckten an den Scheiten hinauf. Ich zwischen durch und mit einem kreischenden Schrei hinaus, daß das alte Everl vor Schreck in den Herdwinkel fiel. Dem Kaunigl ging's nicht so gut, dem spießten sich die langen Beine, er konnte zwischen Wand und Scheiterstoß nicht sofort heraus, der Rauch verschlug ihm den Atem, und schon hörte man nichts von ihm.

„Der Kaunigl ist drinnen!“ schrie ich wie verzweifelt; da wurde mit dem Sterkrampen der brennende Holzstoß, Scheit um Scheit, herausgerissen auf den Herd, und schließlich wurde mit demselben Krampen ein Häuflein Mensch herausgezogen, das ganz zusammengekauert war wie eine versengte Raupe und dessen Kleider bereits an mehreren Stellen rauchten.

Zwei Schöpfwannen Wasser goß ihm das Everl ins Gesicht, da wurde der Kaunigl wieder lebendig.

Als jetzt auch einige Spielkarten zum Vorschein kamen, so kannte sich das Everl gleich aus. „Was hab ich denn gesagt, Buben!“ so redete sie, „hab ich nicht gesagt, ihr kommts mit dem verflixten Teufelszeug in die Höll? Im Fegefeuer seids nun schon gewesen.“

Mein Vater wollte den Burschen davonjagen, tat's aber nicht, weil der Bursche nicht darauf gewartet hat. Wo der Kaunigl anders zugesprochen, das weiß ich nicht; jedenfalls konnte er eine neue Erfahrung zum besten geben: er hatte nicht allein Schwabenkäfer in zerlassener Butter gegessen, in Wassergräben geschlafen, sich nackend in Schnee gewickelt, er hatte auch im Feuerofen Karten gespielt.

Mir war von diesem Tag an der alte, große Ofen auf lange nicht geheuer; mit seinen grünen Augen schaute er mich drohend an: Bübel, wirst noch einmal Karten spielen, während die anderen beten?!

Erst als ich wieder brav geworden war, ganz ordentlich und fleißig, blickte mich der Ofen neuerdings freundlich an, und es war wieder so heimlich bei ihm wie früher. Später sind seine guten Augen erblindet, dann ist er in sich zusammengesunken wie ein Urgroßmütterlein, und heute geht's ihm, wie es bald allen ergehen wird – nichts mehr übrig als ein Häufchen Lehm.

Als ich um Hasenöl geschickt wurde

Im Jahre soundso viel hatten wir zu Pfingsten noch einen Kübel Schweinsfett vorrätig. Der Vater hatte ihn nicht verkauft, weil er meinte, die Mutter würde ihn zu Hause aufbrauchen, und die Mutter hatte ihn nicht aufgebraucht, weil sie glaubte, der Vater würde ihn ja verkaufen wollen. Und während dieses wirtschaftlichen Zwiespalts war das Fett ranzig geworden. Jetzt hätte es die Mutter gerne verkocht, allein sooft ein Sterz mit diesem Fett auf den Tisch kam, schnupperten die Knechte mit der Nase und sagten, Schusterschmer äßen sie nicht! Es war kein Schusterschmer, es war heilig ein echtes, reines Schweinsfett, und das wußten sie auch, und deshalb war es höllisch bösartig, daß sie solche Reden führten. Die Mutter war sonst ein sehr frohes und glückliches Weib, wenn aber ein Dienstbote über die Kost klagte, da wurde sie ganz verzagt und lud die anspruchsvollen Knechte wohl auch ein, sich nur selber einmal zum Herde zu stellen und mit den vorhandenen Mitteln eine Prälatenmahlzeit zu kochen. Unter Prälatenmahlzeit verstanden wir nämlich nichts Schlechtes.

Nun hatten wir zu dieser Zeit eine alte Einlegerin im Haus, die für alles einen guten Rat wußte. Sie war zwar auf beiden Augen blind, sah aber doch gleich, was da zu machen war.

„Ein schlechtes Schweineschmalz hast, Bäuerin!" rief sie kecklich aus, „ranziges Schmalz kaufen sie nur noch in der Apotheken, sonst nirgends nit und gewiß auch noch!"

Ja, die Apotheke, das ist wahr. Die hat im vorigen Jahr auch Gamswurzeln genommen und Arnikablumen und gedörrte Hetschepetsch (Hagebutten), die nimmt alles, was schmeckt (riecht), die nimmt auch das Schweineschmalz. Und ich, der zwölfjährige Hausbub, bin hervorgesucht worden, um am Pfingstmontag zeitig in der Früh das Kübelchen beim Henkel an den Stock zu hängen und so über der Achsel hinabzutragen nach Kindberg in die Apotheke. Und bei dieser Gelegenheit sollte ich auch etwas anderes besorgen.

Da hatten wir zur selbigen Zeit einen alten Weber in der Einwohne, der nahm, wenn keine Arbeit war, oft den Kopf in beide Hände, brummte schier unheimlich vor sich hin und sagte dann zu dem, der just da war: „Wahrhaftig, ich werd ganz blöd. Just als hätte ich ein Hummelnest im Kopf, so tut's brummen, weiß der Ganggerl (Teufel), was das ist. Immer einmal ganz dumm komm ich mir vor, das ist jetzt schon zu dumm!"

Und antwortete ihm einmal die Einlegerin: „Wenn du dumm bist, Hartl, mußt du dir mit Hasenöl die Schläfe einschmieren."

„Alte Dudl, wo soll denn ich ein Hasenöl hernehmen?" begehrte der Weber auf.

„In der Apotheke kriegt man's", lautete ihr Bescheid, und so sollte ich nun für den Weber-Hartl um zwei Groschen Hasenöl einkaufen in der Apotheke zu Kindberg. Hasenöl? Geben denn diese Tiere auch Öl so wie die Leinsamen und der Rübs? Natürlich wird's so sein, denn wenn's kein Hasenöl gäbe, so könnte man keins kaufen.

Als ich nach langem Marsch gegen Mittag mit meinem Küblein in die lateinische Küche zu Kindberg kam, hieß es dort, Schweinsfett brauche man jetzt nicht, und wäre es auch ganz frisch.

„Es ist nit frisch!" versicherte ich, „es schmeckt schon!"

Dann sollte ich nur in die Apotheke nach Bruck hinabgehen! meinte der Herr lachend; ich aber dachte: Wenn du mir kein Schweinsfett abkaufst, so kaufe ich dir kein Hasenöl ab, und machte mich auf den Weg. – Daß es aber so lange Straßen geben kann auf der Welt, wie dieser Weg war bis Bruck! An beiden Seiten des Tales Berge und Gräben, das Wasser einmal rechts und dann links und dann wieder rechts; ein Dorf um das andere, dieses hatte einen Kirchturm, jenes keinen, in manchem Wirtshaus gab es Musik, in manchem helles Geschrei; mancher Wanderer lallte taumelnd des Weges dahin, mancher ruhte friedsam im Straßengraben – und immer so fort. Allzumal muß auch erzählt werden, daß die Sonne sehr heiß schien und mein Schweinsfett hinter dem Rücken Fluchtversuche machte, wie später an den Spuren auf meinem Rock zu bemerken war.

Bruck ist eine Stadt. Ich hatte noch nie eine Stadt gesehen. Ein vielgereister Handwerksbursche hatte bei uns einmal erzählt, Wien, Paris und Bruck wären die größten Städte der Welt, und in Bruck stünde das achte Weltwunder: ein eiserner Brunnen.

Auf dem Weg zu solchen Merkwürdigkeiten wird man nicht müde. Die Sonne ging schon hinter den Berg hinüber, als ich mit meinem Küblein einzog in die große Stadt Bruck. Mein erstes war, dem eisernen Brunnen nachzufragen, denn auf dieses Wunder war ich vor allem gespannt. Welche Enttäuschung, als aus einem rostigen Gitterwerke ein Brunnen herausrann, ganz wie jeder andere Brunnen auch – von Wasser, und nicht von Eisen.

Die Apotheke ließ sich auch nicht lange suchen, stand doch der heilige Josef mit dem Knäblein an die Tür gemalt, und der steht, das wußte ich schon, immer bei den Apotheken. Da drinnen war ein altes, weißköpfiges Männlein mit Brille, die es dazu benutzte, über- oder unterhalb derselben recht schalkhaft auf mich herabzublicken, als ich mein Schweinsfett ausbot, das Pfund um sieben Groschen. Er fragte, ob Safran in der Butten wäre! Worauf ich eine Weile tat, als besänne ich mich.

„Na, na", näselte das Herrlein, „wenn du deine Schmier nicht gern gibst, so geh nur gleich wieder!" Da ließ ich sie ihm ab. Er wog das Küblein mit einer unendlichen Gleichgültigkeit, das gab gerade drei Pfund, das Holz wie das Fett zahle er pro Pfund zu fünf Groschen. Der Kübel wurde in eine dunkle Nebenkammer getragen, leichten Herzens bin ich von ihm geschieden. – Und nun um zwei Groschen Hasenöl! – Solle in einer Viertelstunde wiederkommen.

Ich war hungrig und durstig geworden, ging hinaus uns suchte ein Wirtshaus. Es standen ihrer ein paar stattliche da herum, mit großen Fensterscheiben, durch die schneeweiß gedeckte Tische zu sehen waren. Ich traute ihnen nicht recht. Wenn andere *gute* Wirtshäuser suchen, so ist das ihre Sache, ich für meinen Teil suchte ein schlechtes, war mir wohl bewußt, was draufgehen durfte.

Glücklich fand ich das gesuchte; die Stube war dunkel und voller Fliegen, die an den braunen, klebrigen Holztischen herumkrochen; das halbe Seidel Wein war lau und kamig (trüb, schlecht geworden), aber naß, und das genügte mir. Die Semmel von vorgestern war schon deshalb zweckmäßig, weil sie mehr ausgab als etwa eine von heute. Diese Genüsse verschlangen zu meinem nicht geringen Schrecken ein halbes Pfund Schweinsfett, und ich, als der bloß nach Kindberg Geschickte, durfte über das Kapital nicht verfügen!

In die Apotheke zurückgekehrt, gab es dort Leute. Ich hatte zu warten und setzte mich hinterwärts auf eine Winkelbank, von der aus schön zu sehen war, wie dieses ehrwürdige Geschäft, mit allerhand Mitteln die Leute gesund zu machen, betrieben wurde. Da kam jemand und verlangte Fuchsschmalz. Das alte Männlein langte einen schwefelgelben Tiegel vom Gesims, stach mit einem zierlichen Schaufelchen ein Batzlein heraus auf ein Papier, legte es auf eine kleine Waage: „So, Vetter, da sind vier Quintel Fuchsschmalz kostet zwei Groschen." Hernach verlangte eine Frau Pillen. Eine andere bekam ein winziges Fläschchen. Ein Knabe begehrte Dachsfett als Mittel gegen den Kropf. Der Apotheker langte emsig nach dem schwefelgelben Tiegel auf dem Gesims und gab, ähnlich wie früher, das Verlangte. Das fiel mir auf, er mußte sich vergriffen haben, in diesem Tiegel war doch das Fuchsschmalz. Hierauf wurden Pulver angefertigt und kleine Schächtelchen und Fläschchen allerlei. Ein altes Weib kam hereingehumpelt, beklagte sich über die Gicht, und ob sie nicht eine Gichtsalbe haben könne. „Gewiß, liebe Frau!" sagte das Männlein, lange wieder nach dem schwefelgelben Tiegel und gab die Gichtsalbe heraus. Jetzt hub dieser schwefelgelbe Tiegel auf dem Gesims an, mir unheimlich zu werden. Weil die Zeit verging und ich immer noch nicht bemerkt wurde, so trat ich endlich aus dem Winkel hervor und bat um mein Hasenöl.

„Ei ja, richtig, Kleiner. Du bist auch da. Du bekommst Hasenöl!" sprach freundlich das Männlein, nahm den Schwefelgelben vom Gesims und stach mir gestocktes Hasenöl heraus.

Noch hatte ich das kostbare Mittel, welches in ein ganz kleines Tiegelchen getan war, kaum geborgen in meinem verläßlichsten Rocksack und es redlich bezahlt, als wieder ein Frauchen zur Tür hereinkam und fragte, ob frisches Schweinsfett zu haben wäre als Medizin?

„Vollkommen frisch!" rief der Apotheker, „heute erst bekommen!", und stach aus dem schwefelgelben Tiegel Schweinsfett.

Hierauf bin ich fortgegangen und habe gleich bei mir selber die Erfahrung gemacht, wie heilsam so ein bißchen Hasenöl ist gegen die Dummheit. – Fuchsschmalz, Dachsfett, Gichtpflaster, Hasenöl und Schweinsfett, alles in *einem* Tiegel! Jetzt erst ist mir klargeworden, welch einen Schatz von köstlichen Arzneien ich in meinem Kübel aus dem Gebirge herabgeschleppt hatte.

Als ich von der Bruckerstadt fortging, lagen die Schatten der Berge schon weit in das Tal hinein. Meine Füße hatten sich in schwerem Schuhwerk heißgegangen, auch das Atemziehen machte sich wichtig, und es war, als ob mir jemand ein hartes Brett fest an die Brust gebunden hätte. Nach Alpl war es bloß noch acht Stunden. Weil es etwas langsam voranging, so holte mich ein Fuhrwerk ein. Zwei klobige Pferde zogen einen großen Bauernwagen, auf dessen Vordersitz ein Bursche, etwa in meinem Alter, kutschierte. Der Wagen selbst war fast leer. Er war mit Lärchentaufeln (Faßdauben) nach Bruck zum Faßbinder gefahren, auf dem Rückweg hatte er einen Sack Feldbohnen und einen Stock Salz aufgeladen; daneben war noch reichlich Platz für einen einfältigen Buben, der am Leiblein ein Paar müde Beine hatte, hingegen aber in der Tasche die Salbe für Dummköpfe, die gescheit werden wollen. Ich war bereits so gescheit, um den Burschen auf dem Wagen anzurufen, ob er mich aufsitzen lassen wolle.

„Wohin willst denn?“ fragte er fast vornehm von seiner Höhe herab.

„Heimzu.“

„So setz dich auf, ich fahr auch heimzu.“

Bald war der Bohnensack mein Kopfkissen und der Salzstock mein Schlafkamerad, der Fuhrmann schnalzte mit der Peitsche, und es ging knarrend voran. – Viel weiß ich nicht von derselbigen Fahrt „heimzu“. Einmal, als ganz zufällig die Augen aufgingen, sah ich kohlschwarze Baumzacken in den mächtigen Himmel aufragen, welche ganz unheimlich ächzten, knarrten und holperten. Und dann wieder nichts.

Als ich erwachte, na, das war etwas! Da lag ich auf dem Wagen unter einem alten Holzschuppen, um mich war ein heller Tag und eine fremde Welt. Eine schreckbar fremde Welt. Der rauschende Bach mit der Mühle daneben, das gemauerte Haus mit einer breiten, braun angestrichenen Tür, der Anger mit den Pferden, und solcherlei war mir seltsam genug, noch unheimlicher war etwas anderes. Dort hinter den Waldbergen stand breit und hoch etwas Weißes, Leuchtendes auf, fast ähnlich den mittägigen Sommerwolken, wie sie sich am

Sehkreise emporbauen, wenn's nachmittags Gewitter gibt. Aber das stand so starr und ruppig und rissig da im Sonnenschein, und von unten hinauf sah es aus, als ob brauende Wälder sich hinzögen, von steilen grauen Streifen überall unterbrochen. Und höher oben war alles wie purer Stein, der zerklüftet und zersprungen ist. Und so war es voran oben, und so war es rechts oben, und so war es links oben und überall die ungeheure Höhe, daß mir schwindlig ward, als ich den Kopf so weit nach rückwärts bog, um hinaufzuschauen. Mein Lebtag hatte ich derlei nicht gesehen. Zum Glück kam nun mein junger Fuhrmann, der fragte mit lautem Lachen, ob ich gut geschlafen hätte. Vom Wagen gesprungen war ich schon, so rief ich nun voll Entsetzen: „Du, wohin hast du mich geführt?“

„Heimzu!“ lachte er, „da bin ich daheim.“

„Wie heißt's denn da?“

„Da heißt's Tragößʺ, sagte er.

„Und da droben? Was ist denn das lauter?“

„Die Berge meinst?“

„Nit die Berge, was *hinter* den Bergen so steht, das mein ich.“

„Jeßtl!“ lachte der Bursche und klatschte mit beiden Händen auf seine Knie, „das sind halt wieder Berge, da ist die Mesnerin, dort ist die Pribitzen, und hier ist der Hochturm, und du sollst jetzt ins Haus gehen, Suppen essen.“

So habe ich an jenem Morgen das erstemal die hohen Felsenberge in der Nähe gesehen und jene Gegend, aus der mir fünfundzwanzig Jahre später der Geist zu meinem „Gottsucher“ aufgestiegen ist. Auf dem Tisch der Hausstube, in die der Junge mich geführt, stand schon die dampfende Suppenschüssel mit weißem Brot. Ich wollte aber den Löffel nicht in die Hand nehmen: ißt du, so gehörst du ihnen, mußt dableiben und weißt gar nit, wer sie sind. Von der Küche kam ein älteres Weib herein, das schlug die Hände über dem Kopf zusammen, als es hörte, wie weit ich verführt worden war, und daß ich anstatt nach Krieglach im Mürztal nach Tragößam Fuß des Hochschwabgebietes gekommen bin.

„Jetzt mußt erst recht essen, Bübel, daß du nachher heimgehen magst.“

„Frau Mutter, wie weit hab ich denn heim?“

„Jetzt wart einmal“, antwortete sie und hub an, an ihren Fingern die Ortschaften und die Stunden abzuzählen, „ihrer zwölf Stunden wirst wohl brauchen bis ins Krieglach hinaus. Bist aber schon ein rechtes Tschapperl! So fest schlafen! Mein Seppel hat's freilich nit wissen können, wo du hinwillst, und hat sich gedacht, 's wird eh recht sein ins Tragöß herein. Aber das ist jetzt schon ein helles Kreuz. Mach dir nur nichts draus, mein Wagen hat dich hergeführt, und dein Schutzengel wird dich hinführen."

Während sie mich so tröstete, war draußen in der Küche fortwährend ein klägliches Wimmern, und nun kam der Seppel herein und berichtete, das Menschl hätte halt wieder gar soviel Zahnweh.

„Was aber das Zahnweh für ein Elend ist!" rief das Weib, „jetzt leidet das Kind schon die ganze Nacht wie eine arme Seel im Fegefeuer. Alles haben wir schon angewendet: heiße Tücher aufgelegt, kaltes Wasser in den Mund getan, mit Rosenbuschbalsam ausgewaschen, Kalmusgeist hineingetropft, mit Salz eingerieben, einen Mariazeller Rosenkranz umgehängt, zwei Zehen mit einem Seidenfaden zusammengebunden, die Füße ins Ofenloch gesteckt und sonst allerhand Sympathiemittel angewendet. Einen Kletzen hat's geholfen! Schreien tut das arme Wesen, als ob man's wollt köpfen, und jetzt weiß ich nichts mehr. – Katherl, Katherl, du gutes, armes Kindel, du! Wart einmal, jetzt will ich dir Hühnermist aufs Gnack (Genick) legen, das zieht's aus, das hilft, Katherl, wirst es schon sehen, das hilft!" Damit eilte sie wieder hinaus.

Das ganze Hausgesinde war zusammengeeilt um die Leidende, die nun neuerdings anhub, herzbrecherisch zu schreien: „Mein Zahnt, mein Zahnt! Ahndl, mein Zahnt tut mir so viel weh!"

„Laß nur Zeit", tröstete die Angerufene, „das Mittel greift halt an, jetzt wird's bald besser sein, schau, bist ja mein liebes Katherl, du!"

Auch ich war in die Küche hinausgegangen. Auf dem Herd, mit den Füßen im Ofenloch, kauerte ein Dirndl, das ein so rundes, liebes Gesichtlein hatte, seine gefalteten Hände, wie um Hilfe flehend, an die rechte geschwollene Wange preßte und mich schrecklich erbarmte. Jedes im Haus hatte schließlich noch ein Mittel gewußt, keines und gar keines hatte geholfen. Ein Mensch war zugegen, der behauptete, Dummheit wär's, die Zähne nicht ordentlich zu pflegen, und deswegen alleweil das Zahnweh! Gott, wenn's von der Dummheit kommt, da muß ja mein Hasenöl helfen! Aus meinem tiefen Sack zog ich das kostbare Tiegelchen hervor und aus meinem gescheiten Kopf den guten Rat, mit diesem gestockten Hasenöl die geschwollene Wange einzuschmieren. „Schaden wird's wohl doch nit, wenn's ein Hasenöl von der Apotheken ist, kann's unmöglich schaden!" sprach die Großmutter und fettete das Dirndl ein. – Nicht fünf

Minuten, so rief die Kleine aus: „Ahndl, jetzt ist's gut!“, und flink sprang sie vom Herde herab.

Freilich ging nun meine Not an, denn alles Hasenöl wollten sie haben, ich sollt nur sagen, was es kostet! Von ihren dringenden Bitten kamen sie erst ab, als das geheilte Dirndl erklärte, der Zahn wäre so fest gut geworden, daß er gar nimmer weh tun werde, also konnte ich mein Öl wieder in den Sack stecken und sehen, wie man von Tragöß nach Krieglach-Alpl kommt.

Unterwegs bedachte ich das Hasenöl. Wenn es beim dummen Weber-Hartl auch so heftig wirkt wie bei dem Zahnweh-Dirndl, dann geht er mit den drei Weisen aus dem Morgenlande als der vierte.

Nach einer fünfstündigen Wanderung war ich beiläufig wieder dort, wo der müde Junge einen Tag früher in den Bauernwagen gestiegen. In einem Gehöft sprach ich zu und fragte, wieviel es an der Uhr sei, wie weit es noch bis Krieglach wäre und ob ich wohl den richtigen Weg hätte. Die gründlichsten Auskünfte haben sie gegeben, jedoch, ob ich etwa einen Löffel Suppe möchte, das fragte niemand. Unter einem Kirschbaum lag ein Mensch und wimmerte vor Kopfweh; alsogleich wollte ich mein Mittel anbieten, jedoch ein Weibsbild behauptete scharf und stramm, das Kopfweh sei in der vorigen Nacht in einem Wirtshaus eingekauft worden, und vor dem Abend gebe es gar kein Mittel; am Abend aber würde dieser Kopf schon von selber gut, hingegen dürften nachher dem, der ihn aufhätte, die Backen weh tun! – Eine Handbewegung des Weibes hat das undeutliche Wort sehr klargestellt.

Unterwegs nach Krieglach lud mich ein Floßenführer (Flözenfahrer, hier Roheisenführer) ein, auf seinen Eisenschollen Platz zu nehmen; ich, besorgt, auch der möchte mich „heimzu“ führen in die Stanz oder in die Veitsch oder sonstwohin, wollte daher ablehnen. Der Fuhrmann kannte mich aber und sagte, daß er über Alpl nach dem Rettenegger Hammer fahre – ja, das war freilich eine Schickung Gottes. Gelegen bin ich mein Lebtag schon weicher als damals auf den Eisenflossen, geschlafen habe ich selten besser. Richtig hätte ich mich jetzt auch an Alpl vorbei bis weit hinüber ins Rettenegg geschlafen, wenn mein Führer mich nicht abgesetzt hätte beim Heidenbauern-Thörl, nahe von daheim.

Um Mitternacht kam ich zu Hause an. Sie waren ein wenig in Spannung und schliefen noch nicht. „Wir haben schon gemeint, der Kindberger Apotheker hat zum Schweinefett dich selber als Draufgabe genommen“, sagte der Vater, das war Spaß. Dem alten Weber-Hartl jedoch war etwas ganz anderes eingefallen. Er erinnerte sich, einmal gehört zu haben, daß die Apotheker jährlich ein Menschenkind abtäten, um daraus eine ganz besondere Medizin für ganz besondere Krankheiten zu gewinnen. – Es war wohl die höchste Zeit für den alten Hartl, daß ich mit dem Hasenöl heimkam!

Erst steckte er seine Nase ins Tiegelchen. „Scharf schmecken tut's, das wird schon angreifen“, murmelte er, „tut eh schon wieder so viel brummen im Kopf.“ Mein Vater roch auch und schaute mich grauenhaft streng an. Ich hatte nie begriffen, weshalb die Apotheker auf jeden Tiegel, den sie verkaufen, einen Zettel mit ihrem Namen und Wohnort kleben. Jetzt ward es mir klar, ohne diesen Zettel auf dem Tiegelchen hätte man es mir daheim niemals geglaubt, daß ich mein Hasenöl nicht aus dem Schweinsfettkübel genommen, sondern aus der Apotheke „Zum heiligen Josef“ in Bruck.

„Hat er's genommen, wo der wöll“, rief der alte Weber hochgemut aus, „wenn's nur hilft!“, und begann sich gleich die Stirn einzureiben mit dem Hasenöl.

Hat's geholfen? – Nun, die Wahrheit, zu sagen, beim alten Weber-Hartl konnte eine nennenswerte Besserung nicht nachgewiesen werden, hingegen ist mein Vater durch dieses Hasenöl klüger geworden, obschon er sich damit gar nicht eingerieben hatte. Er hat wohl auch in späterer Zeit noch manches Küblein Schweinsfett, manches Bündlein Wurzeln und Kräuter in die Apotheke geschickt – holen aber ließ er nichts mehr aus ihr. Das für alles heilsame „Hasenöl“ hat uns für alle Zukunft geheilt.

Als ich mir die Welt am Himmel baute

War damals ein Bursche von zwölf Jahren. Trug eine ungebleichte Leinwandhose, eine Jacke aus grauem Wilfling (grobes Gewebe aus Schafwolle und Garn) und eine buntgestreifte Zipfelmütze. War barfuß und ungeschickt im Gehen und Laufen, jeden Tag trug ich eine andre Zehe in der Binde. Die Haare hatte ich mit den fünf Fingern vorn herabgekämmt, mit den Zähnen kaute ich an einem Grashalm. Es war mit mir bisweilen nichts anzufangen; wenn man mich auf das Feld stellte, so stolperte ich über den Pflug und den Spaten, und wenn man mich in den Wald schickte, so hieb ich die Axt anstatt in das Holz in einen Stein, und bald war die Schneide des Werkzeuges so stumpf, daß man hätte darauf reiten können. Und ich stand und glotzte zum Himmel hinauf.

Unsere Waldberge waren mir schon gar so lästig geworden, das ewige Dunkelgrün und das ewige Vogelzwitschern und Windrauschen war nicht mehr auszustehen. Es war ein Einerlei, nicht zu sagen. Und ich sann, ich träumte anderem nach. Da, eines Tages, ich weidete unsere Herde auf der Hochöde, wie wir ein hochgelegenes Brachfeld, auf dem schon die Eriken und Wacholder wuchsen, nannten, entdeckte ich – den Himmel, den wunderbaren, ewig mannigfaltigen Wolkenhimmel. Ich war nun plötzlich entzückt über die Formen und wunderbaren Gestalten in allen Lichtarten. Ich wunderte mich nur, daß mir der Wolkenhimmel nicht schon längst aufgefallen war. So stand ich nun da und sah empor zu der neuen Welt, zu den Ebenen und Bergen und Schluchten, zu den ungeheuerlichen Tieren, die bewegungslos dastanden und dennoch dahinkrochen und sich reckten und dehnten und Arme und Beine ausstreckten, die sich wieder in Wedel und Rümpfe und Flügel verwandelten. Und ich glotzte die Luftschlösser an, die sich vor mir aufbauten, und kaute dabei an meinem Grashalm.

Von nun an war auf der Heide meine Freude, und gerne weidete ich die Herde, weidete ich dabei doch auch die lockigen Lämmer des Himmels.

In demselben Jahr war ein heißer Sommer, da ging's am Himmel wohl auch oft ein wenig einförmig zu, aber des Morgens und des Abends gab's doch immer was zu sehen. Ich war eine Zeitlang wie vernarrt in das Firmament. Mein Vater wunderte sich, daß ich oft gar der erste aus dem Bett war, daß ich die Morgensuppe stehenließ und die Rinder mit einer fast ängstlichen Behendigkeit auf die Hochöde jagte. Er wußte nicht, warum. Ich aber setzte mich in der Hochöde auf einen Stein, über welchen das Moos ein zartes, gelblich-grünes Sammetpelzchen gelegt hatte, und während die Kühe und die Kälber emsig im Heidekraut grasten und dabei mit ihren Schellen lustig glöckelten, biß ich allfort an einem dünnen Federgrashalm und blickte hin gegen Sonnenaufgang. Da war zuerst über dem fernen Gebirgszug des Wechsels eine dunkle, mattrote Bank; sie dehnte sich weit, weit hin und verlor sich, man wußte nicht, wo. Mit einem Male zogen sich goldige Fäden durch, und die ganze Wolkenbank wurde lieblich durchbrochen von Licht und sah nun aus wie ein ungeheurer, rotglühender Eisenklumpen.

Da waren alle meine Kühe plötzlich rot, und das Heidekraut war rot, das sie grasten, und die Steine waren rot, und die Stämme am Waldrand waren rot, und meine Leinwandhose war rot. Jetzt flammte am Rande der Wechselalpe plötzlich ein kleines Feuer, wie es Hirtenjungen gern anzünden, wenn sie sich Erdäpfel braten wollen. Aber das Feuer dehnte sich aus nach rechts und links und ging in die Höhe; das war ja ein Brand, zuletzt brannten dort alle Alpenhütten? Aber in einer wunderbaren Regelmäßigkeit hob sich der Brand empor, und eine großmächtige Glutscheibe tauchte auf – die Sonne. Da hatten meine Kühe und die Steine und ich auf einmal lange Schatten hin über die Heide. Mein Schatten war so lang, daß, wenn er vom Boden aufgestanden wäre, er mit seinen Fingern in den weißgelblichen Wolkenballen des Himmels hätte Wolle zupfen können. Die Nebelbank über dem Gebirgszug wurde schmächtiger, es ging ihr ans Herz, noch streckte sie einen glühenden Speer aus, der ging mitten durch die Sonne, aber er schmolz, und die Sonne wurde kleiner und funkelnder, und bald war die Wolkenbank, waren die roten Fäden am Gesichtskreis verschwunden.

Hie und da in der weiten Himmelsrunde hing es wohl noch wie weiße Wolle, und dort und dort schwamm ein Federchen hin, aber bald gingen auch die Federchen verloren, und die Wolke wurde unmerklich langsam auseinandergezupft in leichten Locken und dünnen Fädchen, und auf einmal war gar nichts mehr da als der tiefblaue Himmel und der blitzende Sonnenstern.

Es lag fast wie Dunkelheit über den Waldbergen, so unsäglich klar und leer war der Himmel, es war, als ob die Sonne zu klein werden wollte für die unendliche Weite.

Gegen die Mittagszeit ging die Bläue etwas in das Graulichte über, da sah es noch sonniger aus, und es war sehr heiß. Meine Herde hatte schon kühles, schattiges Dickicht aufgesucht, um sich die stechenden Fliegen abzuhalten; ich saß noch auf dem Stein und sah den Himmel an und dachte, wie schön das sein müßte, wenn die Himmelsrunde ein Spiegel wäre und wenn das Bild der ganzen Erde drin läge mit aller großen Herrlichkeit; vielleicht hätte ich dann von meiner Hochöde aus fremde Länder und große Städte sehen können.

Nach der zwölften Stunde, die ich an dem Schatten einer aufrechststehenden Stange bestimmte, erhob sich gewöhnlich ein Lüftchen, das ein paar Stunden fächelte und leise in den Bäumen säuselte. Das war zum Einschlummern süß zu hören. Mir fiel gar der Grashalm aus dem Mund. Die Ameisen konnten innerhalb meines Höschens emporkrabbeln, wie sie wollten, ich gewahrte sie nicht. Ja, ich gewahrte es nicht einmal und wußte nicht, wie es kam, aber plötzlich waren auf allen Seiten des Gesichtskreises – sowohl über den schwarzbläulichen Waldbergen der Mittagsseite als über der Wechselalpe und über den Matten der Mitternachtshöhen, hinter welchen die kahle, wettergraue Rax aufragte, und über der fernen Felsenkette der Abendseite – schneeweiße Wolken. Sie waren in halbrunden Haufen, sie waren wie dicht aufqualmender Rauch, der plötzlich versteinert wird zu weißem Marmor.

Die Ränder waren so scharf, wie mit einer feinen Schere von Papier geschnitten. Ganz unbeweglich schienen die Wolken, und doch änderten sie sich in jedem Augenblick und bauten sich auf, eine über die andere, und schoben sich von unten nach, dichter und dichter, grauer und grauer, oder es war jählings ein Riß, eine Lücke hinaus in die unendliche Bläue.

Und hoch oben über meinem Scheitel standen auch Wolkenschichten, grau, stellenweise ganz dunkel, aber mit lichten, federartigen Rändern.

Da blickte man hin und sah das Verwandeln nicht und sah die Verwandlung. Wie war das wunderbar! Ist es möglich, daß das jeden Tag geschieht, und die Menschen achten es nicht, bemerken es nicht einmal und wundern sich mehr über ein albernes Taschenspielchen als über den allherrlichen Wolkenhimmel?

Die Schichten über der fernen Felsenkette waren niedlicher und gegliederter als die näheren Ballen; sie waren zum Teil bläulich wie der Himmel und wären von diesem kaum zu unterscheiden gewesen, wenn die Ränder nicht milchweiß geglänzt hätten.

Ich tat die Füße auseinander, bückte mich und guckte zwischen den Beinen hindurch auf die fernen Wolkenschichten hin, um durch diese ungewohnte Lage des Blickes ein möglichst abenteuerliches Bild zu schauen. Da sah ich unerhörte Bergriesen mit den schwindelndsten Kuppen und schauerlichsten Abgründen, und da ragten die Felshörner, und da glänzten die Gletscher in unermeßlichen Höhen. Wenn dann vor diesen Gebilden ein dunkles Wölkchen dahinschwamm, so hielt ich das für einen riesigen Steinadler oder gar für den Vogel Greif. Das war mein Tirol, von dem ich schon gehört hatte, und ich guckte so lange zwischen den Beinen darauf hin, bis ich schwindlig wurde und in das Gras purzelte.

Fürchterliche Riesen mit goldigem Mantelsaum, mit verknorrten Gliedern und gewaltigen Köpfen standen am Himmel und schwangen ihre Arme und streckten ihre Finger nach der Sonne aus. Die Sonne hatte sich lange sehr geschickt zwischen diesen Ungeheuern durchgewunden, aber endlich ging sie doch ins Netz. Da lag dann ein dunkler Fleck über dem Waldland oder über den kleinen, reifenden Feldern im Tal, und es lagen mehrere Flecken und zogen sich langsam hin auf ebenen Flächen und krochen wachsend empor an Hängen und verschwanden endlich wieder.

Je mehr die Sonne niedersank, desto schwächer wurde ihr Strahl; der Himmel graute, aber die dichten Wolken schwanden, gingen in Federn und Fransen aus, und gegen Abend weideten am Firmament, wo früher die Ungeheuer gestanden, milde, weiße Lämmchen.

Nur die Bilder über der fernen Felsenkette blieben am längsten. Aber auch dort waren großartige Veränderungen; das gewaltige Hochgebirge war zu einer leuchtenden Stadt mit goldigen Türmen und Kuppeln und Zinnen geworden. Das war mein Zion, ich blickte wieder zwischen den Beinen darauf hin.

Aber wie wenn das ganze Reich von Butter gewesen wäre, so zerging es nun, als die Sonne nahe kam, und es dehnte sich eine weite Ebene aus über der Felsenkette, eine rötlich-graue, unabsehbare Ebene mit Licht- und Schattenfäden und darüber hin der Himmel. Das war mir das Meer, und ich guckte wieder durch mein dreieckiges Fernrohr.

Die Sonne durchbrach die Ebene und tauchte als große rote Scheibe hinter den scharfen Kanten der Felsen hinab. Da lagen rote Linien und glühende Nadeln darüber hin, die noch lange leuchteten und erst zur späten Stunde erloschen, als über unserem Gehöft schon die Stille der Nacht lag und am Himmel die Sterne sichtbar wurden oder das milde Mondlicht liebliche Schleier wob.

So waren die Tage des Juli und August. Die Kornfelder im Tal nahten langsam der Reife, sie wurden gar sorgfältig bewacht, sie machten für den Winter die einzige Hoffnung aus. Die Früchte an den Berghängen aber waren im Verdorren, denn es rieselte wochenlang kein Regen. Da blickten auch andere Leute zuweilen aufwärts zu den Wolken oder hin gegen die Rax, die aber stets klar war und an der nie die Nebelflocke klebte; eine Nebelflocke an der Rax jedoch war das einzige sichere Anzeichen eines nahen Regens.

Ich saß täglich auf meiner Hochöde und sah den Himmel an. Ich wußte nicht, warum, ich dachte es mir auch kaum, was ich sah, ich fühlte es nur.

Einmal gegen die Abendstunde hin saß über der Felsenkette ein ungeheures Eichhörnchen. Es setzte seine Vorderfüßchen gerade auf, es hatte ein deutliches Schnäuzchen und spitzte die Ohren, und der buschige, sanft wollige Schweif ging weithin gegen die Neubergalpen. Es war ein launiges Wolkengebilde, gar ein Äuglein hatte das Tier, ein blaues Äuglein, durch welches der klare Himmel guckte; aber auf einmal wurde es licht und funkelnd in diesem Auge, und es warf einen mächtigen Strahl über den ganzen Himmel. Es hatte sich hinter der Wolke ja die Sonne verborgen gehalten. Endlich erlosch das Auge wieder, ich wußte nicht, hatte ein Wölkchen das Lid zugedrückt oder war die Lichtscheibe zu sehr gesunken; aber ich wartete, bis die Sonne unterhalb am Hals herauskommen würde, und ich freute mich schon auf das goldige Halsgehänge, das mein Eichhörnchen bekommen sollte. Aber siehe, während ich so wartete und mich freute, war das Tier zu einer formlosen Masse geworden, nur der buschige, sanft wollige Schweif ging noch weit hin in das Österreicherland.

Einmal war der Himmel mit einer leichten, gleichmäßigen Nebelschicht umzogen, auf welcher tiefer liegende Wolken verschiedene Figuren bildeten. So kroch eine Kreuzspinne dahin und der Sonne zu. Die Kreuzspinne war riesig groß, und meine Phantasie sah acht oder zehn Füße. Sie kam der ohnehin matt scheinenden Sonne immer näher, und die fraß sie auf, so daß ein tiefer Schatten lag über dem Waldrand. Als ich wieder hinaufsah, war das Gebilde verschwommen, und eine plumpe Wolkenmasse verhüllte die Sonne.

Wieder zu anderen Tagen war es aber wirklich lebendig am Himmel. Von der Felsenkette über unsere Waldberge und gegen Morgen und Mittag hin zog ein endloses Heer von Wolken. Stellenweise wanderten sie einzeln, stellenweise wieder in großen Gruppen und Massen, licht und dunkelgrau und „wollig“ und „lämmelig“, und sie duckten sich untereinander, und sie ritten übereinander, und es war eine wüste Flucht. In den Wäldern rauschte unwirtlich der Wind. Das war eine wahre Völkerwanderung am Himmel tagelang. Ich fragte die Wolken, woher sie kamen, wohin sie zogen; sie hatten nur Schatten für mich und keine Antwort.

Nach den Tagen des Windes blieb der Himmel eine Zeitlang gleichmäßig trüb, und es strich eine kühle, oft fast frostige Luft. Die Leute meinten, nun werde der ersehnte Regen kommen. Aber das Wolkengewölbe wurde lichter und durchsichtiger, und endlich sah man durch dasselbe wieder den weißen Punkt der Sonne schimmern.

Ich vergaß wohl die welkenden, verdorrenden Pflanzen der Erde, die bereits fahl oder rot gebrannt waren, ich vergaß auch die Waldvöglein, die nicht mehr singen wollten, weil sie schier vertrocknete Kehlen haben mochten, ich freute mich, daß sich der Himmel wieder erheiterte. Die Wölklein waren nun so zart und leicht und milchweiß, und leichte Fäden zogen hin, als ob in den weiten

Lüften eine unsichtbare Spinnerin wäre, oder ein Webstuhl stünde in der hohen Himmelsrunde.

Und aus den wunderbaren Geweben fügten sich Nester mit Eiern und schneeweißen Tauben; dann machten diese Tierchen hohe Kragen und schnäbelten miteinander, und da dachte ich mir: Zuweilen trifft es doch zu, daß der Himmel ein Spiegel ist für die Erde. Ich hatte zu derselben Zeit mehrmals von einem Müllerstöchterchen geträumt, das Maria hieß und ein schneeweißes Hemdchen trug.

Die Himmelsgebilde waren an diesen Tagen gar zu lieblich, und dazu hauchte eine labende Kühle von der fernen Felsenkette her. Die Leute aber waren mißmutig, man hörte kein Singen und Jauchzen, das sonst den Wald so lebendig machte. Es war eine eigenartige Trägheit im Walde.

Endlich, eines Morgens – es war ein tiefblauer Himmel – klebte an der halben Höhe der Rax ein Nebelchen. Die Leute jubelten; ich betrachtete gedankenlos die Flocke an der Felswand, die fast den ganzen Vormittag in derselben Stellung blieb. Es zog ein beinahe frostiger Alpenhauch, zur Mittagsstunde aber wurde es empfindlich schwül.

Am Gesichtskreis stiegen wieder die vielgestaltigen Wolkenhaufen auf. Die Sonne verzog sich für kurze Zeit; an der Mitternachtsseite gingen mattgraue Streifen nieder, und man hörte mehrmals ein dumpfes Donnern. Das Gewitter verging, ohne daß auf unsere Gegend ein Regentröpfchen fiel. Das Wölkchen an der Rax war längst verschwunden. Über der Felskette baute sich sandgraues Gewölke, und eine gleichmäßige Schicht zog sich über den ganzen Himmel.

Das Waldland lag im Schatten, kein Vöglein war zu hören, nur vernahm man zuweilen den Pfiff eines Geiers. Ich wäre noch gern auf der Hochöde geblieben und hätte die so ruhsamen Dinge betrachtet, aber meine Herde graste talab und gegen unser Haus, ehe es noch Abend wurde.

Als ich zum Hause kam, stand die Mutter am Gartenrain und betete aus einem Buche halblaut das Evangelium des heiligen Johannes und machte mit dem hölzernen Kruzifix unseres Hausaltars Kreuze nach allen Himmelsrichtungen hin.

Es war noch die Sonne nicht untergegangen, aber es war schon ganz dunkel. Das Bächlein unten in der Schlucht war so klein, daß es nur sickerte, und doch war ein seltsames Brausen wie von einem mächtigen Wasserfall. Der Hof lag wie träumend da, die Tannen daneben regten sich nicht. Ein großer, glitzernder Habicht schwamm von der Hochöde hernieder und über den Hof hin. Im Gewölk hallte ein leises, fast röchelndes Donnern, das sich mit Mühe weiterzudrängen schien und plötzlich erstickte.

An der Mitternachtsseite des Hauses wurden die Fensterbalken geschlossen; einzelne Schwalben flatterten verwirrt unter dem Dach umher. Der Brunnen vor dem Hause spritzte zuweilen unregelmäßig über den Trog hinaus, und doch merkte man kein Lüftchen. Mein Vater ging vor der Haustüre auf und ab und hielt die Hände über den Rücken.

Plötzlich begann es in den Tannen zu rauschen, und mehrere bereits vergilbte Ahornblätter hüpften vom Wald heran. Regentropfen schlugen nieder und spritzten von der Erde wieder auf. Jetzt war es wie ein schwaches Aufleuchten durch die Abenddämmerung, dann tanzten wieder lose Blätter über den Anger. In den Wolken rauschte es wie das Rollen wuchtiger Sandballen.

Nun brach es los. Die Bäume wurden lebendig, und es krachten die Strünke. Vom Dach der Scheune rissen sich ganze Fetzen los und tanzten in den Lüften.

In demselben Augenblick sauste das erste Schloßenkorn nieder; doch sprang es wieder auf und kollerte hüpfend über den Boden hin. Das Schloßenkorn war so groß wie ein Hühnerei.

Die Leute sahen es, und mit einem leisen; „Jesus Maria!" eilten sie ins Haus. Ich blieb so lange im Freien, bis mir ein Eisklumpen auf die Zehen fiel, daß ich vor Schmerz fast zusammensank; dann huschte ich unter das Dach.

Nun war eine halbe Stunde lang nichts als ein fürchterliches Geknatter. Die Leute beteten den Wettersegen, aber man verstand kein einziges Wort.

Zuletzt klirrten gar die Fenster der Morgenseite, auf den Dächern knatterte es greulich, und zackige Schloßen kollerten in die Stube, und der Wind wogte herein und blies die geweihte Wetterkerze aus und fachte das Herdfeuer an zu einem wilden Sprühen, und wir glaubten schon, es käme uns das Feuer zum Rauchfang hinaus. Erst als ein gewaltiger Donnerschlag krachte und ein zweiter, legte sich das Mark und Bein durchdringende Getöse, und es zog nur noch ein eiskalter Luftzug durch die Fenster, und es rieselte der Regen. Endlich legte sich auch dieser. Es war Nacht geworden; draußen lag eine Winterlandschaft.

Wir nahmen kein Nachtmahl, wir gingen nicht zur Ruhe. Ich legte Strohschuhe an und ging mit meinem Vater hinaus auf das hohe, knisternde Eis.

Wortlos schritten wir um das Gehöft. An den Gebäuden lagen Haufen von Schloßen und Dachsplittern, unter den Tannen waren hohe Schichten von Reisig, und die schönen Stämme hatten nur kahles oder zerzaustes Geäste. Auf dem Kornfeld und auf dem Kohlgarten lag die gleichmäßige Eisschicht, kein einzig Hälmlein, kein einzig Häuptchen ragte hervor.

Mein Vater stand still, hielt die Hände über das Gesicht, und seine Atemstöße zitterten.

Von der Mittagsseite war noch das ferne Murren des Gewitters zu hören. Über dem Wechsel ging zwischen zerrissenen Wolken der Mond auf, und aus dem dunkeln Grunde der Wälder erhoben sich weiße Nebelgebilde. Am Himmel standen zarte Flocken mit silbrigen Rändern.

Als ich die Christtagsfreude holen ging

In meinem zwölften Lebensjahre wird es gewesen sein, als am Frühmorgen des heiligen Christabends mein Vater mich an der Schulter rüttelte: ich solle aufwachen und zur Besinnung kommen, er habe mir etwas zu sagen. Die Augen waren bald offen, aber die Besinnung! Als ich unter der Mithilfe der Mutter angezogen war und bei der Frühsuppe saß, verlor sich die Schlaftrunkenheit allmählich, und nun sprach mein Vater: „Peter, jetzt hör, was ich dir sage. Da nimm einen leeren Sack, denn du wirst was heimtragen. Da nimm meinen Stecken, denn es ist viel Schnee, und da nimm eine Laterne, denn der Pfad ist schlecht, und die Stege sind vereist. Du mußt hinabgehen nach Langenwang. Den Holzhändler Spreitzegger zu Langenwang, den kennst du, der ist mir noch immer das Geld schuldig, zwei Gulden und sechsunddreißig Kreuzer für den Lärchenbaum. Ich laß ihn bitten drum; schön höflich anklopfen und den Hut abnehmen, wenn du in sein Zimmer trittst. Mit dem Geld gehst nachher zum Kaufmann Doppelreiter und kaufst zwei Maßel Semmelmehl und zwei Pfund Rindsschmalz und um zwei Groschen Salz, und das tragst heim."

Jetzt war aber auch meine Mutter zugegen, ebenfalls schon angekleidet, während meine sechs jüngeren Geschwister noch ringsum an der Wand in ihren Bettchen schliefen. Die Mutter, die redete drein wie folgt: „Mit Mehl und Schmalz und Salz allein kann ich kein Christtagsessen richten. Ich brauch dazu noch Germ (Hefe) um einen Groschen, Weinbeerln um fünf Kreuzer, Zucker um fünf Groschen, Safran um zwei Groschen und Neugewürz um zwei Kreuzer. Etliche Semmeln werden auch müssen sein."

„So kaufst es", setzte der Vater ruhig bei. „Und wenn dir das Geld zuwenig wird, so bittest den Herrn Doppelreiter, er möcht die Sachen derweil borgen, und zu Ostern, wenn die Kohlenraitung (Verrechnung für Holzkohle) ist, wollt ich schon fleißig zahlen. Eine Semmel kannst unterwegs selber essen, weil du vor Abend nicht heimkommst. Und jetzt kannst gehen, es wird schon fünf Uhr, und daß du noch die Achter-Meß erlangst zu Langenwang."

Das war alles gut und recht. Den Sack band mir mein Vater um die Mitte, den Stecken nahm ich in die rechte Hand, die Laterne mit der frischen Unschlittkerze in die linke, und so ging ich davon, wie ich zu jener Zeit in Wintertagen oft davongegangen war. Der durch wenige Fußgeher ausgetretene Pfad war holperig im tiefen Schnee, und es ist nicht immer leicht, nach den Fußstapfen unserer Vorderen zu wandeln, wenn diese zu lange Beine gehabt haben. Noch nicht dreihundert Schritt war ich gegangen, so lag ich im Schnee, und die Laterne, hingeschleudert, war ausgelöscht. Ich suchte mich langsam zusammen, und dann schaute ich die wunderschöne Nacht an. Anfangs war sie ganz grausam finster, allmählich hub der Schnee an, weiß zu werden und die Bäume schwarz, und in der Höhe war helles Sternengefunkel. In den Schnee fallen kann man auch ohne Laterne, so stellte ich sie seithin unter einen Strauch, und ohne Licht ging's nun besser als vorhin.

In die Talschlucht kam ich hinab, das Wasser des Fresenbaches war eingedeckt mit glattem Eis, auf welchem, als ich über den Steg ging, die Sterne des Himmels gleichsam Schlittschuh liefen. Später war ein Berg zu übersteigen; auf dem Paß, genannt der „Höllkogel", stieß ich zur wegsamen Bezirksstraße, die durch Wald und Wald hinabführt in das Mürztal. In diesem lag ein weites Meer von Nebel, in welches ich sachte hineinkam, und die feuchte Luft fing an, einen Geruch zu haben, sie roch nach Steinkohlen; und die Luft fing an, fernen Lärm an mein Ohr zu tragen, denn im Tal hämmerten die Eisenwerke, rollte manchmal ein Eisenbahnzug über dröhnende Brücken.

Nach langer Wanderung ins Tal gekommen zur Landstraße, klingelte Schlittengeschelle, der Nebel ward grau und lichter, so daß ich die Fuhrwerke und Wandersleute, die für die Feiertage nach ihren Heimstätten reisten, schon auf kleine Strecken weit sehen konnte. Nachdem ich eine Stunde lang im Tal fortgegangen war, tauchte links an der Straße im Nebel ein dunkler Fleck auf, rechts auch einer, links mehrere, rechts eine ganze Reihe – das Dorf Langenwang.

Alles, was Zeit hatte, ging der Kirche zu, denn der Heilige Abend ist voller Vorahnung und Gottesweihe. Bevor noch die Messe anfing, schritt der hagere, gebückte Schulmeister durch die Kirche, musterte die Andächtigen, als ob er jemanden suche. Endlich trat er an mich heran und fragte leise, ob ich ihm nicht die Orgel „melken" wolle, es sei der Mesnerbub krank. Voll Stolz und Freude, also zum Dienste des Herrn gewürdigt zu sein, ging ich mit ihm auf den Chor, um bei der heiligen Messe den Blasebalg der Orgel zu ziehen. Während ich die zwei langen Lederriemen abwechselnd aus dem Kasten zog, in welchen jeder derselben allemal wieder langsam hineinkroch, orgelte der Schulmeister, und seine Tochter sang:

„Tauet, Himmel, den Gerechten,
Wolken, regnet ihn herab!
Also rief in bangen Nächten
einst die Welt, ein weites Grab.
In von Gott verhaßten Gründen
herrschten Satan, Tod und Sünden,
fest verschlossen war das Tor
zu dem Himmelreich empor."

Ferner erinnere ich mich, an jenem Morgen nach dem Gottesdienst in der dämmerigen Kirche vor ein Heiligenbild hingekniet zu sein und gebetet zu haben um Glück und Segen zur Erfüllung meiner bevorstehenden Aufgabe. Das Bild stellte die Vierzehn Nothelfer dar – einer wird doch dabeisein, der zur Eintreibung von Schulden behilflich ist. Es schien mir aber, als schiebe während meines Gebetes auf dem Bilde einer sich sachte hinter den andern zurück.

Trotzdem ging ich guten Mutes hinaus in den nebeligen Tag, wo alles emsig war in der Vorbereitung zum Fest, und ging dem Hause des Holzhändlers Spreitzegger zu. Als ich daran war, zur vorderen Tür hineinzugehen, wollte der alte Spreitzegger, soviel ich mir später reimte, durch die hintere Tür entwischen. Es wäre ihm gelungen, wenn mir nicht im Augenblick geschwant hätte: Peter, geh nicht zur vorderen Tür ins Haus wie ein Herr, sei demütig, geh zur hinteren Tür hinein, wie es dem Waldbauernbub geziemt. Und knapp an der hinteren Tür trafen wir uns.

„Ah, Bübel, du willst dich wärmen gehen“, sagte er mit geschmeidiger Stimme und deutete ins Haus, „na, geh dich nur wärmen. Ist kalt heut!“ Und wollte davon.

„Mir ist nicht kalt“, antwortete ich, „aber mein Vater läßt den Spreitzegger schön grüßen und bitten ums Geld.“

„Ums Geld? Wieso?“ fragte er. „Ja richtig, du bist der Waldbauernbub. Bist früh aufgestanden heut, wenn du schon den weiten Weg kommst. Rast nur ab. Und ich laß deinen Vater auch schön grüßen und glückliche Feiertage wünschen; ich komm ohnehin ehzeit einmal zu euch hinauf, nachher wollen wir schon gleich werden.“

Fast verschlug es mir die Rede, stand doch unser ganzes Weihnachtsmahl in Gefahr vor solchem Bescheid.

„Bitt wohl von Herzen schön ums Geld, muß Mehl kaufen und Schmalz und Salz, und ich darf nicht heimkommen mit leerem Sack.“

Er schaute mich starr an. „Du *kannst* es!“ brummte er, zerrte mit zäher Gebärde seine große, rote Brieftasche hervor, zupfte in den Papieren, die wahrscheinlich nicht pure Banknoten waren, zog einen Gulden heraus und sagte: „Na, so nimm derweil das, in vierzehn Tagen wird dein Vater den Rest schon kriegen. Heut hab ich nicht mehr.“

Den Gulden schob er mir in die Hand, ging davon und ließ mich stehen.

Ich blieb aber nicht stehen, sondern ging zum Kaufmann Doppelreiter. Dort begehrte ich ruhig und gemessen, als ob nichts wäre, zwei Maßel Semmelmehl, zwei Pfund Rindsschmalz, um zwei Groschen Salz, um einen Groschen Germ, um fünf Kreuzer Weinbeerln, um fünf Groschen Zucker, um zwei Groschen Safran und um zwei Kreuzer Neugewürz. Der Herr Doppelreiter bediente mich selbst und machte mir alles hübsch zurecht in Päckchen und Tütchen, die er dann mit Spagat zusammen in ein einziges Paket band und so an den Mehlsack hängte, daß ich das Ding über der Achsel tragen konnte, vorn ein Bündel und hinten ein Bündel. Als das geschehen war, fragte ich mit einer nicht minder tückischen Ruhe als vorhin, was das alles zusammen ausmache.

„Das macht drei Gulden fünfzehn Kreuzer“, antwortete er mit Kreide und Mund.

„Ja, ist schon recht“, hierauf ich, „da ist derweil ein Gulden, und das andere wird mein Vater, der Waldbauer in Alpl, zu Ostern zahlen.“

Schaute mich der bedauernswerte Mann und fragte höchst ungleich: „Zu Ostern? In welchem Jahr?“

„Na, nächste Ostern, wenn die Kohlenraitung ist.“

Nun mischte sich die Frau Doppelreiterin, die andere Kunden bediente, drein und sagte: „Laß ihm's nur, Mann, der Waldbauer hat schon öfters auf Borg genommen und nachher allemal ordentlich bezahlt. Laß ihm's nur.“

„Ich laß ihm's ja, werd ihm's nicht wieder wegnehmen“, antwortete der Doppelreiter. Das war doch ein bequemer Kaufmann! Jetzt fielen mir auch die Semmeln ein, welche meine Mutter noch bestellt hatte.

„Kann man da nicht auch fünf Semmeln haben?“ fragte ich. „Semmeln kriegt man beim Bäcker“, sagte der Kaufmann.

Das wußte ich nun gleichwohl, nur hatte ich mein Lebtag nichts davon gehört, daß man ein paar Semmeln auf Borg nimmt, daher vertraute ich der Kaufmännin, die sofort als Gönnerin zu betrachten war, meine vollständige Zahlungsunfähigkeit an. Sie gab mir zwei bare Groschen für Semmeln, und als sie nun noch beobachtete, wie meine Augen mit den reiffeuchten Wimpern fast unlösbar an den gedörrten Zwetschken hingen, die sie einer alten Frau in den Korb tat, reichte sie mir auch noch eine Handvoll dieser köstlichen Sache zu: „Unterwegs zum Naschen.“

Nicht lange hernach, und ich trabte, mit meinen Gütern reich und schwer bepackt, durch die breite Dorfgasse dahin. Überall in den Häusern wurde gemetzgert, gebacken, gebraten, gekeltert; ich beneidete die Leute nicht; ich bedauerte sie vielmehr, daß sie nicht ich waren, der, mit so großem Segen beladen, gen Alpl zog. Das wird morgen ein Christtag werden! Denn die Mutter kann's, wenn sie die Sachen hat. Ein Schwein ist ja auch geschlachtet worden daheim, das gibt Fleischbrühe mit Semmelbrocken, Speckfleck, Würste, Nieren-Lümperln, Knödelfleisch mit Kren, dann erst die Krapfen, die Zuckernudeln, das Schmalzkoch mit Weinbeerln und Safran! – Die Herrenleut da in Langenwang haben so was alle Tag, das ist nichts, aber wir haben es im Jahr einmal und kommen mit unverdorbenem Magen dazu, *das* ist was! – Und doch dachte ich auf diesem belasteten Freudenmarsch weniger noch ans Essen als an das liebe Christkind und sein hochheiliges Fest. Am Abend, wenn ich nach Hause komme, werde ich aus der Bibel davon vorlesen, die Mutter und die Magd Mirzel werden Weihnachtslieder singen; dann, wenn es zehn Uhr wird, werden wir uns aufmachen nach Sankt Kathrein und in der Kirche die feierliche Christmette begehen bei Glock', Musik und unzähligen Lichtern. Und am Seitenaltar ist das Krippel aufgerichtet mit Ochs und Esel und den Hirten, und auf dem Berg die Stadt Bethlehem und darüber die Engel, singend: Ehre sei Gott in der Höhe! – Diese Gedanken trugen mich anfangs wie Flügel. Doch als ich eine Weile die schlittenglatte Landstraße dahingegangen war, unter den Füßen knirschenden Schnee, mußte ich mein Doppelbündel schon einmal wechseln von einer Achsel auf die andere.

In der Nähe des Wirtshauses „Zum Sprengzaun“ kam mir etwas Vierspänniges entgegen. Ein leichtes Schlittlein, mit vier feurigen, hochaufgefederten Rappen bespannt, auf dem Bock ein Kutscher mit glänzenden Knöpfen und einem Buttenhut. Der Kaiser? Nein, der Herr Wachtler vom Schlosse Hohenwang saß im Schlitten, über und über in Pelze gehüllt und eine Zigarre schmauchend. Ich blieb stehen, schaute dem blitzschnell vorüberrutschenden Zeug eine Weile nach und dachte: Etwas krumm ist es doch eingerichtet auf dieser Welt: da sitzt ein starker Mann drin und läßt sich hinziehen mit so viel überschüssiger Kraft, und ich vermag mein Bündel kaum zu schleppen.

Mittlerweile war es Mittagszeit geworden. Durch den Nebel war die milchweiße Scheibe der Sonne zu sehen; sie war nicht hoch am Himmel hinaufgestiegen, denn um vier Uhr wollte sie ja wieder unten sein, zur langen Christnacht. Ich fühlte in den Beinen manchmal so ein heißes Prickeln, das bis in die Brust hinaufstieg, es zitterten mir die Glieder. Nicht weit von der Stelle, wo der Weg nach Alpl abzweigt, stand ein Kreuz mit dem lebensgroßen Bilde des Heilands. Es stand, wie es heute noch steht, an seinem Fuß Johannes und Magdalena, das Ganze mit einem Bretterverschlag verwahrt, so daß es wie eine Kapelle war. Vor dem Kreuz auf die Bank, die für kniende Beter bestimmt ist, setzte ich mich nieder, um Mittag zu halten. Eine Semmel, die gehörte mir, meine Neigung zu ihr war so groß, daß ich sie am liebsten in wenigen Bissen verschluckt hätte. Allein das schnelle Schlucken ist nicht gesund, das wußte ich von anderen Leuten, und das langsame Essen macht einen längeren Genuß, das wußte ich schon von mir selber. Also beschloß ich, die Semmel recht gemächlich und bedächtig zu genießen und dazwischen manchmal eine gedörrte Zwetschke zu naschen.

Es war eine sehr köstliche Mahlzeit; wenn ich heute etwas recht Gutes haben will, das kostet außerordentliche Anstrengungen aller Art; ach, wenn man nie und nie einen Mangel zu leiden hat, wie wird man da arm.

Und wie war ich so reich damals, als ich arm war!

Als ich nach der Mahlzeit mein Doppelbündel wieder auflud, war's ein Spaß mit ihm, flink ging es voran. Als ich später in die Bergwälder hinaufkam und der graue Nebel dicht in den schneebeschwerten Bäumen hing, dachte ich an den Grabler-Hansel. Das war ein Kohlenführer, der täglich von Alpl seine Fuhre ins Mürztal lieferte. Wenn er auch heute gefahren wäre! Und wenn er jetzt heimwärts mit dem leeren Schlitten des Weges käme und mir das Bündel auflüde! Und am Ende gar mich selber! Daß es so heiß sein kann im Winter! Mitten in Schnee und Eisschollen schwitzen! Doch morgen wird alle Mühsal vergessen sein. – Derlei Gedanken und Vorstellungen verkürzten mir unterwegs die Zeit.

Auf einmal roch ich starken Tabakrauch. Knapp hinter mir ging, ganz leise auftretend, der grüne Kilian. Der Kilian war früher einige Zeit lang Forstgehilfe in den gewerkschaftlichen Wäldern gewesen, jetzt war er's nicht mehr, wohnte mit seiner Familie in einer Hütte drüben in der Fischbacher Gegend, man wußte nicht recht, was er trieb. Nun ging er nach Hause. Er hatte einen Korb auf dem Rücken, an dem er nicht schwer zu tragen schien, sein Gewand war noch ein jägermäßiges, aber hübsch abgetragen, und sein schwarzer Vollbart ließ nicht viel sehen von seinem etwas fahlen Gesicht. Als ich ihn bemerkt hatte, nahm er die Pfeife aus dem Mund, lachte laut und sagte: „Wo schiebst denn hin, Bub?"

„Heimzu", meine Antwort.

„Was schleppst denn?"

„Sachen für den Christtag."

„Gute Sachen? Der Tausend sapperment! Wem gehörst denn zu?"

„Dem Waldbauer."

„Zum Waldbauer willst gar hinauf? Da mußt gut anrauchen."

„Tu's schon", sagte ich und tauchte an.

„Nach einem solchen Marsch wirst gut schlafen bei der Nacht", versetzte der Kilian, mit mir gleichen Schritt haltend.

„Heut wird nicht geschlafen bei der Nacht, heut ist Christnacht."

„Was willst denn sonst tun, als schlafen bei der Nacht?"

„Nach Kathrein in die Metten gehen."

„Nach Kathrein?“ fragte er, „den weiten Weg?“

„Um zehn Uhr abends gehen wir vom Haus fort, und um drei Uhr früh sind wir wieder daheim.“

Der Kilian biß in sein Pfeifenrohr und sagte: „Na, hörst du, da gehört viel Christentum dazu. Beim Tag ins Mürztal und bei der Nacht in die Metten nach Kathrein! So viel Christentum hab ich nicht, aber das sage ich dir doch: Wenn du dein Bündel in meinen Buckelkorb tun willst, daß ich es dir eine Zeitlang trage und du dich ausrasten kannst, so hast ganz recht, warum soll der alte Esel nicht auch einmal tragen!“

Damit war ich einverstanden, und während mein Bündel in seinen Korb sank, dachte ich: Der grüne Kilian ist halt doch ein besserer Mensch, als man sagt.

Dann rückten wir wieder an, ich huschte frei und leicht neben ihm her.

„Ja, ja, die Weihnachten!“ sagte der Kilian fauchend, „da geht's halt drunter und drüber. Da reden sich die Leut in eine Aufregung und Frömmigkeit hinein, die gar nicht wahr ist. Im Grund ist der Christtag wie jeder andere Tag, nicht einen Knopf anders. Der Reiche, ja, der hat jeden Tag Christtag, unsereiner hat jeden Tag Karfreitag.“

„Der Karfreitag ist auch schön“, war meine Meinung.

„Ja, wer genug Fisch und Butter und Eier und Kuchen und Krapfen hat zum Fasten!“ lachte der Kilian.

Mir kam sein Reden etwas heidentümlich vor. Doch was er noch weiteres sagte, das verstand ich nicht mehr, denn er hatte angefangen, sehr heftig zu gehen, und ich konnte nicht recht nachkommen. Ich rutschte auf dem glitschigen Schnee mit jedem Schritt ein Stück zurück, der Kilian hatte Fußeisen angeschnallt, hatte lange Beine, war nicht abgemattet – da ging's freilich voran.

„Herr Kilian!“ rief ich.

Er hörte es nicht. Der Abstand zwischen uns wurde immer größer, bei Wegbiegungen entschwand er mir manchmal ganz aus den Augen, um nachher wieder in größerer Entfernung, halb schon von Nebeldämmerung verhüllt, aufzutauchen. Jetzt wurde mir bang um mein Bündel. Kamen wir ja doch schon dem Höllkogel nahe. Das ist jene Stelle, wo der Weg nach Alpl und der Weg nach Fischbach sich gabeln. Ich hub an zu laufen; im Angesichte der Gefahr war alle Müdigkeit dahin, ich lief wie ein Hündlein und kam ihm näher. Was wollte ich aber anfangen, wenn ich ihn eingeholt hätte, wenn ihm der Wille fehlte, die Sachen herzugeben, und mir die Kraft, sie zu nehmen? Das kann ein schönes Ende werden mit diesem Tag, denn die Sachen lasse ich nicht im Stich, und sollte ich ihm nachlaufen müssen bis hinter den Fischbacher Wald zu seiner Hütte!

Als wir denn beide so merkwürdig schnell vorwärtskamen, holten wir ein Schlittengespann ein, das vor uns mit zwei grauen Ochsen und einem schwarzen Kohlenführer langsam des Weges schliff. Der Grabler-Hansel! Mein grüner Kilian wollte schon an dem Gespann vorüberhuschen, da schrie ich von hinten her aus Leibeskräften: „Hansel! Hansel! Sei so gut, leg mir meine Christtagsachen auf den Schlitten, der Kilian hat sie im Korb, und er soll sie dir geben!"

Mein Geschrei muß wohl sehr angstvoll gewesen sein, denn der Hansel sprang sofort von seinem Schlitten und nahm eine tatbereite Haltung ein. Und wie der Kilian merkte, ich hätte hier einen Bundesgenossen, riß er sich den Korb vom Rücken und schleuderte das Bündel auf den Schlitten. Er knirschte noch etwas von „dummen Bären" und „Undankbarkeit", dann war er auch schon davon.

Der Hansel rückte das Bündel zurecht und fragte, ob man sich draufsetzen dürfe. Das, bat ich, nicht zu tun.

So tat er's auch nicht, wir setzten uns hübsch nebeneinander auf den Schlitten, und ich hielt auf dem Schoß sorgfältig mit beiden Händen die Sachen für den Christtag. So kamen wir endlich nach Alpl. Als wir zur ersten Fresenbrücke gekommen waren, sagte der Hansel zu den Ochsen: „Oha!" und zu mir: „So!" Die Ochsen verstanden und blieben stehen, ich verstand nicht und blieb sitzen.

Aber nicht mehr lange, es war ja zum Aussteigen, denn der Hansel mußte links in den Graben hinein und ich rechts den Berg hinauf.

„Dank dir's Gott, Hansel!"

„Ist schon gut, Peterl."

Zur Zeit, da ich mit meiner Last den steilen Berg hinanstieg gegen mein Vaterhaus, begann es zu dämmern und zu schneien. Und zuletzt war ich doch daheim.

„Hast alles?" fragte die Mutter am Kochherd mir entgegen.

„Alles!"

„Brav bist. Und hungrig wirst sein."

Beides ließ ich gelten. Sogleich zog die Mutter mir die klingendhart gefrorenen Schuhe von den Füßen, denn ich wollte, daß sie frisch eingefettet würden für den nächtlichen Mettengang. Dann setzte ich mich in der warmen Stube zum Essen.

Aber siehe, während des Essens geht es zu Ende mit meiner Erinnerung. – Als ich wieder zu mir kam, lag ich wohlausgeschlafen in meinem warmen Bett, und zum kleinen Fenster herein schien die Morgensonne des Christtages.

Das Schläfchen auf dem Semmering

Das Mittagmahl war vorüber. Den Rest der Milchsuppe hatte der Kettenhund bekommen, der, dankbar mit dem Schweife wedelnd, die Schüssel so blank leckte, daß die roten und blauen Blumen sowie die Zahl des Geburtsjahres der geräumigen Tonschüssel klar zum Vorschein kamen. Der Hund beleckte, gleichsam zum Dank, dann auch noch die Blumen und die Jahreszahl, und gut war's. Den Rest der Schmalznocken hatte die Bäuerin dem alten Zottentrager (Lumpensammler) verehrt, der auf der Ofenbank saß bei seinem großmächtigen Bündel, in welchem alle Fetzen von Alpl beisammen waren und der Papiermühle harrten. Der Zottentrager nahm weder die „Zotten" umsonst noch die Schmalznocken, er tat ein Täschlein auseinander und bot der Bäuerin zur Gegengabe drei Ellen blaue Schürzenbänder und ein paar englische Nadeln. Der Großknecht nannte ihn trotzdem einen Lumpenkerl.

Als wir vom Tische aufstanden, um wohlgesättigt wieder dem Tagewerk nachzugehen, steckte der Großknecht Rochus einen Ballen Tabak in den Mund. Trotzdem vermochte er noch zu reden und zum Hausvater das Wort zu sagen: „Bauer, brauchst du heute das Bendel?" Bendel, das ist nämlich der geringschätzige Ausdruck für einen nichtigen, kleinen Buben, der den Leuten unter den Beinen umherschlupft, wenn er beim Vieh nichts zu tun hat.

Das Wort Bendel mußte auf mich passen, weil der Zieselhofbauer, bei dem ich damals als Schafhirt angestellt war, auf mich herabschaute und die Achseln zuckte. Er brauche mich nicht. Die Schafe seien ja in der eingezäunten Halde.

„Wenn du ihn nicht brauchst, so brauch ich ihn", sagte der Knecht. „Wenn ich morgen ins Österreichische hinaus soll mit dem Leab, so muß das Vieh heut ein paar Stunden umgetrieben werden auf dem Anger."

Der Leab, das war durchaus kein „Vieh“, wie der Knecht in seiner Grobmäuligkeit sagte, sondern das war unser falbes Öchslein, der Liebling des Hauses. Es mußte besonders brav sein, denn es wurde besser gehalten als die anderen Rinder, es bekam Heu statt Stroh und Salzrübenbrei statt Spreufutter. Warum die Bevorzugung? Weil der Leab eben ein Kerl war und so schön jodeln konnte. Wenn er satt war und vor dem Stalle stand, so begann er zu lauten, die Töne, die er in kurzen Zwischenräumen ausstieß, waren wie heller Juchschrei, der drüben im Wald klingend widerhallte. Die anderen konnten es bei weitem nicht so. Ich wußte damals noch gar vieles nicht, unter anderem auch, warum der Leab so schön jauchzte. War es, weil es gar so lustig ist auf dieser Welt, wenn man nicht an den Pflug muß und so guten Salzrübenbrei kriegt? Oder war es, weil er Genossen und Genossinnen herbeirufen wollte von den Weiden? oder war es, weil der Wald sein Jauchzen so munter beantwortete? Kurz, es machte sich alles so fein und nett mit dem Leab, und das war nicht bloße Höflichkeit, wenn es hieß, daß er sehr gut aussehe. Mit diesem lieben Öchslein nun sollte der Knecht Rochus am nächsten Tag ins Österreicherland reisen, über den Semmering hinüber. Man sprach gar von Wien, wo der Leab, wie es hieß, sein Glück machen sollte.

„Sodl, jetzt komm einmal, Bendel, nichtiges!“ Also hat der Knecht mich geworben. „Jetzt führ den Leab aus dem Stall auf den Anger und treib ihn ein paar Stündlein langsam herum. Na, hast mich verstanden?“

Nun war das vom Leab eine besondere Gefälligkeit. Wenn ich ein gesunder starker Ochse bin wie der Leab, so lasse ich mich nicht von einem siebenjährigen Jungen, den sie noch obendrein das Bendel heißen, mir nichts, dir nichts auf dem Anger herumtreiben. Entweder ich gebe ihm einen Deuter mit dem Hinterbein, daß er mich in Ruh lassen soll, oder ich tauche ihn mit dem gehörnten Kopf zu Boden. Mein Leab aber erkannte mir die Oberhoheit zu, oder es war ihm nicht der Mühe wert, sich einem winzigen Knirps zu widersetzen, er ließ sich gutmütig treiben. Etwas schwerfällig trottete er auf dem Rasen dahin, ich trappelte barfuß hinter ihm drein, und wenn er stehenbleiben wollte, um sich zu lecken oder eine Schnauze voll Gras zu sich zu nehmen, so versetzte ich ihm mit der Gerte einen leichten Streich an den Schenkel, daß er weiterging. So hatte es der Knecht angeordnet. Ich wußte nicht, was das Herumtrotten heute zu bedeuten hatte, und mein Leab wußte es wahrscheinlich auch nicht. Der Mensch, wenn er etwas nicht weiß, macht sich Sorgen darob, der Ochs nicht, trotzdem kam letzterer genauso weit als ich – etwa fünfzigmal um den Anger herum.

Am Abend, als wir müde und mit steifen Beinen in den Stall gingen, habe ich's erst erfahren, weshalb die Rundreise verhängt worden war. Der Leab mußte sich für seine bevorstehende Fußpartie ins Österreicherland eingehen, weil er das Marschieren nicht gewohnt war. Bei mir stand die Sache nicht viel anders, denn auch ich war auserlesen, die Reise mitzutun.

Am nächsten Frühmorgen hatten wir, der große Knecht Rochus und das kleine Bendel, unser Halbfeiertagsgewand angelegt, ich auch mein neues Paar Schuhe, dann aßen wir Sterz und Milch, und der Leab bekam noch einmal seinen Salzrübenbrei. Während er mit Behagen sein Frühstück verzehrte, ahnungslos, daß es das letzte war in der Heimat, striegelte ihm der Zieselhofbauer noch die Haare glatt und betastete mit Wohlgefallen den rundlichen Leib.

„Unter hundertsechzig treibst ihn wieder heim“, sagte er dann zum Knecht. Das war mir nicht ganz verständlich, der Rochus aber nickte. „Geh nur her, Öchsel!“ sprach er und legte dem Genannten den Strick um die Hörner. Ich stand hinten mit der Gerte. Als wir zu dreien durch das Hoftor hinaus davonzogen, brüllten die anderen Rinder des Stalles, und der Leab stieß ein paarmal sein helles Juchzen aus. War ihm wirklich so wohl ums Herz, weil es jetzt in die helle Fremde ging, oder hatte der Arme nur einen einzigen Laut für Freud und Leid? – Die Hausleute schauten uns nach, bis sich der Weg im Schachen verlor.

Anfangs ging's etwas rostig, es waren uns die Beine noch steif von der gestrigen Angerwanderung, aber schon über dem Alpsteig wurden wir gelenkiger, und im Mürztal trabten wir zu acht Füßen ganz rüstig fürbaß.

„Sodl“, sagte der Knecht, „bis die Sonne abi geht, müssen wir z' Gloggnitz sein. Heimfahren können wir morgen auf dem Dampfwagen, ist sicherer mit dem Geld.“

Und jetzt kam es auf, was der Rochus im Sinn hatte. Den Leab wollte er verkaufen. Zu Gloggnitz an einen Viehhändler, der ihn dann nach Wien führen würde. – Nein, das konnte dem Knecht nicht Ernst sein. Verkaufen, den Leab! Derselbe Knecht hatte früher einmal am Feierabend eine Geschichte erzählt, wie ein Mann seinen Bruder an den Juden verkauft hatte… Und stimmte denn das mit dem, was meine Mutter daheim oftmals gesagt hatte, nämlich, daß auch das liebe Vieh unserem Herrgott gehöre, und daß Ochs und Esel die ersten gewesen, die beim Christkind Wache gehalten? –

Weil die Straße so breit und glatt vor uns dalag und das Öchslein so willig fürbaß ging, so konnten wir plaudern. Daheim plaudert kein Knecht mit dem

Schafbuben, am wenigsten der ruppige Großknecht mit dem Bendel, aber in der Fremde schließen die Menschen sich nahe aneinander, selbst wenn ein Ochs dazwischen ist.

„Was wird er denn nachher machen, der Leab, in Wien?“ fragte ich.

„Der wird totgeschlagen“, antwortete der Knecht. Ich lachte überlaut, weil ich das grobe Wort für einen feinen Witz hielt. „Übermorgen um die Stund hängt er schon an den Hinterbeinen beim Fleischhacker“, setzte der Knecht bei. Mir ward plötzlich bange, ich schaute dem Leab ins Gesicht, der glotzte harmlos drein; er hatte nichts verstanden, gottlob. – Fleischhacker! Ich hatte den Namen übrigens schon gehört. Als daheim die Mutter einmal schwer krank gewesen war, hatte der Arzt ein Pfund Suppenfleisch verordnet, zum Kraftmachen. Das war auch beim Fleischhacker geholt worden.

„Hi, Leab!“ sagte der Rochus und zog am Strick.

Dann fuhr er fort, wunderlich zu sprechen: „Das beste Fleisch geht allemal nach Wien. Wenn unsereiner auf der Kirchweih beim Fleischhacker im Dorf ein Stückel kauft, kriegt man ein wiedenzähes Luder.“ – Was er nur da redet!

Als wir beim jungen Lärchenwald am Anfang des Semmeringberges waren, wußte ich alles. Es war ganz unerhört. Zurückführen nach Alpl konnte ich den armen, armen Leab nicht, ich hätte mit dem Knecht darum bis auf den Tod raufen müssen. Der Knecht Rochus hatte eben vom Bauern den Auftrag, den Leab in Gloggnitz dem Fleischhacker zu überantworten! Dann sollte das gute Öchsl zur Schlachtbank geführt, dort mit einer großen Hacke niedergeschlagen und hernach mit einem langen Messer erstochen werden. Alsdann sollten ihm die schönen, schwarzen Hörnlein vom Haupte geschlagen und die Haut herabgezogen werden. Dann sollten ihm die Eingeweide herausgerissen und das Fleisch in tausend Stücklein zerschnitten werden. Und diese Stücklein würden gekocht, gebraten, von den Wienern verzehrt, so wie der Wolf das Schaf frißt und die Katze die Maus! – Mir ward blau vor den Augen, ich taumelte hin an den Rain. Der Rochus steckte mir einen Bissen Brot in den Mund.

Später, wieder zu mir gekommen, schaute ich den Leab an. Der biß einen Grasschopf ab und kaute ihn mit aller Behaglichkeit hinab. Er weiß von nichts. Er hat's gehört, aber nicht verstanden. Oh, argloses Gottesgeschöpf! – Ich hub an, laut zu brüllen.

Der Rochus lachte und gab mir zu bedenken, daß ich selbst schon Ochsenfleisch gegessen hätte. Ich selbst? Das wär noch schöner! – Ja! am Leihkauftag, wie uns der Bauer beim Wirt Braten mit Salat gezahlt hatte. Das sei so etwas gewesen. – Mir wurde übel. Braten hatte ich freilich gegessen, er war sogar sehr gut gewesen, aber daß das ein Stück Tierleib sollte gewesen sein? Daß es ein Stück von einem Ochsen sollte gewesen sein, der vorher geradeso warm gelebt und vielleicht so hell gejauchzt hatte wie der Leab! – Und daß die Menschen so etwas tun!

Als mir das erstemal die Gewißheit ward, daß alle Menschen sterben müssen, auch ich, da war mir nicht so abscheulich weh ums Herz wie an diesem Tage, als ich erfahren hatte, daß der Mensch das Tier ißt, mit welchem er vorher so zutraulich gelebt hat.

„Was ist denn das?“ fragte der Rochus und stupfte mit dem Stock auf meinen Fuß. „Ist das nicht ein Schuh?“

„Das ist mein Feiertagsschuh“, gab ich artig zurück.

„Gelt, und mit dem gehst du in die Kirche und betest fleißig. Sag mir schön, hast du die Scheckige noch gekannt, die unser Bauer im vorigen Jahr für ein Kalb umgetauscht hat?“

„Die scheckige Kuh, die mit dem Melkstuhl geschlagen worden ist von der Stallmagd, weil sie keine Milch geben hat wollen?“

„Richtig. Und geben hat sie keine wollen, weil sie keine mehr im Euter gehabt hat, und deswegen hat sie unser Bauer fortgetauscht. Was meinst, Schafhalterbub, wo wird sie sein jetzt, die scheckige Kuh?“

Riet ich: „Auf der Fischbacher-Alm.“

Sagte er: „O Tschapperl, auf der Fischbacher-Alm! Wo du jetzt in ihrer Haut steckst!“ Und tippte wieder auf meine Schuhe. – Mich machten diese Offenbarungen ganz verwirrt. Inwendig Ochsenfleisch, auswendig Kuhhaut! Und so einer will Kind Gottes sein!

Auf der Semmeringhöhe, wo die grünen Matten waren, wollte unser Leab auf einmal nicht weiter, sondern legte sich nieder. „Das ist gar nicht so dumm!“ meinte der Rochus und setzte sich auch in den Schatten einer Lärche, denn es war heiß geworden. Ich hockte mich ebenfalls hin und lugte heimlich auf das Öchslein. Das tat gemütlich wiederkäuen, der Knecht tat's auch an seinem Tabak, und dabei kratzte er das Tier zärtlich hinter den Ohren. Der Leab war dessen froh und streckte traulich den großen Kopf so zurecht, daß der Rochus gut krauen konnte. Und jetzt dachte ich: Wie doch der Mensch so falsch sein kann! – Ich meinte damit den Knecht und mich und alle, die ein Haustier so liebhaben, daß sie dasselbe endlich zur Schlachtbank führen und aufzehren. Endlich hatte der Leab sein schweres Haupt auf den Rasen hingelegt und machte die großen, runden Augen zu. Der Rochus lehnte sich an den Baumstamm und duselte auch ein. Jetzt schliefen sie beide aber den Schlaf des Gerechten sicherlich nur einer. Der Knecht hatte den Strick noch schlafend um die Hand gewunden, mit dem er das ahnungslose Schlachtopfer hielt. Ich war voller Betrübnis.

Kam des Weges her, den wir gekommen, ein großes, graues Bündel, unter demselben gebückt der alte Zottentrager, der tags zuvor in unserem Haus gewesen. Der stand still, streckte seinen langen, braunen Hals nach mir vor und fragte flüsternd: „Was hat's denn, Bübel?“

Schluchzend stand ich auf und vertraute dem wildfremden Menschen meinen Schmerz an.

„Das Öchsl tut mir soviel derbarmen, weil es zum Fleischhacker muß.“

„So, so! Zum Fleischhacker!“ flüsterte der Alte und verzog sein runzeliges Gesicht zu einer schrecklich lächerlichen Larve. Aber ich konnte nicht lachen, mußte immer noch heftiger weinen aus Erbarmnis, weil der liebe, gute Leab so arglos und unschuldig schlummerte.

„Ist das nit dem Zieselhofer von Alpl sein Knecht?“ fragte dann leise der Zottentrager, auf den Rochus deutend. „Ist schon gut. Der hat mich gestern mit einem Lumpenkerl angemurmelt. Lumpenkerl, der bin ich, gewiß auch noch, daß ich's bin. Weil ich ein Kerl bin, der Lumpen tragt. Aber anmuten laß ich mich nit so. Gesagt ist's! Heute wird er die Lumpen nit verachten, wenn sie ihm der Viehhändler als nagelneue Hunderter auf die Hand tut. Aber wart, altes Murmeltier, so gut sollst es nit haben! Gesagt ist's! Dem kleinen Edelmann da tut eh der Ochs leid. Mir auch. Schlaf süß, du holdseliger Bauernknecht, du kotzengrober! Der Ochs soll in den grünen Wald gehen und nit zum Fleischhacker. Gesagt ist's und“ – mit dem Taschenmesser schnitt er den Strick durch – „getan ist's.“

Das alles war im Flüsterton herausgestoßen, nun rüttelte er den Ochsen bei den Hörnern: „Steh auf, Herr Ochs, und flieh!“

Der Leab glotzte ob solcher Belästigung etwas verblüfft umher, dann stand er schlotterig auf, zuerst mit den Hinter-, dann auch mit den Vorderfüßen, und ließ sich vom Zottentrager in den Wald führen. Der alte Spitzbube zischelte mir noch zu: „Du schlafst auch, Jüngling, und weißt von nichts." Dann rückte er sein Bündel wieder auf und huschte davon.

Ein junger Mensch ist bald verführt, wenn er verführt sein will. Ich streckte mich auf den Rasen, drückte meine Augen zu und wartete, bis der Knecht Rochus die seinen aufmachte. – Das wird ein schreckliches Erwachen werden! Ich bangte davor und war höllisch neugierig darauf. Ich blinzelte zwischen den Augenwimpern wohl doch ein wenig auf ihn hin. Er schlief so arglos wie früher der Leab. Jetzt tat mir der Knecht leid wie früher der Ochs. Fest um die Hand gewickelt, hielt er den abgeschnittenen Strick. Jetzt zuckte er ein wenig mit derselben Hand, als wollte er das Tier an sich ziehen. Das gab keinen Widerstand. Er riß die Augen auf, warf den Kopf, sprang empor: „Der Ochs!" Ein wahrhaftes Angstgebrüll: „Bub, wo ist der Ochs?"

Ich tat, als wäre ich eben auch erst erwacht, streckte die Arme aus, gähnte und sagte mit der ganzen Niederträchtigkeit eines Zottentragers: „Hast du den Leab verkauft?"

„Gestohlen! Geraubt! Weggeraubt!" schrie der Knecht und schoß umher wie ein scharf losgelassener Kreisel. Die Faust, um welche der Strick noch geschlungen war, streckte er gegen den Himmel, und an mir vorüberrasend, schien es einen Augenblick, als wollte er sie auf mich niedersausen lassen. Mir war nicht zum Lächeln, und die Freude an dem geretteten Leab verwandelte sich in eine schreckliche Angst vor dem schnaubenden Großknecht. Seine Fäuste lösten sich bald in flache Hände auf, mit denen er sich jammernd den Kopf hielt. Das viele Geld! Auf Jahre hinaus der Dienstlohn weg, auf viele Jahre hinaus! Der Bauer werde ihm nichts schenken. Vielmehr strafen werde er ihn für die Fahrlässigkeit. Auf fremden Straßen einzuschlafen! Es sei auch zu pflichtvergessen! Zu pflichtvergessen! „Mein Bübel!" rief er mir zu, in seiner Verzweiflung zärtlicher als je, „lauf du zurück auf der Straßen, wo wir hergekommen, vielleicht derwischst du den Dieb! Ich werde auf die Österreicherseiten hinaus. Weit kann er ja nicht sein. Oh, mein liebes Geld, mein liebes Geld!"

So wollten wir uns aufmachen zur Verfolgung des Wichtes, der uns den Leab gestohlen, da hub es im nächsten Dickicht an, in hellen Stößen zu lauten... Oh, Ochs, du jauchzest dich in den Tod hinein! –

Drei Stunden später hat zu Gloggnitz der Händler den Leab übernommen und ihn dem großen Mastviehtransport einverleibt, der nach Wien ging.

Als ich nach Emmaus zog

Am Ostermontag, wenn der Gottesdienst vorüber ist und im Waldlande die Leute beim Mittagmahl sitzen, kommt es vor, daß einer sagt: „Heut ist Ostermontag, heut sollen wir nach Emmaus gehen." Und fast allemal entgegnet ein anderer: „Nach Eb'naus (eben aus) gehen, das ist bei uns im Gebirg eine Kunst." Aber der strenge Hausvater verweist: „Gescheiterweis reden! Heilige Sach ist kein Spaß!"

Am Vormittag haben sie es bei der Predigt gehört, daß nach dem Tode Jesu die Jünger gar vereinsamt und betrübt umhergegangen seien, immer nur an den Herrn und Meister denkend, der ein paar Tage früher gekreuzigt und begraben worden war. Und als sie die Straße entlanggingen, die nach Emmaus führte, da begegnete ihnen der Gekreuzigte leibhaft und grüßte sie: „Der Friede sei mit euch!", also daß sie wußten, er ist von den Toten auferstanden. Dessen gedenkt man im Waldlande frommen Sinnes, und sei es nun auf der Bergstraße oder im Tal draußen, irgendwo steht noch ein Wirtshaus, und das ist das Emmaus, nach welchem man an diesem Tage pilgert. – Jenem, der still beschaulich zwischen den grünenden Saaten dahinschreitet unter dem Gesang der Vögel, die auf den treibenden Zweigen sich schaukeln, und der in den milden Sonnenäther des Himmels aufschaut, Sehnsucht im Herzen, dem begegnet der Auferstandene mit dem Gruße: „Der Friede sei mit dir!" Jenen, die nach ernsten Berufsarbeiten zur feiertägigen Erholung in heiterer Geselligkeit dem Wirtshaus zuwandeln, sei es Freund mit Freund, sei es Bursche mit Mädchen in ehrsamer Neigung, sei es der Geigenspieler und der Pfeifenbläser zur hellen Osterfreudigkeit, denen begegnet der Herr und grüßt sie: „Der Friede sei mit euch!" Dem aber, der mit frömmelnder Miene, Schlimmes sinnend, nach „Emmaus" schleicht, dem begegnet der Heiland nicht – doch möglicherweise etwas anderes.

Zur Zeit, als ich ein Knabe von etwa sechs Jahren war, wollte mein Vater einmal in der Fasten einen eingewanderten vazierenden Tagwerker aufnehmen; es gab zu solcher Zeit eigentlich nicht mehr Arbeit in der Wirtschaft, als wir mit unserem Gesinde selbst verrichten konnten, doch mein Vater meinte: „Arbeitet er schon nicht viel, so soll er uns wenigstens fasten helfen. Wo will er denn sonst hingehen, jetzt? Hat auch schon einen grauen Bart."

„Ist selber schuld", antwortete die Mutter, „warum balbiert er sich nicht. Der Tritzel gefällt mir nicht, sie sagen ja, er wäre schon einmal eingesperrt gewesen."

„Mußt nicht alles glauben, was sie sagen. Die Leut tun alleweil gern andere noch schlechter machen, als sie selber sind."

„Und der Tritzel gefällt mir nicht", wiederholte die Mutter, „er hat einen krummen Blick."

„Einen krummen Blick hat er, weil er schielt", sagte der Vater, „und fürs Schielen kann der Mensch nicht."

„Da hast freilich wieder recht", darauf die Mutter, „und wenn er jetzt im Märzen keinen anderen Platz findet und er auf der freien Weid müßt liegen, da mögen wir ihn doch lieber nehmen." Also war es verabredet worden. Aber bei der Aufnahme konnte mein Vater nicht unterlassen, den Tagwerker zu fragen: „Bist du nicht einmal in der Keichen (Gemeindekotter) gesessen?"

„Ja, das ist gewiß", antwortete der Tritzel.

„Was hast denn angestellt?"

„Schon etwas der Müh wert, das magst dir denken, Waldbauer. Mir ist nicht zu trauen, mir!"

„Darf man's wissen?"

„Warum denn nicht! Im Arzbachgraben bin ich ein armer Kleinhäusler gewesen."

„Deswegen werden sie dich doch nicht gestraft haben!" rief mein Vater.

„Armut ist halt ein Verbrechen", versetzte der Tritzel sehr tiefsinnig. „Und weil ich meine Steuer nicht hab zahlen können, so sind die Pfändersleut gekommen und haben mir meine Kuh wegtreiben wollen. „Die laß ich nicht!" schrei ich und hau dem Pfändersmann eine ins Gesicht. Alsdann haben sie anstatt der Kuh mich fortgetrieben und eingesperrt."

„Dem Pfänder hast eine gegeben?" lachte mein Vater auf. „Na, bleib halt da, Tritzel."

Der Alte zog – aber so, daß es mein Vater nicht merkte – das runzelige Gesicht schief, blinzelte mit den fahlen Wimpern und murmelte in seinen Bart: „Ein Gusto, wie sich der anplauschen laßt! – ja, freilich bleib ich."

Und abgemacht war's.

Tat dann der alte Tagwerker Tritzel zuerst ein bissel Schnee schaufeln bei uns um den Hof herum, dann ein bissel Streu hacken, hernach ein bissel Dung führen mit der Scheibtruhe in den Garten hinaus. Dabei tat er mit uns fleißig die vierzehntägige Fasten halten und ein sittsames Leben führen. Als die Ostern nahten, gab mein Vater zu verstehen, daß der Tritzel nun im Frühjahr wohl auch anderweitig einen Platz finden würde, und jetzt war es meine Mutter, die sprach: „Weil er uns hat fasten helfen, der Tritzel, so kann er uns auch essen helfen; wer weiß, wo er sonst ein Weihfleisch und die Osterkrapfen finden kunnt."

Also blieb der alte, graubärtige Bursch über das Osterfest in unserem Haus, aß sich gewissenhaft satt und führte gern christliche Gespräche. So sagte er am Ostermontag beim Mittagmahl: „Heut sollen wir nach Emmaus gehen. Gehst mit, Bübel?"

Die Frage war an mich gerichtet. „Ja, nach Emmaus ginge ich mit!"

„Versteht sich!" begehrte die Mutter auf, „Kinder ins Wirtshaus!"

„Waldbäuerin", versetzte der Tritzel ernsthaft, „vom Wirtshaus ist keine Red. Bei mir schaut das Christentum anders aus. Der Gang nach Emmaus ist ein heiliger Gang. Ein heiliger Gang, meine liebe Waldbäuerin! Wir gehen zu der Kreuzkapelle hinauf, dort werden wir den Heiland sicherer finden als im Wirtshaus – will ich meinen."

„'s selb wär eh wahr", gab mein Vater bei, und ich durfte mit dem Tritzel gehen.

Die Kreuzkapelle stand etwa eine Stunde von uns weiter oben im Gebirge, auf einem Waldanger. Wenn der Wetterwind ging im Sommer und dort das Glöcklein geläutet wurde, konnte man bei uns im Hof den Klang hören. In der Fastenzeit war die Kapelle ein beliebter Wallfahrtsort, kamen an jedem Freitag aus nah und fern Andächtige herbei, zündeten vor dem lebensgroßen Kreuzbild, das in der Kapelle über dem Altare stand, Lichter an, beteten, legten bescheidene Opfergaben hin und gingen erleichterten Herzens wieder nach Hause. Da in der Nähe dieses Andachtsortes keine Menschenwohnung war, so ging täglich von den Waldbauernhäusern ein altes Weiblein hinauf, um die Kapelle zu öffnen, zu schließen und das Glöcklein zu läuten.

Das war also unser Emmaus, zu welchem der alte Tagwerker Tritzel und ich auszogen – ein heiliger Gang, wie der Alte unterwegs wiederholt versicherte.

Der Weg ging über Wiesen, durch Wäldchen hinan, war stellenweise noch mit schmutzigen Schneekrusten belegt, stellenweise rann die Gieß, und stellenweise ging es über aperen Rasen. Bei jeder Wegbiegung blickte ich scharf aus, ob uns nicht der liebe Heiland entgegenkäme. Endlich sah ich von ferne aus dem Schachen hervortretend die Gestalt; sie schwankte langsam heran, kam immer näher, und als sie ganz nahe war, da war es nicht der liebe Heiland, sondern das alte Weiblein, welches mit dem Schlüssel von der Kapelle kam.

„Jetzt wird doch einmal schön Wetter werden", redete sie der Tritzel an.

„Ja, Zeit wär's", sagte die Alte und trippelte fürbaß.

Als wir sie nicht mehr sahen, sagte der Tritzel: „Das ist sauber, jetzt hat uns die gewiß die Kapellen zugesperrt!"

„Ich lauf ihr nach, daß sie wieder zurückgeht", war mein Vorschlag.

„Ah geh, hast denn du kein Herz für alte Leut?" verwies er mir. „Den Weg etlichemal hin und wider machen, wie ein Hundel! Die geht nicht mehr auf ihren ersten Füßen wie du! Wir werden uns schon helfen."

Bei einer Wegzweigung fragte mich der Tritzel: „Geht's da links nicht hinauf zum Schützenhof?"

„Ja, da geht's zum Schützenhof."

„Ist's wahr, daß er so viel Sachen haben soll, der alte Schützenhofer?"

„Ja, sie sagen, daß er reich ist", war die Antwort.

„Nachher kommt der Schützenhofer in die Höll. Die Reichen müssen alle hinab", sagte der Tritzel. „Aus Nächstenlieb sollte man machen, daß sie in den Himmel kommen."

„Ist eh wahr", gab ich bei.

Endlich kamen wir auf den Waldanger. Da lag der Schatten, nur die Baumwipfel standen im Sonnenschein. Auf dem Anger gab es noch Schnee, auch auf dem Dach der Kapelle lag er und ließ am Rande tropfende Eiszäpfchen herabhängen. Als wir dem Eingang nahe kamen, zog der alte Tritzel den Hut vom Haupt und glättete mit der anderen Hand sein graues Haar. Dann drückte er an der Türklinke. Da gab nichts nach, und er blickte mich betroffen an.

„Ja, weil sie zugesperrt hat“, sagte ich.

„Freilich hat sie zugesperrt, du Narr, sonst wär es offen!“ schnarrte er mich an. Das war mir zuwider. Folgerichtig war mein Wort und seines ebenfalls, aber warum denn so anschnarren!

Er ging rings um die Kapelle, als suche er einen zweiten Eingang. „Schau, du!“ rief er plötzlich, „da ist ein Fenster. Der Laden geht auf, so! Er ist zwar nicht groß, aber eine Spindel wie du kann hinein!“

„Eine Spindel wie ich“, war mein Aufbegehren; „nein, da schlief ich nicht hinein!“

„Ei freilich schliefst hinein, Buberl. Nachher schiebst von innen an der Tür den Riegel weg und laßt mich ein; wir knien uns hin vor das Kreuz und beten eins miteinand.“

Vor das Kreuz hinknien und beten, das war freilich verlockend, denn ich hatte den gekreuzigten Jesus sehr lieb und wollte ihm mit dem Gebet eine Freude machen. Ich ließ es also geschehen, als der Tritzel mich emporhob, ins Fenster steckte und tapfer nachschob, weil es doch ein bißchen eng herging an diesem Himmelspförtlein. Ein Ruck, und ich kollerte drinnen hinab. Auf einen Schrei, den ich ausgestoßen, fragte er: „Hast du dir weh getan?“

„Weiß nicht, es ist ganz finster“, war die Antwort, denn ich konnte es nicht sehen, ob das Nasse an den Nüstern Blut war oder etwas anderes. Hernach machte ich mich an die Tür. „Schieb den Riegel zurück!“ rief draußen der Tritzel.

„Es ist kein Riegel“, berichtete ich nach längerem Umhertasten.

„Lalli! Wird doch ein Riegel sein. Jedes Schloß hat einen Riegel.“

„Aber das ist ein eisernes Schloß, und man kann nicht dazu.“

„Ein eisernes? – Du verdammt! hätt ich bald gesagt, christlich Weih ausgenommen.“ Also er draußen. Und fuhr fort: „Wart, Buberl, greif ans Fenster. Da hast eine Zündholzschachtel. Damit zündst die Kerzen an, die auf dem Altar stehen. – Raspel nur, raspel! Aber du raspelst ja auf der verkehrten Seiten, wo das Weibsbild pickt! Auf der rauhen mußt raspeln! So! Brennt's schon? Richtig, brennt schon, bist ein Buberl, ein braves. Kannst noch Mesner werden, du, oder gar Pfarrer und Bischof, und noch ein bissel später Papst. Ei, das wohl – Du, Buberl, weil du schon drinnen bist, geh schau, siehst auf dem Altar kein zinnernes Schüsserl nicht stehen?“

„Ja“, antwortete ich, „und sind mächtig viel Kreuzer und Groschen drin.“

„Hat's die Alte akkurat wieder stehenlassen!“ sagte der Tritzel draußen in grollendem Ton. „Wenn man halt nicht überall nachschaut! Auf die alten Weiber ist hell kein Verlaß. Für was geht sie denn Brot sammeln bei den Bauern wegen Kapellendienst, wenn sie doch aufs Geld nicht schaut! Schandbare Leichtsinnigkeit! Mach, Bub, gib's heraus! Das Schüsserl sollst mir herausgeben, das zinnerne Geldschüsserl!“

Jetzt, das kam mir nicht ganz richtig vor.

„Kirchen ausrauben?“ sagte ich endlich.

„So ist's! Kirchen ausrauben kunnten sie, die Schelm, wenn man das Geld tät stehenlassen da in der Kapellen!“ sprach der Tritzel. „Kirchengut muß man wahren. Geh, Buberl, gib's heraus, schau, ich g'lang schon.“ Reckte den Arm zum Fensterchen herein und krabbelte mit den langen, hageren Fingern in der Luft umher.

„O nein“, war mein Bescheid, „Kirchen ausrauben – das tu ich nicht.“

„Kindisch, wer redet denn von so was! Bei dem heiligen Gang so dumm reden! Dich wird unser Herrgott noch einmal recht strafen! Dem Herrn Pfarrer tragen wir das Geld hinab. Der Herr Pfarrer hat mich gebeten, daß ich ihm von der Kreuzkapelle das Geld möcht holen.“

„So hol's, Tritzel!“

„Wenn ich aber nicht hineinkann. Und du bist schon drinnen. Willst in den Himmel kommen?“

„Ja freilich.“

„So gib mir das Geld heraus!“

Ein kleines Weilchen überlegte ich, da war's, als flüsterte irgendwo jemand: „Tu's nicht! Tu's nicht!“ Und laut mein Schrei: „Nein, ich tu's nicht!“

„Waldbauern-Bübel, mach keine Geschichten!“ schmeichelte er draußen. „Dem Herrn Pfarrer muß man das Wort halten. Kannst ihn auch einmal zu brauchen haben. Steig nur auf die Betbank und gib's heraus. Verstreu nichts, jeder blutige Kreuzer ist heilig! Na, mach, Bürschel, mach! Kriegst nachher was von mir.“

Es half ihm aber nichts. Und als er das endlich einsah, ging er fluchend von dannen. Der Boden knarrte, da er über den Schnee hinschritt gegen den Wald.

Ich war in eine trotzige Stimmung gekommen, ohne eigentlich recht zu wissen, warum. Als es jetzt aber ganz stille war in der dämmerigen Kapelle und die zwei von mir angezündeten Kerzen wie Totenlichter brannten vor dem Kreuzbild, da begann mir unheimlich zu werden. Das Blut sah ich an den Händen und Füßen des Gekreuzigten, und als ich so hinaufstarrte zum blassen, dornengekrönten Antlitz mit dem gebrochenen Auge, da war's, als bewegte sich ein wenig das Haupt. Nur ein einzigmal – und dann war's wieder wie früher.

Mein Versuch, vermittels eines Betpultes zum Fenster wieder hinauszukriechen, mißlang; so faßte ich den vom Türmchen niederhängenden Glockenstrick und hub an zu ziehen, aber nicht gleichmäßig, sondern mit heftigen Zügen und in Absätzen, wie man die Feuerglocke läutet. Als die Erschöpfung kam, setzte ich mich an die Altarstufen und wartete auf einen Retter.

Es erschien weder der Tritzel noch jemand anderer. Schreien und Schluchzen, neues Zerren am Strick. Vor Weinen und Läuten endlich ganz matt geworden, mußte mich der Schlaf übermannt haben. Als ich wieder zu mir kam, flackerte vor dem starren Kreuz nur noch eine Kerze in den letzten Zügen, die andere war niedergebrannt und ausgeloschen. Zum Fenster schaute die Nacht herein. Neu erwachende Angst gab mir zugleich neuen Mut; ich kletterte wieder auf die Betbank, zwängte mich durch das Fenster, diesmal zuerst den Kopf und den rechten Arm hinaus, und jetzt ging es. Ich fiel in den Schnee, blieb aber nicht lange in demselben liegen, sondern lief wegshin. Der Boden war gefroren, der Himmel sternenbesät. Was ich bei all diesen Unternehmungen gedacht habe, weiß ich nicht – sehr viel kaum; wenn der Mensch so viel tut, hat er nicht Zeit zum Denken. Nun aber, als ich über die Felder hinablief und von weitem ein zuckendes Lichtlein sah, das immer näher kam, dachte ich: Am Ende kommt mir jetzt der liebe Heiland entgegen. – Und er war's. Voran schritt ein Knecht vom Schützenhof mit Laterne und Glöcklein, hinter ihm drein der Pfarrer in Chorrock und Stola, an seinem Busen das Sakrament bergend. Alsogleich kniete ich am Wegrand nieder, wie es Sitte ist, und bat um den Segen.

Der Pfarrer blieb stehen und sagte: „Das ist ja der Waldbauernbub. Warum bist du noch aus so spät in der Nacht?"

Hab ich denn erzählt, daß der Tagwerker Tritzel mich in die Kreuzkapelle gesteckt hat, um ihm das Opfergeld herauszulangen, und weil ich es nicht hab wollen, er mich im Stich gelassen hätte.

„Oh, dieser Spitzbub!“ rief der Knecht vom Schützenhof aus. „Aber heut ist sein Krügel 'brochen. Hat den Ostermontag, wo die Leut im Wirtshaus sitzen, nicht unbenutzt lassen wollen. Von der Kreuzkapellen in den Schützenhof, dort beim Bodenfenster einsteigen, Kästen ausrauben, vom Bauern derwischt und niedergeschlagen werden. – Ja, mein lieber Waldbauernbub, das sind Geschichten! Und jetzt ist der Tritzel just beim Sterben. Um den Geistlichen geht's ihm, ich glaub, diesmal ist's sein Ernst. Und so bin ich halt gelaufen bei der Nacht. Jetzt rucken wir wieder an, er wird hart warten.“

Der Pfarrer gab mir den Segen, dann schritten sie weiter. Noch lange sah ich das Lichtlein dahingleiten, bis es endlich zuckend zwischen dem Gestämm des Waldes verschwunden war.

Am Tag, da die Ahne fort war

Wenn Jammer ist, und es scheint die Sonne drein! Traurigeres weiß ich nicht zu denken.

Die Großen waren alle fort in die Kirche gegangen. Die gute Ahne, die sonst bei uns gewesen, hatten sie fortgetragen. Mir ist davon sonst nichts mehr recht in Erinnerung, als daß wir Kleinen des allzu weiten Weges halber daheim bleiben mußten und so den angstvollen Tag verlebten. Wir hatten uns eingeschlossen ins Haus, schlichen auf den Zehenspitzen umher und fürchteten uns vor den Räubern und Mördern. Zu den vergitterten Fenstern blaute der Wald herein, und über allem lag das stille Licht der heiligen Pfingstsonne. Da eine ganze Stunde der Einsamkeit vergangen war, ohne daß etwas Unerhörtes geschah, so wurden wir etwas dreister, und allmählich kam sogar das Verlangen zur Vormittagsjause, welche uns die Schwester Plonele zu kochen den Auftrag hatte. Da war plötzlich draußen in der Vorlaube ein Gepolter. Wie zum Tode getroffen, schraken wir zusammen und krochen zu einem Knäuel ineinander.

„Meine Mutter Gottes steh uns bei“, betete die Plonele, „ein Schelm (Dieb) ist im Haus!“

Wir hörten ein Winseln und Kreischen. Da sprang der Halterbub, der Hansel, auf, ein kecker Junge, armer Leute Sohn, den unser Vater erst vor wenigen Tagen zum Viehhüten ins Haus genommen hatte, er trug schon die Brottasche umgehangen, weil er eben das Vieh auf die Weide treiben wollte. Der sprang auf, erfaßte das spitze Brotmesser und wollte in die Vorlaube. Unsere Schwester hielt ihn zurück, er solle doch um Gottes willen nicht mit dem Messer hinaus, das koste uns allen das Leben.

„Wenn's ein Rauber ist, so steche ich ihn ab!" knirschte der Hansel, riß sich los und sprang ins Vorhaus.

Da draußen ging's grauenhaft zu, ein paar Spatzen schossen kreischend umher, und mitten in der Laube auf der Erde lag ein zerrissenes Vogelnest. Die Katze war eben daran, mit Vorderpfoten und Schnauze ein Junges aus dem Halmgewebe zu fangen, als der Hansel hinzukam und ihr mit dem Messerstiel einen Schlag versetzte.

Nun waren wir alle dabei. Wir kosten und herzten das hilflose Tierchen; es gibt nichts Armseligeres auf der Welt als einen Vogel ohne Federn. Den Schnabel tat es auf, da brachte die Plonele schon eine Handvoll Sterz von der Vormittagsjause, und der Hansel nahm das Spätzlein geschickt in seine Hand und begann es zu atzen. Es war eine helle Freude. Mittlerweile stand ich schon mit dem alten Vogelbauer daneben, auf daß wir das Ding hineintäten und so auf einmal eine ungeahnte Bereicherung unserer Güter hätten. Aber der Halterbub rief: „Bist ein dummer Bub! Glaubst, es bliebe lebig? Sollst's nur du probieren, wenn du nicht essen und trinken kannst und sie sperren dich von deiner Mutter weg in eine Vogelsteigen! Wird dir nicht taugen. Das Junge gehört zu den Alten."

Aber das Nest war von der Katze ganz und gar zerstört worden. So lief ich – das Wort des Hansel tief im Herzen – mit dem Vogelbauer wieder davon und kam mit meinem Kopfkissen zurück. Dieses taten wir in eine Mauernische, legten das arme Vöglein drauf; der Schnabel ging stetig auf und zu, und doch wollte es kein Krümchen Sterz mehr schlucken, die kleine Brust wogte arg auf und nieder, und das Wesen war schier zu schwach zum Piepsen. So lag es auf dem Kissen, im Grübchen, das ihm die Plonele mit den Fingern gedrückt hatte. Wir ließen es auf Anordnung des Hansel in Ruhe und hofften, daß nun die Alten kommen und ihr Kleines hegen und pflegen würden.

Aber die Alten flatterten in Angst draußen um die Dachgiebel herum; der tatkräftige Hansel strich mit dem Messer durch Stall und Scheune. Er suchte die Katze.

Was ich an demselben Vormittag ausgestanden habe! Ich lauerte ruhelos in der Vorlaube herum, strengte meine Zehen an und meinen langen Hals, aber allvergebens, ich war zu klein, um dem jungen Spatzen in sein Bettlein gucken zu können. Ich horchte vergebens, ob ich es nicht etwa piepsen oder Atem holen höre. Bruder Jackerl machte den Vorschlag, um den kleinen Vogel zu sehen, solle ich ihn, den Jackerl, auf meine Achsel steigen lassen. Er würde mir schon alles sagen, was er sehe. Wir versuchten es, aber das Gerüst war zu schwach, wir kollerten beide auf die Erde. Endlich um die Mittagszeit war's, als die Schwester mit trauriger Miene berichtete: „Jetzt ist das Vogerl schon hin!“

Es mußte sich im Fall zu arg verletzt haben, oder der Schreck, die Angst! „Jetzt kannst das Vogelhaus bringen“, befahl mir der Hansel. Und im Vogelhaus haben wir den kleinen Leichnam aufgebahrt. Er lag auf einem Nestchen aus weißer Wolle; aus einem Stamm Rosmarin und Maßliebchen hatten wir ihm einen Kranz geflochten; ich schlug auch vor, daß man an dieser Bahre ein Öllämpchen anzünde, so wie es bei der Leiche der Ahne gewesen war, aber meine Schwester meinte, so was wäre eine Frevelhaftigkeit, der Spatz hätte ja keine Seele gehabt.

Wie schaute ich das Vöglein so traurig an! – Du armes Geschöpf, jetzt hast du gar keine Seele gehabt. Bist unschuldigerweis von der Katz umgebracht worden und kommst doch nicht in den Himmel. Wenn man dich ins Abendgebet einschließen täte, vielleicht wollt der lieb Herrgott mit dir eine Ausnahm machen.

Am Abend, als es dunkel wurde, trugen wir das starre Vöglein hinaus an den Rain, wo die Hagebutten stehen; dort scharrte der Hansel eine Grube, und wir legten das Tierchen mitsamt seinem Wollbettlein und seinem Kranz hinein. Und als wir mit unseren kleinen Händen das Gräblein zulegten, flatterte ein Spatz über unseren Häuptern hin und her. Das Herz hätte uns allen mögen brechen, als die Plonele sagte: „Das ist gewiß vom Vogerl die Mutter!“

Nach dem Begräbnis schleppte der Hansel noch einen großen Stein herbei und legte ihn auf das Grab, denn die Katze – er hatte sie nicht erwischt.

Der Hansel lebt heute noch. Er hat Haus und Hof und was hineingehört, er ist ein ganzer Mann. Schwesterlein Plonele ist sein Weib geworden. Gegenwärtig atzen sie wieder ein Junges, aber mit mehr Glück als dazumal.

Der Fronleichnamsaltar

Wenn der siegreiche Heiland in Brotgestalt durch das Dorf zieht, da winken sie ihm mit Palmen zu. Die Palme der Alpen ist die Birke. So wie zu Weihnachten die Tannenbäumchen ihr Leben lassen müssen, so zu Fronleichnam die Birken. Zu Hunderten werden sie auf großen Karren hereingeschleppt in das Dorf und werden an den Gassen, durch welche die Prozession ziehen wird, der Reihe nach in den Boden gebohrt zu beiden Seiten. Und wie sie so auf dem frischen Erdboden stehen und der laue Wind in ihren leichten Zweigen rieselt, da ist's, als führten sie das junge, fröhliche Leben wie jene Stammesgenossinnen dort drüben am Rain. Und man merkte es nicht, daß der Stamm in der Erde wurzellos ist, abgehauen durch das Beil, daß die Säfte in ihren Adern nicht mehr treiben, daß in wenigen Tagen die schönen, gezackten Herzblättlein gilben werden; und die Raupe auf einem schwachen Ästlein, die ein künftiges Schmetterlingsleben träumt, sie ahnt nicht, daß sie auf einem Leichnam sich schaukelt. – Das Leben ist erfüllt, es kommet der Herr. – Bei der Fronleichnamsprozession werden im Freien an vier verschiedenen Stellen die Evangelien gelesen. Dazu errichten die Leute vier Altäre, damit „der Herrgott abrasten kann auf seiner Wanderschaft". Auf wessen Grund der Altar zu stehen kommt, und das ist seit alten Zeiten bestimmt, der hat diesen Altar zu errichten. Die hübschen geschnitzten und bemalten Bestandteile dazu sind das Jahr über auf dunklem Dachboden gelegen, nun werden sie hervorgeholt, von Staub und Spinnweben gereinigt und im Freien zusammengestellt, oft zu einem stattlichen, kapellenartigen Aufbau mit dem Altartisch, dem Tabernakel, den anbetenden Engeln und den Kerzenleuchtern. Knechte, die gestern noch Dung gegraben, zeigen sich heute als geschickte Architekten, errichten den Altar noch vor Sonnenaufgang und umgeben ihn mit einem Birken- oder Lärchenwäldchen. Der Hausvater stellt alle Heiligenbilder, die im Haus vorhanden sind, auf den Altar oder heftet sie an, hoch oben an den Säulen. Die Bäuerin bringt bunte Töpfe mit glutroten Pfingstrosen, um damit den Altar zu schmücken, und die Dirndlein streuen Blumen und Rosenblätter als einen Teppich vor die Stufen.

Die Glocken heben an zu läuten, die Böller krachen, über die Dächer her klingt Musik, in allen Fenstern brennen Lichter, und so zündet nun auch der Bauer die Kerzen an auf seinem Altar. Bald wehen die ersten Fahnen heran, summen die Gebete der Männer, schallen die Gesänge der Weiber, es kommen die langen Reihen der Kinder, die weißgekleideten Mädchen, über ihren Häuptern bunte Bildnisse tragend. Endlich die Musikkapelle mit hellen Trompeten und dröhnenden Trommeln, und dann der „Himmel“. Der rote, von vier Männern getragene Baldachin, unter demselben, von Ministranten und lichtertragenden Knaben umgeben, der Priester, der hoch vor seinem Angesicht her die funkelnde Monstranz trägt.

Die Monstranz, das wissen wir alle, ist das Haus für die Hostie. Die ist von einem goldenen Strahlenkreuz umgeben, ruht auf einem mondkipfelförmigen Behälter und ist durch Kristall geschützt. Das wichtigste Zubehör zu solchem Umzug ist der Glaube, und der ist in Fülle vorhanden. Sie beten ja nicht das Brot an, sondern das versinnbildlichte Geheimnis, in dessen Schoß unsere ewigen Geschicke ruhen. Es ist eigentlich unrichtig, wenn man von Bilderanbetung spricht oder vom Götzendienste der Heiden, sie alle meinen dasselbe, das versinnbildlichte göttliche Geheimnis, das sich jeder in seiner Weise vorstellt, jeder nach seiner Natur fühlt. Und die Kraft, das unfaßbare, unendliche Geheimnis auf eine den Sinnen faßbare Wesenheit zu übertragen und so zu ihm in ein trauteres Verhältnis zu treten, diese Kraft gibt der Glaube.

Die Menschenreihen kommen zum Altar im Freien, die vorderen müssen weit voran, bis der Priester an die Stelle gelangt. Ist er da, so stellt er das Sakrament in den Tabernakel und liest Verse aus einem der vier Evangelien. Dann hebt er unter dem Dröhnen der Böller die Monstranz, wendet sich mit ihr nach allen vier Himmelsgegenden hin und segnet die Auen, die Fluren, die Lüfte, auf daß der Sommer fruchtbar sei und kein Ungewitter den Fleiß des Landmannes vernichte. – Und die Prozession zieht weiter.

So ist es in größeren Dörfern. In kleinen Gebirgsortschaften wird das Fest einfacher abgehalten, doch nicht minder feierlich. Weil dort alle Gassen und Straßen bestanden sind von lebenden Bäumen und Sträuchern, so braucht keine Birke aufgesteckt zu werden, außer an Kreuzsäulen, wo sie dann gleichsam wie zur heiligen Wache stehen, eine zur Rechten und eine zur Linken. Weil die Leute kleiner Ortschaften nicht vier Altäre haben, um sie aufzustellen, so ist ein tragbares Altärlein vorhanden, ein vierfüßiges Tischchen mit weißem Decktuch und der Tabernakelnische, an welche auf blauem Grunde Engel gemalt sind, die vor dem „Süßen Namen“ knien. Darüber ein Dächlein mit Goldquasten. An der Rückseite sind die Tragbänder angebracht, mittels welcher ein Bursche das Altärlein auf den Rücken nimmt und währen der Prozession von einer Evangeliumsstelle bis zur anderen trägt.

So ein Altartischlein haben sie auch zu Kathrein am Hauenstein. Wer es sehen will, zur Sommerszeit steht es dort in der Kirche vor dem großen Bilde der Vierzehn Nothelfer.

Schon in meiner Jugendzeit stand es daselbst, und der Kaunigl, der mit der Hasenscharte, hatte die Obliegenheit, am Fronleichnamstag das Tischlein hinauszutragen und von einem Evangeliumsplatz zum anderen. War das eine Evangelium zu Ende und die Prozession zog auf ihrem Wege weiter, alsogleich faßte er das Altärlein bei den Tragbändern, hob es sich auf den Rücken, nahm die Kerzenleuchter und den Knieschemel in die Hände und hastete über den Bühel hin durch den abkürzenden Waldsteig, um den Vorsprung zu gewinnen und am nächsten Platze den Altar aufzustellen. An den Füßen des Tischchens wurden etwa ein paar Steinchen unterlegt, daß nichts wackeln konnte, der Schemel zurechtgestellt und die Kerzen angezündet, dann war die erste Fahne aber auch schon in Sicht.

Und da ist's einmal geschehen, daß ich aus solchem Anlaß in eine seelenmordende Geschichte verwickelt worden bin. Ich war damals in den Jahren, da noch niemand weiß, wo es mit einem solchen Lecker hinaus will. Es kann ein halbwegs braver Kerl draus werden, aber auch ein Lumperl, wer weiß es? Nur der liebe Gott, und selbst der läßt dem schlanken, blassen Bürschel die Wahl. Ich war an jenem Tag in meinem Waldbauernhause drüben etwas zu spät aufgestanden, oder ich hatte mit den bockigen Bundschuhen meine Plage, bis ich hineinkam, oder es war die Frühsuppe nicht zur rechten Zeit fertig, kurz, als ich der Kathreiner Kirche in die Nähe kam, ging es dort schon über und über los, und zwischen den Bäumen her leuchteten die roten Fahnen, funkelten die Lichter. Ich schlich mich hinterwärts hinüber, denn das einfach Richtige zu tun, nämlich geradewegs auf die Prozession loszugehen und mich unter die Leute zu mischen, dafür hätte ich mich zu Tode geschämt. Da war's ja wieder, wo mir der liebe Gott die Wahl ließ: Geselle dich zu den Andächtigen oder schlüpfe wie ein Strick durch die Büsche hin. – Ich schlüpfte wie ein Strick durch die Büsche hin, und da begegnete ich dem Kaunigl mit dem Altarl. Sogleich forderte er mich auf, ihm tragen zu helfen. Das war mir auch recht, so kam mein abseitiger Weg zu einer Rechtfertigung. Ich nahm dem Kaunigl Schemel und Leuchter aus der Hand, und wir hasteten zwischen Jungwald hinauf zum Föhrenriegel, der hinter der Kirche steht und wo das letzte Evangelium abgehalten werden sollte. Wir wirkten getreulich zusammen, und bald stand neben der Felswand das Altärlein fest, und bald brannten darauf die Kerzen. Die Prozession erschien noch nicht, sie hatte einen weiteren Weg zwischen die grünenden Felder hin genommen, der Kaunigl-Bub war aber nicht der Mensch, der eine Zeit unnütz verstreichen lassen wollte. Mit einem flinken Griff zog er aus seiner Hosentasche ein Kartenspiel und warf es auf das Altärlein hin, daß die Lichter zwinkerten vor den flatternden Blättern. Schweigend, als wäre es so selbstverständlich, warf er zwischen mir und ihm ein Spiel aus, ein „Brandel". Es war nicht das erstemal, daß wir zusammen „taten", so hob ich die Karten auf, und wir machten ein regelrechtes Spiel auf dem Fronleichnamsaltar bei weihevoll brennenden Wachskerzen. Für ein zweites „Bot" war auch noch Zeit; während der Kaunigl ein drittes ausgab, kamen um die Biegung die ersten Männer mit entblößten Häuptern laut betend heran. Keine Katze kann die behendige Maus hastiger packen, als der Kaunigl jetzt die Karten zusammenscharrte und in den Sack schob. Gar harmlos stellten wir uns auf die Seite und zogen unsere Kappen ab.

Bald kamen die Musikanten heran, der Eggbauer mit dem Flügelhorn, sein Sohn mit der ersten Trompete, der Schneider-Naz (der später mein Meister geworden ist) mit der zweiten, der Erhard-Bub mit der Klarinette, der Schmied-Zenz mit der kleinen Trommel; der Rüssel-Franz schleppte auf dem Rücken die große Trommel, auf welche der Hauensteiner Wirt mit Macht und Kunst dreinhieb. Der Jäger-Ferdl handhabte die „Tschinellen". Hinter dieser heftigen Musik kam der Himmel. Der alte Herr Pfarrer mit dem weißen Haar trug das Allerheiligste hoch vor sich her und hielt das Haupt tief geneigt, erstens aus Ehrfurcht und zweitens, weil ihm das Alter den Nacken schon stark gebogen hatte. Er schritt dem Altärlein zu, um die Monstranz auf dasselbe hinzustellen. Schon wollte das geschehen, da hielt er plötzlich ein und stand einen Augenblick mit starrer Miene da. Hatte er nicht zwischen der Falte des weißen Decktüchleins den Grünzehner gesehen? War nicht dieses verhöllte Kartenblatt dort unversehens liegengeblieben? – Mit solchem Grün den Fronleichnamstisch zu schmücken, das wollte dem Herrn Pfarrer doch nicht ganz schicklich scheinen. Ohne ein Wort zu sagen, ohne eine Gebärde des Unwillens zu zeigen, wendete er sich gegen den Felsen und stellte die Monstranz auf einen vorspringenden Stein.

Die wenigsten Leute hatten es wahrgenommen, warum dieses geschehen; das Evangelium, der Segen wurden ohne weiteren Zwischenfall abgehalten, ich aber lugte zwischen den Haselstauden her und sah, daß der Pfarrer blaß war bis an die Lippen. – Wäre er zornig geworden über seine Entdeckung auf dem Altärlein, hätte er gewettert und die Täter bei den Ohren nehmen lassen, ich würde das ganz stilgerecht gefunden haben, aber sein demütiges Schweigen, sein trauriger Blick und wie er den durch das frevle Kartenspiel heimatlos gewordenen Heiland auf den wilden Felsen hinstellen mußte, das hat mir einen Riß gegeben. Gewußt kann er's nicht haben, wer der Mitschuldige war, aber merken hätte er es leicht können an meinem Armensündergesicht, sosehr dieses sich auch zu bergen suchte hinter den Haselstauden. Nachher, als in der Kirche das Hochamt anhub, zupfte mich der Kaunigl am Rockschößling und lud mich ein, mit ihm auf den Turm zu steigen, wo wir zum Sanktus und zur Wandlung die Glocken läuten und Karten spielen könnten. Den Grünzehner hätte er schon wieder. Das ist nun zwar nicht geschehen, aber verloren bin ich doch geblieben. Ich getraute mich von diesem Tag an nicht mehr zum Beichtstuhl. Der Kaunigl getraute sich, es ist jedoch nicht so einfach gewesen, als er es sich vorgestellt, er hat mir's später erzählt. „Ich habe einmal Karten gespielt", hat er gebeichtet. „So", antwortete der Pfarrer, „das Kartenspielen ist ja an und für sich nicht so schlimm, wenn nicht um Geld gespielt wird." – „Ja, um Geld ist nicht gespielt worden." – „Wo war es denn?" – „Ja, auf einem Tisch." – „Auf welchem Tisch?" – „Ja, auf einem hölzernen." – „War es etwa auf dem Fronleichnamstischlein?" fragte der Pfarrer. „O nein", sagte der Kaunigl. Dann ist er losgesprochen worden.

„So hast du ja bei der Beichte gelogen!" hielt ich dem Jungen vor.

„Das macht nichts", antwortete er rasch, „die Lug bring ich das nächste Mal leicht wieder an, die nimmt mir jeder hinein beim Fensterl. Weil ich nur das Kartenspiel vom Hals hab. Teuxel noch einmal, das hat mich schon selber gefuchst, da kunnt einen auf die schönste Manier der Ganggerl holen."

Ich habe aus dieser Erfahrung meine Schlüsse gezogen. Wenn das Kartenspiel an und für sich nicht so schlimm ist, um Geld wurde nicht gespielt, so braucht man die Geschichte ja nicht zu beichten. Es steht auch weder im kleinen noch im großen Katechismus, daß der Mensch auf Altären nicht Karten spielen dürfe. Diese feine Auslegung half mir aber nichts. Wenn ich an jenen Fronleichnamsfrevel dachte, bei welchem ich so dumm mitgetan, da ward mir manchmal ganz übel. In den Nächten träumte ich davon, und zwar sehr ungemütlich, und sonntags in der Kirche sitzend, durfte ich gar nicht hinblicken auf jenes Altartischchen, es stand so sonderbar da, als wollte es jeden Augenblick laut zu sprechen anheben und mich verraten. Zum Überfluß las ich um diese Zeit auch noch in einem alten Erbauungsbuch die Geschichte, wo ein frevlerischer Schustergeselle im Wirtshaus das Aufwandeln der Hostie nachahmte, und wie ihm dabei die gehobenen Arme erstarrten, so daß er sie nicht mehr zurückbiegen konnte, daß er mit hoch in die Luft gestrecktem Arm herumgehen mußte, bis er durch die Lossprechung eines frommen Paters erlöst worden. Das wäre so was, wenn ich mit gehobenem Arm, das Trumpf-As in der Hand, umhergehen müßte, und die Leute täten spotten: „Na, stich, Peterl, stich!“ Und ich steche endlich zu und steche meine arme Seele tot! Das wäre so was!

Ich allein konnte mit mir nicht fertig werden, das war nun klar. Also ging ich eines Tages in der Feierabendstunde nach Sankt Kathrein zum Pfarrer. Der stand gerade vor dem Haus an seinem Brunnentrog, in welchem ein stattlicher Quell sprudelte und der mit einem rostigen Drahtgitter übersponnen war. Der Pfarrer mochte glauben, daß ich nur so zufällig vorübergehe, er winkte mit seinem schwarzen Strohhut, ich möchte zu ihm kommen. „Was sagst du dazu, Peterl?“ rief er mir mit seiner weichen Stimme entgegen, „neun und fünf und sieben, macht das nicht einundzwanzig?“

Ich war nie ein besonderer Kopfrechner, diesmal sagte ich auf gut Glück: „Ja, das wird schon beiläufig so sein, einundzwanzig.“

„Nun also“, sagte er, „und jetzt schau einmal her“, er deutete in den Brunnentrog, „da hat mir der Blasler-Bub vor vierzehn Tagen neun lebendige Forellen verkauft, die habe ich in den Trog getan. Vor acht Tagen hat er mir wieder fünf Stück verkauft, habe sie auch hineingetan, und heute hat er mir noch einmal sieben Forellen verkauft, die habe ich auch hineingetan, und jetzt, wieviel sind drinnen im ganzen? Neun Stück, und nicht um ein Schwanzel mehr! Und ich kenn's, es sind dieselben, die er mir vor vierzehn Tagen gebracht hat, und es kann gar nicht anders sein, der Lump, hätt ich bald gesagt, hat mir die Fische immer wieder aus dem Trog gestohlen und neuerdings verkauft! Das ist doch ein – ein –“ Er ballte die Faust in die Luft.

Der Blasler-Bub wird die Forellen wohl schon gestohlen gehabt haben, bevor er sie das erstemal verkaufte, denn der Blasler hatte gar kein Fischrecht. Daran dachte der gute Pfarrer wohl kaum, er hatte sicherlich nur an seine Fasttage gedacht; das Kirchengebot erlaubte an Freitagen und Samstagen die Fische, ob es aber gestohlene sein müssen, davon schweigt es.

Zum Sündenbekennen war diese Gelegenheit nicht günstig. Ich unterließ es also, küßte ihm den Rockärmel, weil zu einem Handkuß die Faust nicht einlud, und ging weiter. Unterwegs erwog ich lange, welche Sünde schwerer sein mochte, des Blasler-Buben seine oder meine. Die seinige erschien mir als ein

Schelmenstück, die meinige jedoch konnte eine Sünde gegen den Heiligen Geist sein, und solche werden nicht nachgelassen.

Einige Tage später trieb der Kogel-Mirt vom Kreßbachgraben eine graue Ziege mit zwei Zicklein des Weges. Die Alte hatte ein volles Euter, die Jungen hüpften um sie herum und wollten einmal ein wenig trinken. Der Kogel-Mirt aber zischte: „Gscht, nichts da! Das volle Euter müess'n mer dem Herrn Pfarrer bringen!"

Da war ich schon wieder neugierig, was dahinter wäre, und der Mirt, ein eingewanderter Tiroler war's, hatte auch noch seinen spitzen „Sternstecherhut" auf, und er sagte: „Das ischt halt so, mein du, 's Weib ischt mir g'storben. Die Geiß, hat sie g'sagt, und die Kitzen, hat sie g'sagt, vermach iach dem Kathreiner Pfarrer. Fürs Versechengehn und auf etliche Messen. Das ischt noch ihr Wille g'west, und nachher ischt sie g'storben. Dessentweg treib iach letzter die Viecher zum g'weichten Herrn abi."

Gut, denke ich bei mir, und in einer Stunde komme ich nach! Heute wird er gut aufgelegt sein, und heute ist die beste Gelegenheit. War insoweit ganz klug angestellt. Ich ging hin, der alte Herr war an demselben Nachmittag gar lustig und lud mich ein, eine Schale Kaffee mit ihm zu trinken, es wäre frische Milch vom Kreßbachgraben dabei. Und mitten im Kaffee war's, daß ich plötzlich sagte: „Halt schon lang ein Anliegen hab ich, Herr Pfarrer!"

„Du, ein Anliegen?" lachte er auf, „na, das wäre sauber, wenn nun auch die kleinen Buben schon ihr Anliegen hätten!"

Ich habe mit dem Löffel in der Schale eifrig den Kaffee gerührt, um dem Herrn nicht ins Gesicht schauen zu müssen, und dabei habe ich die Geschichte vom Kartenspiel auf dem Altarl erzählt.

Über alles Erwarten blieb der Pfarrer ganz ruhig. Dann fragte er: „Hast du es zu Fleiß getan? Hast du die Absicht gehabt, den heiligen Tisch zu verspotten?"

„Gott nein, Herr Pfarrer!" antwortete ich, bis ins Herz hinein erschrocken schon über den bloßen Gedanken.

„Nun also", sagte der Greis. Dann schwieg er ein Weilchen und trank seinen Kaffee aus. Hernach sprach er folgendes: „Gehören tut sich so was nicht, das muß ich dir schon sagen. Und dem Kaunigl will ich's auch zu wissen tun, daß man zum Gottesdienst das Gebetbuch mitnimmt und nicht die Spielkarten! Wenn du aber bei dem dummen Streich keine böse Absicht gehabt hast, so soll's diesmal gut sein. Ist soweit brav, daß du mir's gesagt hast. Magst noch ein Tröpfel?"

Als somit jene Fronleichnamsangelegenheit aufs beste geordnet war, hat die zweite Schale Kaffee doppelt gut geschmeckt. Als ich später aufstand, um fortzugehen, legte mir der alte Herr die Hand auf die Achsel und sagte gütig: „Mir ist jetzt leichter, weil ich genau weiß, wie es gewesen ist an jenem Fronleichnamstag. Aber ein anders Mal mußt nicht, Peterl. Schau – unser lieber Herrgott...!"

Weg nach Mariazell

Mein Vater hatte elf Saatfelder, die wir „Kornweiten" nannten und wovon wir alljährlich im Herbst ein neues für den Winterroggenbau eigneten, so daß binnen elf Jahren jeder Acker einmal an die Reihe kam. Ein solcher Jahresbau lieferte beiläufig dreißig Metzen Roggen; für die nächsten drei Jahre wurde dann das Feld für Hafersaat benutzt, und die sieben weiteren Jahre lag es brach, diente als Wiese oder Weide.

Unser vier – mein Vater, ich und die zwei Zugochsen – bestellten im Herbst das Roggenfeld. Hatten wir den Pflug, so führte mein Vater hinten die Pflug- und ich vorn die Ochsenhörner. Hatten wir die Egge mit ihren sechsunddreißig wühlenden Eisenzähnen, so leitete der Vater die Zugtiere, und ich –

Ja, das war ein absonderliches Geschäft. Ich hockte mitten auf der Egge oben und ließ mich über den Acker hin und her vornehm spazierenfahren. Fuhr spazieren und verdiente mein Brot. Der Acker hatte nämlich stellenweise so zähes und filziges Erdreich, daß die Egge nicht eingreifen wollte, sondern nur so ein wenig oben hinkratzte. Trotzdem durfte die Egge nicht zu schwer sein, schon um der Ochsen willen, und auch nicht, weil an anderen Stellen doch wieder eine mürbe Erdschicht lag, in welcher tiefgehende Zähne mehr geschadet als genützt hätten.

So mußte denn stellenweise die Egge beschwert werden, und zwar durch ein lebendiges Gewicht, das zu rechter Zeit aufhocken und zu rechter Zeit abspringen konnte. Und dazu waren meine vierzig Pfunde mit den behendigen Füßlein gerade recht. Gefiel mir baß, wenn die Ochsen gut beim Zug waren und die Egge hübsch emsig dahinkraute und auf und nieder hüpfte, so daß mir der Vater zurief: „Halt dich fest, sonst fliegst abi!"

Da hat sich eines Tages das große Glück zugetragen.

Es war morgens vorher mein zweiter Bruder geboren worden – ein Junge, daß es schon eine helle Freude war. Als wir hierauf das steile Schachenfeld umeggten, war mein Vater etwas übermütig und knallte stark mit der Peitsche. Fuhr- und Ackersleute, die keine Stimme haben zum Jauchzen, lassen die Peitsche knattern und schmettern, daß es hinhallt in das Gebäume und zu anderen Menschen, die sich mitfreuen und, wenn sie wollen und können, mitjauchzen mögen. Wir fuhren gerade an einem mit Büschen bewachsenen Steinhaufen vorüber, als meinem Vater – sicherlich des kleinen Jungen wegen – wieder die helle Lust aufschoß, die Peitsche schwang er und knallte eins herab. In demselben Augenblick rauschte erschreckt eine ganze Familie von Haselhühnern aus dem Gebüsch auf, davor machten unsere Ochsen einen gewaltigen Sprung und schossen wild mit der Egge und mit mir, der darauf saß, quer über das steile Feld hinab. Mein Vater war beiseite geschleudert worden und konnte nun nachsehen, was mit seinem Gespann geschah. Die Rinder rasten dahin, die Egge hüpfte hoch empor, und im nächsten Augenblick war ich unter den Zähnen derselben und wurde hingeschleift.

Mein Vater soll die Augen zugemacht und sich gedacht haben: Jesses, kaum ist der Kleine da, ist der Große schon hin. Dann schlug er die Hände zusammen und rief zu den Wolken empor: „Unsere Liebe Frau Mariazell!"

Mittlerweile waren Ochsen und Egge über den Feldrücken gerast und nicht mehr zu sehen. Dort unten aber auf dem braunen Streifen, den das Fuhrwerk über den Acker hin gezogen hatte, lag ein Häuflein und bewegte sich nicht.

Mein Vater lief hinzu und riß es von der Erde empor, da hub es auch schon ketzermäßig an zu schreien. Der ganze Bub voll Erde über und über; ein Ärmel des Linnenröckleins war in Fetzen gerissen, über die linke Wade hinab rann Blut – sonst gar nichts geschehen. Hinter dem Feldsattel standen unversehrt auch die Ochsen. Mich nahm mein Vater jetzt auf den Arm. Ich hätte zehnmal besser laufen können als er, aber er bildete sich ein, ich müsse getragen sein, aus Zärtlichkeit und Dankbarkeit, daß ich noch lebe, und aus Angst, ich möchte mich etwa gar jetzt erst verletzen. Als ich hörte, daß ich eigentlich in Todesgefahr gewesen war und von Rechts wegen jetzt in Stücke gerissen nach Hause getragen werden sollte, hub ich erst recht an zu zetern. Und so kamen wir heim, und wenn die alte Grabentraudel nicht vor der Tür die Antrittsteine sauber kehrt, weil die Godel (Taufpatin) kommen soll, und sie uns solchergestalt nicht den Eingang zur Wöchnerin verwehrt, so geschieht erst jetzt das Unglück: die Mutter springt vor Schreck aus dem Bett, kriegt das Fieber und stirbt.

Auch das hat die Liebe Frau Mariazell verhindern müssen und hat es durch ihre Fürbitte erwirkt, daß es der Grabentraudel eingefallen ist, es wäre draußen der Antrittstein nicht ganz sauber, und die Godel könne leichtlich daran ein Ärgernis nehmen.

Später hat das mein Vater alles erwogen und ist hierauf zum Entschluß gekommen, mit mir zur Danksagung eine Wallfahrt nach Mariazell zu machen.

Ich war glückselig, denn eine Kirchfahrt nach dem eine starke Tagesreise von uns entfernten Wallfahrtsort war mein Verlangen gewesen, seit ich das erstemal die Zeller Bildchen im Gebetbuch meiner Mutter sah. Mariazell schien mir damals nicht allein als der Mittelpunkt aller Herrlichkeit der Erde, sondern auch als der Mittelpunkt des Gnadenreiches Unserer Lieben Frau. Und sooft wir nun nach dem Gelöbnis auf dem Feld oder im Wald arbeiteten, mußte mir mein Vater all das von Zell erzählen, was er wußte, und auch all das, was er nicht wußte. Und so entstand in mir eine ideale Welt voll Sonnenglanz und goldener Zier, voll heiliger Bischöfe, Priester und Jungfrauen, voll musizierender Engel, und inmitten unter ewig lebendigen Rosen die Himmelskönigin Maria. Und diese Welt nannte ich – Mariazell; sie steht noch heute voll zauberhafter Dämmerung in einem Abgrund meines Herzens.

Und eines Tages denn, es war am Tage des heiligen Michael, haben wir vormittags um zehn Uhr Feierabend gemacht.

Wir zogen die Sonntagskleider an und rieben unsere Füße mit Unschlitt ein. Der Vater aß, was uns die Mutter vorgesetzt, ich hatte den Magen voll Freude. Ich ging ruhelos in der Stube auf und ab, sosehr man mir riet, ich würde noch müde genug werden. Rasten und dann müde werden, das schien mir nicht gut gedacht.

Endlich luden wir unsere Reisekost auf und gingen davon, nachdem wir versprochen hatten, für alle daheim und für jedes insbesondere bei der „Zellermutter“ zu beten.

Ich wußte nicht, daß meine Füße den Erdboden berührt hätten, so wonnig war mir. Die Sonne hatte ihren Sonntagsschein, und es war doch mitten in der

Woche. Mein Vater hatte einen Pilgerstock aus Haselholz, ich auch einen solchen; so wanderten wir aus unserem Alpl davon. Mein Vater trug außer den Nahrungsmitteln etwas in seinem rückwärtigen Rocksack, was, in graues Papier gewickelt, ich ihn zu Hause einstecken gesehen hatte. Er war damit gar heimlich verfahren, aber jetzt beschwerte es den Säckel derart, daß dieser bei jedem Schritt dem guten Vater eins auf den Rücken versetzte. Ich konnte mir nicht denken, was das sein mochte.

Wir kamen ins schöne Tal der Mürz und in das große Dorf Krieglach, wo einige Tage zuvor mitten im Ort einige Häuser niedergebrannt waren. Ich hatte in meinem Leben noch keine Brandstätte gesehen. Ich schloß die Augen und ließ es noch einmal nach Herzenslust brennen, so daß mich mein Vater nicht von der Stelle brachte.

Eine Frau sah uns zu und sagte endlich: „Mein, 's ist halt armselig mit so einem Kind, wenn es ein Hascher ist."

Ich erschrak. Sie hatte mich gemeint, und ich kannte die Ausdrucksweise der Leute gut genug, um zu verstehen, daß sie mich, wie ich so dastand mit offenem Mund und geschlossenen Augen, für ein Trottelchen hielt.

Ich war daher froh, als wir weiterkamen. Nun gingen wir schon fremde Wege. Hinter dem Orte Krieglach steht ein Kreuz mit einem Marienbild und mit einer hölzernen Hand, auf welcher die Worte sind: „Weg nach Mariazell".

Wir knieten vor dem Kreuz nieder, beteten ein Vaterunser um Schutz und Schirm für unsere Wanderschaft. „Das greift mich frei an", sagte mein Vater plötzlich und richtete sein feuchtes Auge auf das Bild, „sie schaut soviel freundlich auf uns herab." Dann küßte er den Stamm des Kreuzes, und ich tat's auch, und dann gingen wir weiter.

Als wir in das Engtal der Veitsch einbogen, begann es schon zu dunkeln. Rechts hatten wir den finsteren Bergwald, links rauschte der Bach, und ich fühlte ein Grauen vor der Majestät und Heiligkeit dieses Zeller Weges. Wir kamen zu einem einschichtigen Wirtshaus, wie solche in den Wäldern der Räubermärchen stehen – doch über der Tür war trotz der Dämmerung noch der Spruch zu lesen: „Herr, bleibe bei uns, denn es will Abend werden!" – Aber wir gingen vorüber.

Endlich sahen wir vor uns im Tal mehrere Lichter. „Dort ist schon die Veitsch", sagte mein Vater, aber wir gingen nicht so weit, sondern bogen links ab und den

Bauernhäusern zu, bei welchen es in der Niederaigen heißt. Und wir schritten in eines der Häuser, und mein Vater sagte zur Bäuerin:

„Gelobt sei Jesu Christi, und wir zwei täten halt von Herzen schön bitten um eine Nachtherberg; mit einem Löffel warmer Suppen sind wir rechtschaffen zufrieden, und schlafen täten wir schon auf dem Heu."

Ich hatte gar nicht gewußt, daß mein Vater so schön betteln konnte. Aber ich hatte auch nicht gewußt, daß er auf Wallfahrtswegen nur ungern in ein Wirtshaus einkehrte, sondern sich Gott zur Ehre freiwillig zum Bettelmann erniedrigte. Das war ein gutes Werk und schonte den Geldbeutel.

Die Leute behielten uns willig und luden uns zu Tisch, daß wir aßen von allem, was sie selber hatten. Dann fragte uns der Bauer, ob wir Feuerzeug bei uns hätten, und als mein Vater versicherte, er wäre kein Raucher und er hätte sein Lebtag keine Pfeife im Munde gehabt, führten sie uns in den Stadl hinaus auf frisches Stroh.

Wir lagen gut, und draußen rauschte das Wasser. Das mutete seltsam an, denn daheim auf dem Berg hörten wir kein Wasser rauschen.

„In Gottes Namen", seufzte mein Vater auf, „morgen um solch Zeit sind wir in Mariazell." Dann war er eingeschlafen.

Am andern Morgen, als wir aufstanden, leuchtete auf den Bergen schon die Sonne, aber im Schatten des Tales lag der Reif. Von der Veitscher Kirche nahmen wir eine stille Messe mit; und als wir durch das lange Engtal hineinwanderten, an Wiesen und Waldhängen, Sträuchern und Eschenbäumen hin, über Brücken und Stege, an Wegkreuzen und Bauernhäusern, Mühlen, Brettersägen und Zeugschmieden vorbei, trugen wir jeder den Hut und die Rosenkranzschnur in der Hand und beteten laut einen Psalter. Des schämte ich mich anfangs vor den Vorübergehenden, aber sie lachten uns nicht aus; an der Zeller Straße ist's nichts Neues, daß laut betende Leute daherwandern. Mein Vater betete überhaupt gern mit mir; er wird gewiß immer sehr andächtig dabei gewesen sein, aber mir kamen im Gebet stets so verschiedene und absonderliche Gedanken, die mir sonst sicherlich nicht eingefallen wären. War ich im Beten, so interessierte ich mich für alles, woran wir vorüberkamen, und wenn sonst schon gar nichts da war, so zählte ich die Zaunstecken oder die Wegplanken.

Heute gab mir vor allem das Ding zu sinnen, das mein Vater in seinem Sack hatte und das im Rockschoß geradeso hin und her schlug wie gestern. Für einen Wecken ist's viel zu schwer. Für eine Wurst ist's zu groß. –

Ich war noch in meinen Erwägungen, da blieb mein Vater jählings stehen, und, das Gebet unterbrechend, rief er aus: „Du verhöllte Sau!"

Ich erschrak, denn das war meines Vaters Leibfluch. Er hatte sich ihn selbst erdichtet, weil die anderen ja alle sündhaft sind. „Jetzt kann ich schnurgerade zurückgehen auf die Niederaigen", sagte er.

„Habt Ihr denn was vergessen?"

„Das wär mir ein sauberes Kirchfahrtengehen", fuhr er fort, „wenn man unterwegs die Leut anlugt! – Hast es ja gehört, wie ich gestern erzählt hab, ich hätt mein Lebtag keine Pfeifen im Maul g'habt. Jetzt beim Beten ist's mir eingefallen, dort bei dem Holzapfelbaum, daß wir daheim auch einen alten Holzapfelbaum gehabt haben und daß ich unter dem Holzapfelbaum einmal 'glaubt hab, 's ist mein letztes End. Totenübel ist mir gewesen, weil ich mit dem Riegelberger-Peter das Tabakrauchen hab wollen lernen. – Das ist mir gestern nicht eingefallen, und so hab ich unseren Herbergvater eine breite Lug geschenkt, und desweg will ich jetzt frei wieder zurückgehen und die Sach in Richtigkeit bringen."

„Nein, zurückgehen tun wir nicht", sagte ich, und in meinen Augen wird Wasser zu sehen gewesen sein.

„Ja", rief der Vater, „was wirst denn sagen, wenn du Unsere Liebe Frau bist und einer kommt von weither zu dir, daß er dich verehren möcht, und bringt dir eine großmächtige Lug mit?!"

„Gar so groß wird sie wohl nicht sein", meinte ich und sann auf Mittel, das Gewissen meines Vaters zu beruhigen. Da fiel mir was ein, und ich sagte folgendes: „Ihr habt nur erzählt, daß Ihr Euer Lebtag keine Pfeife im Mund gehabt hättet. Das kann ja wohl wahr sein. Ihr habt bloß das Rohr und von dem nur die Spitze im Mund gehabt."

Darauf schwieg er eine Zeitlang, und dann sagte er: „Du bist ein verdammt hinterlistiger Kampel. Aber verstehst, das Redenverdrehen laß ich dir nicht gelten, und auf dem Kirchfahrtweg schon gar nicht. Ich hab's so gemeint, wie ich's gesagt hab, und der Bauer hat's so verstanden."

„So müsset es halt gleich beichten, wenn wir nach Zell kommen", riet ich – darauf ging er ein, und wir zogen und beteten weiter.

Beim Radwirt hielten wir an, mußten uns stärken. Wir hatten nun die Radsohl zu übersteigen, den Sattel der Veitschalpe, die mit ihren Wänden schon lange auf uns hergestarrt hatte. Die Wirtin schlug die Hände zusammen, als sie den kleinwinzigen Wallfahrer vor sich sah, und meinte, der Vater werde mich wohl müssen auf den Buckel nehmen und über den Berg tragen, wenn ich nicht brav Wein trinke und Semmel esse.

Hinter dem Wirtshaus zeigte eine Hand schnurgerade den steilen Berg hinan: „Weg nach Mariazell". Aber ein paar hundert Schritt weiter oben am Waldschachen stand ein Kruzifix mit der Inschrift: „Hundert Tag Ablaß, wer das Kruzifix mit Andacht küsset, und fünfhundert Tag vollkommenen Ablaß, wer Gelobt sei Jesus Christus sagt."

Auf der Stelle erwarben wir uns sechshundert Tage Ablaß.

Dann gingen wir weiter, durch Wald, über Blößen und Geschläge, bald auf Fahrwegen, bald auf Fußsteigen, und nach einer Stunde waren wir oben.

Wir setzten uns auf den weichen Rasen und blickten zurück in das weite Waldland, über die grünen Berge hin bis in die fernen blauen. Und zwischen den blauen heraus erkannte mein Vater jenen, auf welchem unser Haus steht. Dort ist die Mutter mit dem kleinen Brüderlein, dort sind sie alle, die uns nachdenken nach Zell. Wie müssen die Leute jetzt winzig klein sein, wenn schon der Berg so klein ist wie ein Ameisenhaufen! –

Es war die Mittagsstunde. Wir vermeinten vom Veitschtal herauf das Klingen der Glocke zu hören.

„Ja", sagte dann mein Vater, „wenn man's betrachtet, die Leut sind wohl recht klein gegen die große Welt. Aber schau, mein Büberl, wenn schon die Welt so groß und schön ist, wie muß es erst im Himmel sein?"

Ich habe die Frage nicht beantwortet.

Wir erhoben uns und gingen den ebenen Weg, der hoch auf dem Berg dahinführt, und ich sah schaudernd zum schroffen Gewände der Veitsch empor, das schier drohend, als wollte es niederstürzen, auf uns herabstarrte. Endlich standen wir vor einem gemauerten Kreuz, in dessen vergitterter Nische ein lieber, guter Bekannter war. Der heilige Nikolaus, der mich alljährlich zu seinem Namenstag mit Nüssen, Äpfeln und Lebzelten beschenkte, anstatt daß ich es ihm tat. Und von diesem Kreuz sahen wir hinab auf die Zeller Seite. Doch wir sahen noch lange nicht Zell; wohl aber ein so wildes, steinernes Gebirge, wie ich es früher meiner Tage nicht gesehen hatte. Ein Gebet beim Nikolo, und wir stiegen hinab in die fremde, schauerliche Gegend.

Wir kamen durch einen finsteren Wald, der so hoch und dicht war, daß kein Gräslein wuchs zwischen seinen Stämmen. Mein Vater erzählte mir Raub- und Mordgeschichten, welche sich hier zugetragen haben sollen, und ein paar Tafeln an den Bäumen bestätigten die Erzählungen. Ich war daher froh, als wir in das Tal kamen, wo wieder Wiesen und Felder waren und an der Straße wieder Häuser standen.

Wir waren bald in der Wegscheide, wo sich drei Wege teilen, der eine geht nach Veitsch und auch nach Neuberg, der andere nach Seewiesen, und den dritten weist eine Hand: „Weg nach Mariazell“.

„Wenn du nach Zell gehst, so wirst du die größte Kirche und die kleinste Kirche sehen“, sagte mein Vater, „die größte finden wir heut auf den Abend, zur kleinsten kommen wir jetzt. Schau, dort unter der Steinwand ist schon das rote Türmlein.“

Das Wirtshaus war freilich viel größer als die Kirche; in demselben stärkten wir uns für den noch dreistündigen Marsch, der vor uns lag.

Dann kamen wir an der gezackten Felswand vorüber, die hoch oben am Berg steht und „die Spieler“ genannt wird. Drei Männlein sitzen dort oben, die einst in der Christnacht hinaufgestiegen waren, um Karten zu spielen. Zur Strafe sind sie in Stein verwandelt worden, und sie spielen heute noch.

Die Straße ist hin und hin besät mit Wegkreuzen und Marienbildern; wir verrichteten vor jedem unsere Andacht, und dann schritten wir wieder vorwärts, wohl etwas schwerfälliger als gestern, und im Rockschoß meines Vaters schlug fort und fort das unbekannte Ding hin und her.

Neben uns rauschte ein großer Bach, der aus verschiedenen Schluchten, zwischen hohen Bergen, hervorgekommen war. Die Berge waren hier gar erschrecklich hoch und hatten auch Gemsen.

„Jetzt rinnt das Wasser noch mit uns hinaus“, sagte mein Vater, „paß auf, wenn es gegen uns rinnt, nachher haben wir nicht mehr weit nach Zell.“

Wir kamen nach Gußwerk. Das hatte wunderprächtige Häuser, die waren schön ausgemeißelt um Türen und Fenster herum, als ob sich die Steine schnitzen ließen wie Lindenholz. – Und da waren ungeheure Schmieden, aus deren finsterem Innern viel Lärm und Feuerschein herausdrang. Wir eilten hastig vorbei, und nur bei der damals neuen Kirche kehrten wir zu. Das war wunderlich mit dieser Kirche, nur ein einzig Christuskind war darin und sonst gar nichts, nicht einmal Unsere Liebe Frau. Und so nahe bei Mariazell! Die Lutherischen sollen es geradeso haben. Wir gingen bald davon.

Und als wir hinter dem letzten Hammerwerk hinaus waren und sich die Waldschlucht engte, daß kaum Straße und Wasser nebeneinanderlaufen konnten, siehe, da war das Wasser so klar und still, daß man in der Tiefe die braunen Kieselsteine sah und die Forellen – und das Wasser rann gegen uns.

„Jetzt, mein Bübel, jetzt werden wir bald beim Urlaubkreuz sein“, sagte der Vater, „bei demselben siehst den zellerischen Turm.“

Wir beschleunigten unsere Schritte. Wir sahen die Kapelle, die gerade vor uns auf dem Berge stand und die Sigmundskapelle heißt. Da oben hat vor noch nicht lange ein Einsiedler gelebt, der sich nicht für würdig gehalten, bei der Mutter Gottes in Zell zu sein, und der doch ihr heiliges Haus hat sehen wollen jede Stund. Ein Vöglein hätte ich mögen sein, daß ich hätte hinauffliegen können zum Kirchlein und von dort aus Zell etliche Minuten früher schauen als von der Straße aus.

An der Wegbiegung sah ich an einem Baumstamm ein Heiligenbild.

„Ist das schon das Urlaubkreuz?“

„Das kleine“, sagte mein Vater, „das ist erst vom Urlaubkreuz das Urlaubkreuz. Schau, dort steht das große.“

Auf einem roten Pfahl ragte ein roter Kasten, der hatte ein grün angestrichenes Eisengitter, hinter welchem ein Bildnis war. Wir eilten ihm zu; ich hätte laufen mögen, aber mein Vater war ernsthaft. Als wir vor dem roten Kreuz standen, zog er seinen Hut vom Kopf, sah aber nicht auf das Bild hin, sondern in das neu hervorgetretene Tal hinaus und sagte mit halblauter Stimme: „Gott grüß dich, Maria!“

Ich folgte seinem Auge und sah nun durch die Talenge her und durch die Scharte einiger Bäume eine schwarzglänzende Nadel aufragen, an welcher kleine Zacken und ein goldener Knauf funkelten.

„Das ist der Zellerische Turm.“

Ein klein wenig haben wir alle beide geschluchzt. Dann gingen wir wieder – einen Schritt vorgetreten, und wir haben den Turm nicht mehr gesehen. Wir sollten ja bald an seinem Fuße sein.

Wir stiegen die letzte Höhe hinan und hatten nun auf einmal den großen Markt vor uns liegen und inmitten, hoch über alles ragend und von der abendlichen Sonne beschienen, die Wallfahrtskirche.

Die Stimmung, welche zu jener Stunde in meiner Kindesseele lag, könnte ich nicht schildern. So, wie mir damals, muß den Auserwählten zumute sein, wenn sie in Zion eingehen.

Wir taten wie alle andern auch: auf den Knien rutschten wir zum Gnadenbilde hin, und ich wunderte mich nur darüber, daß der Mensch auf den Knien so gut gehen kann, ohne daß er es gelernt hat.

Wir besahen an demselben Abend noch die Kirche und auch die Schatzkammer. An den gold- und silberstrotzenden Schreinen hatte ich lange nicht die Freude wie an den unzähligen Opferbildern, welche draußen in den langen Gängen hingen. Da gab es Feuersbrünste, Überschwemmungen, Blitzschläge, Türkenmetzeleien, daß es ein Schreck war. Es ist kaum eine Not, ein menschliches Unglück denkbar, das in der Zellerkirche nicht zur bildlichen Darstellung gekommen wäre. Wer hat diesen Volksbildersälen eine nähere Betrachtung gewidmet?

Wir stiegen auch auf den Turm; das war unerhört weit hinauf in den finsteren Mauern, und wie oft mochte der Rockschoß meines Vaters hin und her geschlagen haben, bis wir oben waren! Und endlich standen wir in einer großen Stube, in welcher zwischen schweren Holzgerüsten riesige Glocken hingen. Ich ging zu einem Fenster und blickte hinaus – was war das für ein Ungeheuer? Eine Kuppel der Nebentürme hatte ich vor Augen. Und, du heiliger Josef, wo waren die Hausdächer? Die lagen unten auf dem Erdboden. Dort auf dem weißen Streifen krabbelte eine Kreuzschar heran. Als der Türmer dieselbe gewahrte, hub er und noch ein zweiter an, den Riemen einer Glocke zu ziehen. Diese kam langsam in Bewegung, der Schwengel desgleichen, und als derselbe den Reifen berührte, da gab es einen so gewaltigen Schall, daß ich meinte, mein Kopf springe mitten auseinander. Ich verbarg mich wimmernd unter meinen Vater hinein, der war so gut und hielt mir die Ohren zu, bis die Kreuzschar einzog und das Läuten zu Ende war. Nun sah ich, wie die beiden Männer vergeblich an den Riemen zurückhielten, um die Glocken zum Stillstand zu bringen; hilfsbereit sprang ich herbei, um solches auch an einem dritten niederschlängelnden Riemen zu tun – da wurde ich schier bis zu dem Gebälk emporgerissen.

„Festhalten, festhalten!“ rief der Türmer mir zu. Und endlich, als die Glocke in Ruhe und ich wieder auf dem Boden war, sagte er: „Kleiner, kannst wohl von Glück sagen, daß du nicht beim Fenster hinausgeflogen bist!“

„Ja“, meinte mein Vater, „kunnt denn da in der Zellerkirchen auch ein Unglück sein?“

Abends waren wir noch spät in der Kirche; und selbst als sich die meisten Wallfahrer schon verloren hatten und es auch an dem Gnadenaltar dunkel war bis auf die drei Ewigen Ampeln, wollte mein Vater nicht weichen. Gar seltsam aber war's, wie er sich endlich von seinen Knien erhob und in die Gnadenkapelle hineinschlich. Dort griff er in seine Rocktasche, langte den von mir unerforschten Gegenstand hervor, wickelte das graue Papier ab und legte ihn mit zitternder Hand auf den Altar.

Jetzt sah ich, was es war – ein Eisenzahn von unserer Egge war es.

Und am anderen Tag gegen Abend, als wir meinten, unsere Kirchfahrt so verrichtet zu haben, daß Maria und unser Gewissen zufrieden sein konnten, gingen wir wieder davon. Beim Urlaubkreuz blickten wir noch einmal zurück auf die schwarze, funkelnde Nadel, die zwischen zwei Bäumen hervorglänzte.

„Behüt dich Gott, Mariazell“, sagte mein Vater, „und wenn es Gottes Will, so möchten wir noch einmal kommen, ehvor wir sterben.“ –

Dann gingen wir bis Wegscheid, dort hielten wir nächtliche Rast. Und am nächsten Tag überstiegen wir wieder den Berg und wanderten durch das Veitschtal. Als wir zu den Bauernhäusern der Niederaigen kamen, sprach mein Vater dort zu, wo wir auf dem Hinweg zur Nacht geschlafen hatten, und überreichte der Bäuerin ein schönbemaltes Bildchen von Mariazell.

Als wir am Abend desselben Tages heimgekommen waren und uns zur Suppe gesetzt hatten, soll ich, den Löffel in der Hand, eingeschlafen sein.

Als ich der Müller war

Etwa ein Jahr nach dieser Wallfahrt gab's ein merkwürdig Geschichtchen daheim.

Nicht gar weit vom Hause, zwischen und unterhalb von Waldrainen und Wiesenlehnen, ist eine Schlucht. Sie ist voll dichtem und hohem Erlen- und Haselnußgebüsch, zwischen welchem Germen (Liliengewächse), Schierling und Sauerampfer wuchern. Unter diesen Gewächsen rieselt ein Wasser, das seinerzeit zuweilen nur von einem durstigen Krötlein aufgesucht wurde, sonst aber, so klar und frisch es war, ganz unbeachtet blieb, bis unser Nachbar, der Thoma, dem die Schlucht gehörte, eine Mühle in dieselbe baute. Die Mühle stand so versteckt im Gebüsch, daß ich, wenn ich bei meiner Rinderherde auf dem Wiesenrain stand, vergebens nach derselben gespäht hätte, wenn an ihr und hoch über den Gesträuchen nicht zwei Tannen emporgeragt haben würden. Auf diesen Tannen saß gern ein Habicht und pfiff zu mir und meinen Rindern herüber, daß ich vor Grauen im Gedanken oft ein heilig Vaterunser betete. Auch vor der Mühle fürchtete ich mich; sie kam mir mit ihren ewigen Schatten und traurigem Wasserrauschen schier so schauerlich vor wie jene im Märchen meiner Mutter, in der die schöne, einschichtige Müllerstochter zwölf Räuber mit der breiten Mühlhacke geköpft hat.

Da kam aber eine Zeit, in der ich näher mit der Mühle im Schierlinggraben Bekanntschaft machen sollte.

Unsere schöne Mühle im lichten Wiesental, in der ich meinem Vater so oft das Korn mahlen half, war in einer Nacht niedergebrannt, bis auf die zahllosen Eisennägel und die zwei Mühlsteine, die ganz dunkelrot angelaufen und dann in mehrere Stücke auseinandergefallen waren. Das Wasserrad am halbverkohlten Gründel (Achse) allein war stehengeblieben, und auf dasselbe schoß der Mühlbach nieder, und das Rad lief und tanzte in hastiger Eile wie närrisch. Verrückt war es geworden ob des Unglückes. Und erst als mein Vater den Mühlbach ab in den Fluß leitete, blieb das Rad stehen und stand viele Jahre lang hoch und kohlschwarz und unbeweglich über dem Schutt.

Mein Vater und ich hatten alle Eisennägel zusammengesucht auf der Brandstätte, aber der Schmied gab uns dafür nur fünfundzwanzig Groschen; und die Mühle konnten wir nicht mehr aufbauen.

Da ging mein Vater zum Nachbarn Thoma und fragte an, was er Gegendienste leisten müsse, wenn er die Mühle im Schierlinggraben an Tagen, da sie leer stehe, benutzen dürfe.

Der Thoma legte meinem Vater einen Brotlaib vor: er möge sich abschneiden, nur ein recht groß Stück, er, der Nachbar, habe gut Korn gebaut. Ja, und vonwegen der Mühle, die könne er, mein Vater, schon haben; so einen, zwei Tage die Woche steht sie ja leer; und eines Gegendienstes wegen könne keine Rede sein; mein Vater sei mit dem Feuer unglücklich gewesen, ja, und das könne jedem geschehen, solle sich nur noch Brot abschneiden, ein rechtschaffen Stück. Gesegne Gott! Gesegne Gott!

In unserem Haus ist der Vater selbst der Mühlesel gewesen. Und so stieg er eines Tages, den Kornsack auf der Achsel, nieder in den Schierlinggraben. Ich, ein blöder Junge, war entweder hinter meinen Rindern oder hinter meinem Vater her; mein Vater war mir stets der unfehlbarste und erste Mensch auf Erden, und alle anderen Leute liefen nur so neben mit; nur der Pfarrer und der Amtmann ausgenommen, die standen höher: der eine hielt's ganz mit Gott, der andere mit dem Kaiser – und mit uns hielt's keiner von beiden.

So wand ich mich denn hinter meinem Vater durch das Erlen- und Haselnußgebüsch der Mühle zu. Und als wir vor derselben standen, zog mein Vater einen hölzernen Schlüssel aus dem Sack, sperrte die graue, niedrige Tür auf, und wir standen jetzt in der finsteren Mühle, in welcher uns nur der staubige Mehlkasten und über demselben das Steingehäus und die Aufschüttmulde matt entgegenblickten. Wir stiegen über sechs oder acht Stufen empor zum Schüttboden; an die braune, spinnwebige Wand desselben waren mehrere Heiligenbilder geklebt, eine Art Hausaltar, an dem auch ein grünes Weihbrunngefäßchen gängelte. Mein Vater besprengte mich damit; dann leerte er seinen Kornsack in die Schüttmühle und guckte noch ein wenig durch ein Fensterchen auf das stetig rauschende Wasserfloß hinaus zwischen den Fugen in die Radstube hinab, aus welcher erst eine rechte Finsternis hervorglotzte. Und als er sah, daß alles in Ordnung war, tauchte er mit beiden Händen eine aus der Wand stehende Stange nieder. Da wurde es lebendig. Zuerst hörte ich einen einzelnen Klapper, bald einen zweiten, dritten; der Boden hub sachte an zu dröhnen, zu schütteln; das Klappern wurde schneller und schneller und kam endlich in ein gleichmäßiges Rollen und Klirren und Schrillen. Es ging die Mühle.

Von dem zitternden Schnabel der Schüttmulde rieselte das braungelbe Brünnlein des Kornes in den Steinhals, an welchem seines raschen Laufes wegen weder ein Kern noch ein Maserchen zu erkennen war.

Mein Vater unterwies mich in den Dingen, auf daß auch ich das Müllern lerne, und machte endlich die Decke des Mehlkastens auf, in dem bereits der feine, weiße Staub des Mehles flog.

Erst spätabends – als es schon so finster war, daß ein zur Tür hereinsprühendes Johanniswürmchen mich ins Herz hinein erschreckte, weil ich im Augenblick wähnte, es sei ein Feuerfunke und es hebe auch diese Mühle zu brennen an – drückte mein Vater wieder an der Wandstange; da wurde das Klirren und Klappern langsamer, noch dröhnte und ächzte das Räderwerk träg und träger, dann stockte es und war verstummt. Mir klang es in den Ohren, und draußen rauschte wieder das Wasser.

Mein Vater besprengte Steingehäuse und Mehlkasten mit dem Weihwasser, auf daß über Nacht kein Unglück komme; dann verschloß er die Tür mit dem hölzernen Schlüssel, und wir stiegen durch das wilde Gesträuch und über die Wiesen- und Feldlehnen hinan zu unserem Haus. Als wir über die Leinwandbleiche gingen, huschte ein Weibsbild an uns vorbei und hin über den Anger, auf, welchem die Eschen und Kirschbäume standen.

„Ich denk gar, das ist die kohlschwarze Stina gewesen", sagte mein Vater vor sich hin, „wie närrisch lauft denn die herum in der Nacht!"

„Der wäre es sicher nicht uneben gewesen, wenn sie unsere Bleichleinwand noch gefunden hätt auf dem Anger", meinte meine Mutter daheim.

„Ei, das kannst nicht wissen", sagte mein Vater ablehnend. „Sie macht sich ihr Brot bei der Kohlenbrennerei, und Schlechtes kann man ihr just gerade eben nicht gar recht viel nachsagen."

„Gutes auch nicht", versetzte die Mutter; dann war nicht weiter mehr davon die Rede.

Wir gingen zum Abendessen. Nach diesem setzte sich meine Mutter zum Spinnrad und sang ein Lied und erzählte ein Märchen. Das Märchen von der Weißen Frau, wie sie um Mitternacht durch das Ritterschloß schwebt und mit dem blutigen Dolch eine Unglücksprophezeiung an die Wand schreibt – es ließ mir die ganze Nacht keine Ruhe, und ich kroch aus Angst und Furcht vor der Weißen Frau dem alten Einleger-Jobst, bei dem ich schlief, schier hinters Hemd hinein.

Am andern Morgen, als wir aufstanden, war die Nachricht da, mein Vater müsse eilends roboten gehen. Zwar war es schon ein Stück Weile nach dem Jahre des Heiles Achtundvierzig, aber unser guter Verwalter hielt stets noch an der ehrwürdigen Sitte, die Bauern ins Joch zu spannen, und die Bauern bogen willig ihre sonst so steifen Nacken.

Mich aber traf's an diesem Morgen wie ein Donnerschlag: „Bub“, sagte der Vater zu mir, „so mußt heut du der Müllner sein unten im Schierlinggraben.“

Noch ging er mit mir hinab, um die Tür aufzuschließen und die Mühle anzurichten.

Ersteres wäre nicht nötig gewesen, die Tür war kaum verriegelt, und mein Vater brummte: „So ein hölzern Schloß ist just für die Katz; der erstbest Bettelmann taucht mit dem Stock den Riegel in Scherben.“

Dann gab mir der Vater noch Verhaltungsmaßregeln, unterwies mich, wie man mittels der Wandstange das Wasser vom Holzfloß leite, daß es seitwärts tief in das steinige Bett hinabstürze und die Mühle stehenbleibe. Ferner bereitete er mir einen Kübel Wasser auf dem Schüttboden vor, „im Fall, daß was sein sollt“. Er dachte ans Feuer. Dann ging er, und ich war allein in der dunklen, klappernden Mühle.

Mir war, als obläge mir die Sorge über eine ganze, wildwirbelnde Welt. Ich schlich und spähte herum, ob überall alles in Ordnung sei; ich guckte in die Aufschüttmulde; es rieselte immer aus ihr, aber sie wollte nicht leerer werden. Ich hub in Gedanken an zu zählen und dachte, bis ich fünftausend gezählt hätte, würde das Korn wohl zur Rüste sein; aber ich zählte bis zehntausend, zählte bis – da war mir plötzlich, als stiege aus dem Mehlkasten Rauch empor.

Ich stürzte zur Stange, bald stand das ganze Radwerk still, und ich sah, es war nicht Rauch, es war nur Mehlstaub gewesen.

Ich richtete die Mühle wieder an und wurde nun etwas zuversichtlicher. Aber in dieser ewigen Dunkelheit des alten Baues, in diesem fortwährenden Tosen und Klirren wurde ich anderartig aufgeregt... Ich spähte nach rechts und nach links und gegen die dunkelsten Winkel hin. Was gängelt doch das Weihbrunngefäß in einem fort?! – schon wieder wollte ich zur Wandstange eilen – da ist plötzlich ein Gepuster und Gepolter – siehe dort! – langsam und von sich selbst hebt sich der Deckel des Mehlkastens, eine Gestalt, eine Menschengestalt richtet sich auf im Kasten – bleich ist sie bis in die Augen, bis in den Mund hinein. Jesus und Heiland! Die Weiße Frau! – Meine Augen wollen vergehen vor

Schreck; aber sie sehen es noch, wie die Gestalt polternd aus dem Kasten steigt und hinaushuscht zur Tür.

Ich bin sehr erschrocken; aber der Schreck war verhältnismäßig kurz gewesen. Die Hast und Eile des Gespenstes kam mir verdächtig vor; ein ordentlicher Geist weiß sonst stets Würde und Anstand zu bewahren.

Wenn das ein Mensch gewesen wäre, ein schlechter Mensch, ein Mehldieb, den wir des Morgens in der Mühle überrascht und der sich in den Kasten verkrochen hätte? – Noch immer wirbelte der weiße Staub aus dem Mehlkasten auf. Ich guckte zum Fensterchen hinaus. Ich sah, wie die weiße Gestalt durch das Gesträuch kroch. Zuweilen, wo das Gebüsch eben recht dicht wird, blieb sie ein wenig kauern und lauerte; sie meinte wohl, von der Tür aus müsse sie verfolgt werden, aber ich beobachtete sie durchs Fensterchen. Sie strich ängstlich hin und her, kroch endlich durch Erlen und hohe Germen und Sauerampfer in das steinige Bett des Baches, über welchen das Mühlfloß ging. Hier in dem tiefen Graben mochte sie sich sicher denken; mir aber kam ein verteufelter Gedanke. Jetzt, bist du ein Geist oder nicht, dachte ich, frisch Wasser ist eine Gottesgabe, das kann nicht schaden.

Sofort rückte ich die Wandstange, und in demselben Augenblick kreischte ein greller Schrei draußen im Wassergraben, in welchem das ganze Mühlwasser niederfloß auf die weiße Gestalt.

Diese blieb sie aber nicht lange; kaum sie sich so weit aus den Fluten hervorgearbeitet hatte, daß ich sie wieder sehen konnte, war sie nicht mehr weiß, war fahlgrau, war braun, war die kohlschwarze Stina. Sie hatte sich so sehr in ihre nassen Kleider und in das Gestrüpp verwickelt und verkettet, daß sie noch hübsch an Ort und Stelle war, als ich zu ihr hinauskam.

„Stina!“ sagte ich, „hast du uns wollen das Korn stehlen oder das Mehl?“

Da wollte sie mit einem Stein nach mir werfen. Darüber erhob ich einen gewaltigen Lärm, und als auf denselben der Nachbar Thoma, der in der Schlucht Zaunstangen gehackt hatte, herbeikam, war die davonwatschelnde Stina noch zu sehen.

„Mach dir nichts draus, daß dich mein Mühlwasser schwarzgewaschen hat“, rief er ihr nach, „in der Haftstube wirst schon wieder trocken werden. Mein Weib freilich, die hängt die nassen Lumpen zum Trocknen an den Strick!“

Hierauf untersuchten wir den Mehlkasten; da drin war arg gewirtschaftet worden, und hätte der brave Mehlstaub die Diebin nicht noch rechtzeitig aus dem Schlupfwinkel getrieben, mein Vater und ich, wir hätten das Korn nicht für uns gemahlen.

Ich richtete die Mühle nicht mehr in den Gang; der Thoma faßte das Mehl in einen Sack und trug es hinauf in unser Haus.

Dann ging er und fing die Kohlschwarze ein.

Die Mühle im Schierlinggraben steht heute noch und ist versteckt unter den Büschen.

Das Mehl, das ich gemahlen, ist längst gebacken und gegessen, die kohlschwarze Stina längst trocken und vergessen.

Als ich den Himmlischen Altäre gebaut

Wenn wir Kinder die Woche über brav gewesen waren, so durften wir am Sonntag mit den erwachsenen Leuten mitgehen in die Kirche. Wenn wir aber beim lieben Vieh daheim benötigt wurden, oder wenn kein Sonntagsjöppel oder kein guter Schuh vorhanden war, so durften wir nicht in die Kirche gehen, auch wenn wir brav gewesen waren. Denn die Schafe und die Rinder bedurften unser wesentlich notwendiger als der liebe Gott, der nachgerade einmal Post schicken ließ: Leute, seid auf die Tiere gut, das ist mir so lieb wie ein Gottesdienst.

Wir blieben jedoch nur unter der Bedingung zu Hause: „wenn wir einen Altar aufrichten dürften". Gewöhnlich wurde uns das erlaubt, und zu hohen Festtagen stellte der Vater das Wachslicht dazu bei. Hatten wir unsere häuslichen Beschäftigungen vollbracht, etwa um neun Uhr vormittags, während in der Kirche das Hochamt war, begann in unserem Waldhaus folgendes zu geschehen: Die Haushüterin, war es nun die Mutter oder eine Magd, hub an, am Herde mit Mehl und Schmalz zu schaffen; der Haushüter, war es nun der Vater oder ein Knecht, holte von der Wand „die Beten" (den Rosenkranz) herab, vom Wandkastel den Wachsstock heraus, aus der Truhe das Gebetbuch hervor; und der kleine Halterbub, war es nun mein Bruder Jackerl oder ich, hub an, die Heiligtümer des Hauses zusammenzuschleppen auf den Tisch. Von der Kirche waren wir weit, keinen Glockenschlag hörten wir jahraus und jahrein; also mußten wir uns selber ein Gotteshaus bauen und einen Altar. Das geschah zuhalb aus kindlichem Spielhang und zuhalb aus kindlicher Christgläubigkeit. Und wir – mein Bruder Jackerl oder ich, oder beide zusammen – machten es so: Wir schleppten das alte Leben-Christi-Buch herbei, das Heiligen-Legenden-Buch, die vorfindlichen Gebetbücher, unsere Schulbücher, das Vieharzneibuch und jegliches Papier, das steif gebunden war. Solches gab das Baumaterial. Die Bücher stellten wir auf dem Tisch so auf, daß sie mit dem Längenschnitt auf der Platte standen und ihre Rücken gegen Himmel reckten; wir bildeten daraus ein zusammenhängendes Halbrund, gleichwie der Raum des Presbyteriums. An die Wände dieses Halbrundes lehnten wir hierauf die papierenen buntbemaltem Heiligenbildchen, welche in den Büchern zwischen den Blättern aufbewahrt gewesen, zumeist von Verwandten, Patenleuten, Wallfahrten als Angedenken stammten und verschiedene Heilige darstellten. Die Heiligen Florian und Sebastian kamen in der Regel ganz vorne zu stehen, denn der eine war gegen das Feuer und der andere gegen das Wasser, also gegen die zwei wilden Schrecken, die den Menschen allweil auf kürzestem Weg den Himmlischen zusagen. An Namenstagen von uns oder an sonstigen Heiligenfesten erwiesen wir aber dem betreffenden Heiligen die Ehre, im Bildchen ganz vorne stehen zu dürfen. Am Osterfest, am Christtag fand sich wohl ein Osterlamm mit der Fahne oder ein holdes Kindlein auf dem Heu. Letzteres wollte einmal am Christfest mein Bruder nicht anerkennen, weil kein Ochs und kein Esel dabei sei, worauf der alte Knecht sich ganz ruhig zu uns wandte und sprach: „Die müsset halt ihr zwei sein!“

Waren nun die aus Büchern beschriebenerweise geformten Wände mit solchen Bildlein, auch kleinen in Glas gefaßten „Breverln“ (kurze Gebete, Heiligenanrufungen) darunter, belehnt, so kam vom eigentlichen Hausaltar hoch oben in der Wandecke das Kruzifix herab und wurde mitten in das Halbrund gestellt. Das war der eigentliche Mittelpunkt unseres Heiligtums. Vor dem Kruzifix kam hernach der Wachsstock zu stehen, und wir zündeten ihn an. Nicht zu sagen, welche Feierlichkeit, wenn nun das Kreuz und die Heiligenbilder rötlich beleuchtet wurden, denn so ein geweihtes Wachslicht gibt einen ganz anderen Schein als die klebrige Talgkerze oder der harzige Brennspan oder im Wasserglas das Öllichtlein, „welches bei der Nacht nur so viel scheint, daß man die Finsternis sieht“. Die Sonne, welche draußen leuchtete, wurde abgesperrt, indem wir die Fenster verhüllten mit blauen Sacktüchern, wir wollten den himmlischen Schein ganz allein haben in unserem Tempelchen. Wenn nun gar erst Allerseelen war und ein Bildchen mit den armen Seelen im Fegefeuer vor dem Kreuz lag, da gab's eine Stimmung, die zur Andacht nachgerade zwang.

Knieten wir dann um den Tisch herum, so daß unsere Knie auf den Sitzbänken, unsere Ellenbogen auf der Platte sich stützten, und beteten laut jene lange Reihe von Vaterunsern und Avemarien mit Ausrufung der „Geheimnisse“ aus dem Leben des Herrn, welche der Rosenkranz oder auch der Psalter genannt wird. Ich wendete während des ganzen Gebetes keinen Blick von den bildlichen Darstellungen. Natürlich sah ich nicht das Papier und nicht die Farben, ja selbst die Bilder als solche nicht, ich sah die Heiligen leibhaftig, sie waren mir in der Tat anwesend, sie hörten freundlich auf unser Gebet, sie ließen uns hoffen auf ihren Schutz und Beistand in Tagen der Not und Gefahr, sie nahmen gütig die Liebe unserer Herzen an, und also schlossen wir mit ihnen vorweg schon Bekanntschaft für die ewige Gemeinschaft im Himmel, der wir ja entgegenstrebten. – O welch ein herrliches Gut ist der Glaube, unendlich mächtiger, schöpferischer, beseligender, erlösender als alles Wissen und Wähnen der Irdischen!

War endlich die Andacht zu Ende, so löschte der Knecht die Kerze aus, und wir hüpften auf den Fletz hinab; bald krochen wir freilich wieder auf den Tisch, um gemächlich den Tempel zu zerstören und seine Teile wieder an Ort und Stelle zu bringen, woher wir sie genommen, denn der Tisch sollte nun Schauplatz anderer Ereignisse werden. In der Küche war aus Mehl und Schmalz eine Pfanne voll Sterz geworden, und diese kam herein, um unsere sonntägige Andacht zu krönen. So war's der Brauch am Sonntagvormittag von der neunten bis zur zehnten Stunde, während die anderen in der Kirche saßen oder sich vor derselben für das Wirtshaus vorbereiteten. – Solches waren freilich freundlichere Wandlungen des Tischaltars, als es jene gewesen im Hause des Waldpeter. Hatten die aufsichtslosen Kinder in der Christnacht auf dem Tisch aus Büchern und Papierbildchen einen Tempel gebaut, denselben mit einem nach unten halb offenen Buch eingedeckt und eine brennende Kerze in das Heiligtum gestellt. Noch zur rechten Zeit kam der Waldpeter herbei, um die auf dem Tisch entstandene Feuersbrunst zu löschen. Darauf soll es keinen Sterz gegeben haben, sondern – was Schlimmeres.

Noch erinnere ich mich an einen besonderen Tag. Ein gewöhnlicher Wochentag war's im Winter; ich beschäftigte mich in der dunklen Futterscheune, mit einem Eisenhaken, dem Heuraffel, Heu aus dem festgetretenen Stoß zu reißen und in die Ställe zu tragen. Da fiel es mir plötzlich ein, ich müsse diese Arbeit bleibenlassen, in die Stube gehen und auf dem Tisch einen Altar bauen. Die Mutter war mit meinem jüngsten kranken Schwesterchen beschäftigt, kümmerte sich also nicht um mich, und ich stellte aus Büchern und Bildchen den gewohnten Tempel auf, als sollten die Leute nun zusammenkommen wie am Sonntag und beten. Wie ich hernach das hölzerne Kruzifix hineinstellen wollte, tat ich es nicht, sondern ging durch die Stube zu einer Sitzbank hin, über welche ich das Kreuz vermittels eines Schnürchens an die Wand hängte. Und da war es, als ob auch die anderen ähnliche Gedanken hätten mitten im Werktag; der Vater wurde ins Haus gerufen, er holte aus dem Schrank den Wachsstock hervor, zündete ihn an, doch anstatt ihn an meinen Altar zu stellen, ging er damit ans Bettlein, wo das zweijährige Trauderl lag; sie begannen halblaut zu beten, und die Mutter netzte mit Essig die Stirn des Schwesterleins. – Plötzlich hielten sie im Gebet ein, da war es still, so grauenhaft still, wie es bisher nie gewesen auf der Welt. Dann hub die Mutter an zu schluchzen, erst leise, hernach heftiger, bis sie, in ein lautes Weinen ausbrechend, sich über das Köpfchen des Kindes niederbeugte und es mit wilder Gier herzte und küßte. Das Schwesterlein aber tat nichts dergleichen, die hageren Händchen auf der Decke ausgestreckt, im Gesicht schneeweiß, mit halbgeöffneten Augen lag es da; die flachszarten Locken gingen nach rückwärts und waren noch feucht von dem Essig.

Der Vater trat zu uns übrigen Kindern und sagte leise: „Jetzt hat uns die Trauderl halt schon verlassen."

„Sie ist ja da!" rief der Bruder Jackerl und streckte seinen Finger aus gegen das Bett.

„Ihre unschuldige Seel hat der liebe Herrgott zu sich genommen, sie ist schon bei den Englein."

Wer von uns es nicht wußte, der ahnte nun, unsere kleine Schwester war gestorben.

Wir huben an zu weinen, aber nicht so sehr, weil das Schwesterlein gestorben war, sondern weil die Mutter weinte. In meinem Leben hat mich nichts so sehr ans Herz gestoßen, als wenn ich meine Mutter weinen sah. Das geschah freilich selten; heute vermute ich, daß sie viel öfter geweint hat, als wir es sahen.

Nun kamen die Knechte und Mägde herein, standen um das Bettlein herum und sagten mit flüsternden Stimmen Liebes und Gutes von dem Kinde. Der Vater kniete zum Tische, wo – siehe da! – der Altar aufgerichtet stand, und begann laut zu beten; er rief das Kreuz und Leiden des Heilandes an, seine heiligen Wunden, seine Todespein und seine Auferstehung. Er sagte den Spruch vom jüngsten

Tage, wie auf des Engels Posaunenschall die Toten aus den Gräbern steigen werden. Ich sah alles vor mir. – Dunkel war's und dämmernd wie im Morgenrot; der Himmel war verhüllt mit Wolken, die einen roten Schein hatten, wie Rauch über dem Feuer. Aus allen Gründen – so weit das Auge reichte – stiegen Menschen aus der Scholle empor. Ich selbst sah mich hervorgehen aus dem Sarg, neben mir die Mutter, der Vater in langen weißen Gewändern, und aus einem Hügel, der mit Rosen bedeckt war, kroch – schier schalkhaft lugend mit hellen Äuglein – das Trauderl zu uns heran...

Während wir beteten, senkte die Nachbarin Katharina das Leichlein in ein Bad, bekleidete es dann mit weißem Hemd und legte es auf ein hartes Bett, auf die Bank zur Bahre. Mit Leinwand ward es zugedeckt; an sein Haupt stellten sie den Wachsstock mit dem Licht und ein Weihwassergefäß mit dem Tannenzweig. Vom Altar nahmen sie die Heiligenbildchen, um solche als letzte Gabe der kleinen Trauderl auf die Brust zu legen. Der Vater hub an, das Kruzifix zu suchen, um es zu den Häupten der Bahre hinzustellen, er fand es nicht, bis die Nachbarin Katharina sah, daß es schon an der Wand hing, gerade über dem Leichlein.

Also ist es gewesen, daß eine Stunde vor dem Sterben des Schwesterleins mir Ahnungslosem eine unsichtbare Macht die Weisung gab: Gehe in die Stube, denn sie werden bald alle hineingehen; baue den Altar, denn sie werden beten; hänge das Kreuz an die Wand, denn es wird dort ein totes Menschenkind hingelegt werden.

Wir gingen hin und schauten die Trauderl an. Es ist nicht zu beschreiben, wie lieblich sie anzuschauen war und wie süß sie schlief. Und da dachte ich daran, wie sie noch wenige Tage früher voll schallender Freude, glühend am Wänglein und glühend im Äuglein, mit uns Verstecken gespielt. Sie versteckte sich immer hinter dem Ofen, verriet sich aber allemal selbst, noch bevor wir an sie herankamen, durch ein helles Lachen.

Bald kamen die Nachbarsleute, sie knieten nieder vor der Bahre und beteten still. Im ganzen Haus war eine große Feierlichkeit, und ich, der ich so umherstand und zusah, empfand etwas wie Stolz darüber, daß ich eine Schwester hatte, die gestorben war und solches Aufsehen und solche Weihe brachte.

Nach zwei Tagen am frühen Morgen, da es noch dunkel war, haben sie in einem weißen Trühlein die Trauderl davongetragen. Wir Geschwister konnten sie nicht begleiten, denn wir hatten keine Winterschuhe für den weiten Weg nach dem Pfarrhof. Wir blieben daheim. Und als alle laut betend davongezogen waren und das von dem Hause hinwegschwankende Laternenlicht noch seinen zuckenden Schein durch die Fenster in die Stube hereinwarf, stand ich (meine Geschwister schliefen noch ruhsam in ihrer Kammer) eine Weile vor der Bank und schaute auf die Stelle hin, wo das weiße Gestaltlein geruht hatte. Das Weihwassergefäß war noch da, und beim Morgenrot, das matt auf die Wand fiel, sah ich dort das Kreuz hängen mit dem sterbenden Christus, der nun mein einziger Genosse war in der stillen Stube.

Ich nahm ihn von der Wand und begann ihn auszufragen, was die Seele der Trauderl denn wohl mache im himmlischen Reich. – Es ist keine Antwort auf Erden. Ich stellte das Kruzifix wieder auf den Hausaltar, der hoch im Wandwinkel war, und dort stand es in heiliger Ruhe, es mochte Kummer sein in der Stube oder Freude, beides war oft und manchmal in raschem Wechsel, wie es schon geht auf dieser Welt.

Nach Jahren, als eines Tages meine ältere Schwester mit niedergeschlagenen Augen in der Stube umging, angetan mit rosenfarbigem Kleid und dem grünen Rosmarinstamm im braunen Haar, und ein schöner junger Mensch unfern von ihr stand, sie heimlich anblickend in Glückseligkeit, hob ich meinen lieben Christus wieder einmal auf den Tisch herab, ob er vielleicht zusehen wolle, was da war und werden sollte.

Da traten die zwei jungen Leute vor den Tisch hin, nahmen sich an der rechten Hand und sagten ganz leise, aber wir hörten es doch alle: „Wir wollen treu zusammen leben, bis der Tod uns scheidet."

Auf meinem Lebensweg bin ich schon an vielen Altären vorübergewandelt. An Altären der Liebe und des Hasses, an Altären des Mammons und des Ruhmes – ich habe jedem geopfert. Aber mein Herz, mein ganzes Herz habe ich nur an jenem einen Altar niedergelegt, der einst in der armen Stube des Waldhauses gestanden. Und wenn ich weltmüde dereinstmalen die Himmelstür suche, wo kann sie zu finden sein als in dem dämmernden Waldwinkel über dem Tische, wo das kleine, hölzerne Kruzifix gestanden? Kreuze habe ich gesehen aus Gold und an Ehren reich, Kreuze aus Elfenbein, geschmückt mit Diamanten, Kreuze, an welchen Weihe und Ablaß hingen – bei keinem habe ich je Gnade gefunden. Das arme Kreuz in meinem Vaterhaus wird mich erlösen.

Als ich im Walde beim Käthele war

Seit Menschengedenken standen in unseren Wäldern die Lärchenbäume nicht so hoch im Preis als zur Zeit des Eisenbahnbaues durch das Tal. Mein Vater verkaufte an die dreißig Stämme um schöne Banknoten. Aber er gab die schönen Banknoten bald wieder weg, zuweilen gar eher, als er sie hatte. Er nahm beim Krämer Mehl und Salz, und sagte: „Sobald ich Geld vom Holzhändler krieg, kriegt Ihr's von mir." Zuletzt sagte er dasselbe sogar den Steuerbeamten.

Aber unser Holzhändler, ein sehr alter Mann, der im Wald sein Haus hatte und um den, außer den Fichten und Tannen, noch ein Wald von Kindern und Enkeln herangewachsen war, hatte dem Vater den größten Teil des Lärchengeldes zwar gezahlt, aber mit dem Rest war er ausgeblieben. Wohl ein halbdutzendmal ging mein Vater die vier Stunden durch die Wälder zum Alten und bat: „Herr Zaunreuter, seid doch ja so gut und richtet mir heut das letzte Zipfel vom Lärchengeld, meine Kinder brauchen was zu essen."

Die meinen halt auch, mochte sich der Alte gedacht haben, aber er sagte: „Ich seh's wohl ein, der Waldbauer tät auch sein Sach gern haben, aber wenn mir der Waldbauer alle Säck umkehren will, so wird er heut keinen Knopf darin finden. Ich krieg erst morgen das Geld von der Eisenbahn, nachher will ich dem Waldbauern das Restl schon mit Fleiß und Dank zustellen."

Meines Vaters Herz war kein Stein, und er dachte: Es klemmt ihn halt, und einen Tag muß ein Christenmensch schon noch warten. Aber es verging ein Tag, und es vergingen mehrere, und es vergingen viele Tage, und der gute Zaunreuter kam nicht mit dem Geld. Da ließ mich – ich war damals so ein Schlingel von elf Jahren – mein Vater einmal von der Kuhweide in sein Stübchen rufen und sagte: „Bübel, leg jetzt dein besseres Jöpplein an, geh hinüber in das Weißbrunntal zum alten Zaunreuter und sag ihm, du bliebest so lang in seinem Haus und tätest essen an seinem Tisch und tätest schlafen unter seinem Dach, bis er dir tät das Geld geben. Sei aber schön ordentlich und tu danken nach jedem Essen, und wenn er dir eine Arbeit schafft und du kannst sie verrichten, so tu's mit Schick und Fleiß, und wenn du das Geld hast bekommen, so steig nur fein geschwind wieder heim."

Hierauf legte ich mein besseres Jöpplein an und ging hinüber durch die dichten Wälder in das Weißbrunntal zum alten Zaunreuter. Dieser saß vor seinem Häuschen unter einer dichtbeästeten Fichte und hielt das Pfeiflein in der Hand und nickte mit dem Kopf auf und nieder wie die Zweige oben im Wind.

Ich blieb von fern stehen und sah ihm zu; der Mann war doch gar alt. In seiner Kindheit waren hier die Urwälder ausgerodet worden; in seinen Jünglingsjahren hatten sich kleine Bauernwirtschaften angesiedelt; in seinem Mannesalter waren durch kalte, unfruchtbare Jahre die Bauernwirtschaften zugrunde gegangen, und nun in seinen Greisentagen ließen sie das Weißbrunntal wieder anwachsen.

Ich trat endlich zum Alten hin und sagte: „Mein Vater hat mich geschickt, und jetzt bleib ich in Eurem Haus so lang und ich geh nicht eher fort, bis Ihr mir das Geld gebt."

„So geh hinein in das Haus, Kleiner, und setz dich auf die Bank, oder geh hinauf an die Lehne und hilf meiner Enkelin Ziegen hüten." Er blieb sitzen, nickte mit dem Kopf und hielt das Pfeiflein in der Hand.

Ich ging in das Haus und saß eine Zeit auf der Bank in der Stube; als mir endlich aber doch die Zeit lang wurde, kletterte ich die Lehne hinan zur Ziegenhüterin. Ein Mädchen mit roten Wangen und lichtblonden Haaren, wohl um einige Jahre älter als ich, saß da oben, es flocht sich mit seinen behendigen Fingern, mit Beistand der weißen Zähne, die Haare. Da es mich sah, sprang es auf und floh ins Dickicht.

Als der Abend kam, füllte sich das kleine Haus im Anwuchs mit Menschen; es waren Weiber und Kinder gekommen und zwei junge, lustige Holzhauer und ein übermütiger Almhirt, der allweg pfiff, gern auf einem einzigen Fuße stand, tänzelte und die Weiber neckte. Es kam ein Wurzner und eine Ameiseiergräberin, und sie erzählten, wo sie an diesem Tage waren und was sie für Beute gemacht hatten. Alle diese Menschen, zum Teil noch jung und klein, waren Nachkommen des alten Zaunreuter.

Als sie sich alle um den Tisch zur Abendsuppe setzten, stand ich an der Tür und kaute an einem Finger. Ich empfand doch, daß ich hier nicht daheim war, und getraute mich nicht zum Tisch. Da sagte der Alte: „Waldbauernbub, setz dich neben das Käthele und iß mit uns eine Suppe!" Nach diesen Worten errötete das Mädchen, das ich früher oben als Ziegenhüterin gesehen hatte, dann rückte es ein wenig zur Seite. So setzte ich mich daneben hin und aß; aber mir wollte es nicht recht schmecken, ich schämte mich, daß ich den Leuten wegen so ein paar Gulden an der Schüssel lag.

Nach dem Nachtmahl nahm mich der Almhalter mit in sein Bett; es stand nicht im Haus und nicht im Freien, sondern hinter einer Felsnische unter drei dichten Tannen. Der Halter zog sich aus bis auf das Hemd und pfiff und tänzelte immer noch dabei und kitzelte mich in das Bett und unter die Decke hinein, daß ich laut schrie und kicherte. So war ich mit ihm gleich bekannt, und so kauerten wir uns recht aneinander, und er erzählte mir von seinen Kühen und Kälbern, und dabei zog er die Decke immer mehr über unsere Köpfe herauf, und sein mächtiger Atemstrom ergoß sich so sehr auf mein Gesicht, daß ich schier ersticken wollte.

Als ich am anderen Morgen aufwachte, flunkerte die Sonne durch das Geäst, und der Halter war schon längst davon. Ich stand auf und dachte, heute wird mir der Zaunreuter das Geld wohl geben. Es wurde die Morgensuppe vorgesetzt; das Käthele schnitt mir Brot hinein, und dabei flüsterte es mir zu, ob ich heute nicht mit ihm wolle mitgehen in die Geißhalde? Ich ging mit, und das Mädchen machte mich bekannt mit den Ziegen und mit seinen Spielplätzen. Das Käthele hatte unter einem Felsvorsprung eine Sennerei; aus Baumrinden hatte es einen Stall aufgezimmert, unter diesen stand eine Reihe dürrer Fichtenzapfen, das waren die Kühe. Das Mädchen lehrte mich von diesen Kühen die Namen und schob sie auf die Weide und wieder in den Stall. Auf einmal aber, als es merkte, daß ich mich nicht recht in diese Wirtschaft hineinfinden konnte, wendete es sich ab, hielt die Schürze vor das Gesicht und schämte sich. Als ich ein wenig später wieder an die Stelle kam, waren die Fichtenzapfen über den Hang geschleudert und der Stall zerstört.

Es verging der Tag, der Alte war nicht zu Hause, ich bekam das Geld nicht und blieb. Das Käthele zerrte mich überall mit, und als gegen Abend ein kalter Wind strich, schlug es sein Lodenjäckchen um meinen Kopf und wickelte meine Hände in seine Schürze, daß ich nicht sollte frieren können. Am Abend nahm es mich mit in den Stall und zeigte mir, wie es die Ziegen melke, und als wir in der Milchkammer standen, strich es mir mit dem Finger Rahm in den Mund.

Am dritten Tag war ich schon um ein bedeutendes zutraulicher; da pflückte ich dem Käthele Erdbeeren und schenkte ihm ein Sträußchen rotblühenden Klees. „Die Erdbeeren mag ich schon“, sagte sie, „aber den Klee steck nur der Geiß zu, ich weiß damit nichts anzufangen.“

„Es wär aber Honig drin, Käthele“, sagte ich.

„Ja, weil ihn die Bienen nicht heraussaugen dürfen“, versetzte das Mädchen, „weißt du, was der heilige Petrus gesagt hat? Ja, der hat zu den Bienen gesagt: Was wollt ihr lieber, den Sonntag feiern oder den roten Klee meiden? Haben die Bienen zur Antwort gegeben: den roten Klee meiden. Deswegen dürfen sie beileib nichts zu schaffen haben mit dem roten Klee, und der Honig davon kommt in die Geißmilch." –

Der Alte ging aus und kam heim, aber nie sagte er etwas von dem Geld. Ich blieb im Hause, wurde zu Tisch geheißen, schlief beim Halter und konnte die übrige Zeit machen, was ich wollte. Ich ging immer mit dem Käthele, und das führte mich im Wald umher, in jede Schlucht und auf jeden Felsblock, und wußte allweg zu plaudern und erzählte mir sogar einmal im Vertrauen: Zuweilen, wenn es so ganz still sei und nur die Hummel brumme oder ein Lüftlein wispere, da gehe Gott durch den Wald. Er sei größer als der allergrößte Baum, aber er kümmere sich um jedes Rehlein, und wenn wo eine Ameise krieche, der sie einen Fuß abgetreten, so helfe er ihr weiter, und wenn wo ein Blümlein stünde, das nicht aufwachen kann, weil ihm ein Steinchen anliegt, so neige sich der liebe Gott auf die Erde und tue dem Blümlein den Stein vom Herzen.

Wenn das Käthele ähnliche Dinge redete, so sah ich es nur so an, und da war ein Glanz in seinem großen, dunklen Auge wie in der Kirche zur heiligen Christnacht.

Einmal führte sie mich auf einen Steinbühel, um welchen Rotkiefern und Wacholder wuchsen, legte ihre beiden Hände auf meine Schultern und sagte: „Das freut mich, Waldbauernbub, daß du in unser Haus und zu mir in den Wald gekommen bist." Nach diesen Worten geleitete sie mich von dem Steinbühel wieder herab. Weshalb ich aber da war, das wußte sie nicht.

Vergaß ich ja doch endlich selbst darauf. Ich lebte im Haus des Zaunreuters wie daheim, nur waren die Leute freundlicher mit mir, und ich durfte nicht so viel arbeiten, als ich an der Seite meines Vaters gemußt.

Da kam eines Tages durch den Holzschläger von meinem Vater der Auftrag, ich möge doch endlich das Geld heimbringen, das Steueramt wolle nicht mehr länger warten und habe ihm einen Soldaten ins Haus geschickt, der ohne den Steuerbetrag nicht fortgehen wolle und welcher – setzte der Bote bei – der Kuhmagd schon den ganzen Kopf verrückt habe und mit ihr heimlich die Butter verzehre. Das sei eine gefährliche Belagerung, und ich möge doch kommen und das Haus befreien.

Ich trug dem Alten unser Anliegen vor. Dieser nickte stetig mit dem kleinen Kopf und machte mir dann in bittendem Tone den Vorschlag, er wolle die Exekutionsmänner austauschen, mich heimgehen lassen und den gefährlichen

Soldaten in sein Haus nehmen, bis er zahlen könne. Das brachte mich fast auf, denn ich konnte dadurch nur verlieren, ohne das Geld heimzubringen. Ich murmelte daher, zu Boden starrend und den Hut tief in die Stirne gedrückt: „Ich will unser Geld haben."

Da sprang der Alte auf, einen Schritt gegen mich und stieß die Worte hervor: „Vom Erdboden herausgraben kann ich's nicht! Willst mir die Haut abziehen? Ich bin alt und hab eine Familie; du kennst von der Welt noch nichts wie das Essen. Wenn ihr glaubt, ich will euch was abstehlen, so verkaufet mein Haus, da steht's! und jaget die Kinder hinaus zu den Tieren des Waldes und scharrt den alten Mann in die Erden!"

Das traf mich, niederfallen hätt ich mögen vor dem Greis und ihm sagen, daß ich's so nicht gemeint. Ich schlich davon und wollte heim zu meinem Vater und ihm sagen, ich hätte das Geld wohl bekommen, aber ich hätte es unterwegs in dem dichten Gesträuch verloren, und ich wolle dafür arbeiten Tag und Nacht und fasten dabei, und er möge mich strafen, wie er wolle.

Als ich sonach durch die Schlucht ging, rief mich das Käthele an. Es stand hoch auf einem Baumstrunk und sagte mir, ich möge auch hinaufkommen, denn man sehe von dort aus ins Land, wo die Feigen wachsen. Da mußte ich denn freilich hinauf; allein, als ich oben stand bei dem Käthele, schalt es, daß ich so langsam geklettert sei, es seien in der Weile die Bäume so hoch gewachsen, und nun könne man nicht mehr in das Land der Feigen sehen. Ich stellte mich, als hätte ich dem Käthele alles aufs Wort geglaubt. Ich vergaß aber dabei auf mein Heimgehen.

Als wir eine Weile beisammengestanden waren, lispelte sie: „Ich will dir was sagen, Waldbauernbub", und zerrte mich mit fort, zwischen den Bäumen und durch Gesträuch, fort und fort, bis wir hineinkamen tief in den Hochwald. Dort blieb sie endlich stehen, blickte verwirrt um sich und ließ sich auf einen verwitterten Strunk nieder. Ich stand vor ihr; sie faßte meine Hände und legte sie in ihren Schoß. Dann neigte sie das Haupt vor gegen meine Stirne und flüsterte: „Du bist mein lieber Waldbauernbub!" – Sie war gerötet, sie ließ alle Haarsträhnen niedergleiten über ihr Antlitz, daß ich es nicht hätte sollen sehen, wie sie glühte.

Gleich darauf erhob sie sich, und wir gingen zurück durch den Wald, durch das Gesträuch, wie wir gekommen waren.

An demselben Abend lud mich der alte Holzhändler ein, daß ich mich zu ihm auf das Fichtenbänklein setze. Als ich es getan hatte, sagte er, daß ich heute wohl nicht mehr fortgehen könne, da der Weg zu meinem Vaterhause lange durch unwirtliche Waldungen führe. Ich blickte ihn an, da fuhr er in den Sack, zog ein abgegriffenes Büchlein hervor und aus demselben eine Geldnote: „Da nimm, Waldbauernbub, und ich laß mich bedanken, daß er mir so nachgewartet hat, bis ich's jetzt zahlen kann. Ich hab ihm deswegen auch um zwölf Groschen mehr zugelegt."

Ich getraute mich an demselben Abend beim Mahl kaum einen Bissen zu essen, und in der Nacht lag ich mäuschenstill neben dem Halter – ich war bezahlt, ich hatte kein Recht mehr, das Bettgewand zu strapazieren.

Am andern Tag stand ich gar zeitlich mit dem Halter auf und eilte meiner Heimat zu.

Es war auch schon die höchste Zeit; der Exekutionssoldat hatte im Kuhstall und in der Butterkammer bereits schauderhaft gewirtschaftet. Nun erhielt er den Steuerbetrag und damit den Laufpaß.

Bei meinem Vater erntete ich nicht die Ehren, die ich für das Aufbringen des Geldes zu beanspruchen geglaubt hatte. „Dalketer Bub", sagte er, „jetzt gehst gleich und tragst dem Zaunreuter die zwölf Groschen wieder zurück!"

So lief ich denn. Im Wald traf ich wieder das Käthele. Es sah mich kaum an, es spielte mit den dürren Fichtenzapfen und hatte sein Gesicht dicht mit den Haaren verschleiert. Es hatte erfahren, daß ich nur des Geldes wegen so lange bei ihm im Walde geblieben war.

Als die hellen Nächte waren

Der Sommer war heiß gewesen. Das Moos des Waldbodens war fahl und spröde geworden, und zwischen den Halmgerippen der Gräser sah man auf den grauen Erdboden. Neben den dürren Nadeln des Waldbodens lagen tote Ameisen und Käfer. Die Steine in den Betten der Bäche waren trocken und weiß wie Elfenbein. Wo dazwischen noch ein Tümplein stand, da starb darin eine Forelle oder ein anderes Tier des Wassers.

Die Luft war dicht, und die Berge, auch die nahen, waren blau. Die Sonne war des Morgens rot wie das verdorrte Blatt einer Buche, dann blaß und glanzlos, so daß man ihr ins Gesicht sehen konnte. Matt kroch sie hin über die graue Wüste des Himmels, als wäre sie erschöpft vor Durst. Gegen Abend stiegen häufig scharfgeränderte, glänzende Wolken auf; die Leute fingen zu hoffen an, aber es kam ein Luftzug, und am anderen Morgen waren die Wolken vergangen und der nächtliche Tau aufgesogen.

Draußen im Dorf wurde ein Bittag um Regen angeordnet. Da strömten aus unserem Wald die Leute davon, nur der alte Knecht Markus und ich blieben im einsamen Haus, und der Knecht sagte zu mir: „Wenn das schön Wetter gar ist, wird's regnen, was hilft der Bittag! Wenn uns ein Herrgott hergesetzt hat, so wird er keinen schwachen Kopf haben und unser vergessen. Und hat er keinen Kopf, so daß er die Welt nur mit den Händen zusammenstellt und mit den Füßen auseinandertritt, nun, so hat er auch keine Ohren. Wofür hernach das Geschrei! Sagst du nicht auch dasselbe Bübel?“

Leute, was läßt sich drauf sagen? „Der Knecht Markus ist ein alter Spintisierer“, das läßt sich drauf sagen.

Jetzt sprang der Riegelsberger Halter zur Tür herein. Er war vor Aufregung sprachlos, durch das Fenster wies er mit beiden Zeigefingern auf den Rücken des Filnbaumwaldes hin. Der Knecht sah es und schlug die Hände zusammen.

Dort hinter dem Waldrücken stieg ein riesiger Wirbel von rotem Rauch auf und verfinsterte den Himmel.

„Das kann ein Unglück geben!“ rief der Markus, langte nach einer Axt und eilte davon.

Der Rauch flutete immer heftiger auf und wurde immer breiter und dichter. Ich fing ein Geschrei an, dem der Knecht aber keine Bedeutung beilegen wollte. Es hatte auch keine, wie sich's wies.

An den sonnigen Lehnen des Filnbaumschlages war's gewesen, wo das dürre Gestrüppe lag. Nahe, wo der halbverdorrte Lärchenwuchs begann, war die Flamme entstanden, kein Mensch wußte, wie. Zuerst mochte sie leicht hingehüpft sein von Reisig zu Reisig, dann empor von Ast zu Ast mit flatternden Flügeln. Plötzlich entfaltete das Element seine wilde Gestalt, seine roten, siegreichen Fahnen. Der Wald wird höher und dichter, an dem Geäst hängen lange Moosflechten nieder, und die vor wenigen Jahren von einem schweren Hagelschlag geschädigten Stämme sind harzig bis hinauf zu den Wipfeln. Hei, wie die feurigen Zungen lechzen und emporlodern! Und in den Gründen züngeln sie wie ein Schlangengezücht, und allerseits beginnt sich ein fürchterliches Leben zu entwickeln.

Die wenigen Holzhauer rennen in Verwirrung herum und fluchen und rufen nach Hilfe. Aber der Wald und seine Hütten sind menschenleer, alles ist bei der Bittprozession. Bis sie nach Stunden endlich kommen, ist der Hochwald im Brande. Das ist ein Fiebern und Zittern in der Luft, ein Krachen und Prasseln weithin; Äste stürzen nieder, Stämme brechen zusammen und sprühen noch einmal auf in dem ewigen Rauch. Hohl brüllend blasen glühende Luftströme durch das Gehölz; die Flammen erzeugen sich selbst den Sturm, auf dem sie fahren. O gewaltiges, nimmersattes Element! Es zehrt, solange es lebt, und lebt, solange es zehrt, es verzehrt die Welt und, wenn sie erreichbar, tausend Welten und hat nimmer genug. Keine Macht kann so ins Unendliche wachsen wie das Feuer, darum stellt es der Seher als den letzten Sieger über alles dar, als den Herrscher in Ewigkeit.

Die Menschen arbeiteten und arbeiteten; manchen trugen sie halbverbrannt von dannen. Der Knecht Markus sah die fürchterlichen Folgen, aber er jammerte nicht, und er verzagte nicht, er war die stille, die ruhige Tat. Schon begannen seine harzigen Kleider Feuer zu fangen, da eilte er hinab zum Bachbett und wälzte sich im Sand, bis sich dieser an alle Teile seines klebrigen Anzugs gelegt hatte. Nun war er gepanzert. Äste schlug er ab, Bäume hieb er um – o Gott, das schlug nicht an. Der glühende Strom brauste weiter; die kahlen Äste in der Runde, die rotnadeligen Zweige harrten schon der nahenden Flammenbraut und huben noch früher zu brennen an, als sie der erste Kuß erreichte.

Nun suchten die Arbeiter, die von allen Seiten herbeigekommen waren, den Flammen einen Vorsprung abzugewinnen und ihnen durch ihre breiten Abstockungen eine Grenze zu setzen, aber es teilte sich der Brand in Arme nach verschiedenen Himmelsgegenden. Zur Abendstunde erhob sich ein Wind und zerzauste die mächtigen Feuerfahnen in tausend Fetzen und vervielfältigte überall das Element. Das war ein unheimliches Dröhnen in den Lüften und ein wunderlich Leuchten hin über das Waldland.

Erschöpft und ratlos ließen die Männer ihre Hände sinken, die Weiber räumten ihre Hütten aus und wußten mit der Habe nicht, wohin.

In tiefen Tälern war es noch ruhig, da hörte man nichts als das leise Flüstern der hohen Tannen, aber der nächtliche Himmel war rosig, und zuweilen flog hoch oben ein Feuerdrache dahin. Dann wieder kam eine zwitschernde

Vogelschar, und die heimatlosen Tierchen schossen planlos umher, und die Rehe und Hirsche kamen erschreckt heran zu den Menschenwohnungen.

„Wie diesen Tieren geht's uns allen!“ klagte ein Weib; „keine Menschenmöglichkeit, daß der Wald gerettet wird – alles brennt, alles brennt! O Christi Heiland, es ist das jüngste Gericht!“ Tagelang währte der Greuel.

Vor unserem hochgelegenen Hause aus sahen wir aus den Wäldern des Filnbaum und der Felsenleiten die Flammen still und langsam aufsteigen. Die ganze Gegend lag in einem trüben Schleier, und scharfer Brandgeruch stach in unsere Nasen. Unser Berg schien eingewölbt von Rauch, daß es oft schier dunkel war. Und da stand ein großes, trübrotes Rad über uns, das der Rauch umwirbelte, verdeckte und doch nicht ganz vertilgen konnte. Es war die Sonne. Wir sahen aber auch, wie das Feuer allmählich gegen uns heranrückte; es stieg über die Höhen her, und es stieg in die Täler nieder, und es stieg endlich an unserem Berghange heran. Wir bedurften des Abends keines Kienspans mehr in der Stube, wir hatten vollauf Licht, denn zehn Minuten weit vom Haus brannte der schöne Kienwald.

Das Vieh hatten wir längst auf die Almweide gejagt und die Einrichtungsstücke des Hauses mitten auf das freie Feld hinausgeschleppt. Halb wahnsinnige Menschen kamen herbei. Der Vernünftigsten einer war der uralte Martin, dem die Hütte verbrannt war und der nun mitternächtig beim Schein des Waldbrandes Preiselbeeren pflückte.

Mein Vater kletterte auf den Dächern unseres Gehöftes herum, und mit einer langen Stange, an deren Ende er einen nassen Lappen gebunden hatte, schlug er die Funken tot, die herangeflogen kamen und sich auf das Dach gesetzt hatten.

In der fünften Nacht, als wir, in einer Ecke unserer ausgeräumten Stube kauernd, schliefen, wurden wir plötzlich von einem lauten Ton geweckt, und der alte Markus, der auf dem Dach Nachtwache hielt, rief: „Das ist schon recht! Das ist schon recht!“

Ein Wettersturm hatte sich erhoben und wütete in dem brennenden Wald, daß es eine schreckbare Pracht war. Als ob ein wüstes Gewässer dahinbrauste zwischen den Stämmen, so toste und dröhnte es. Aber das Feuer wurde in die entgegengesetzte Richtung von unserem Haus geworfen, und das war es, was dem alten Markus so recht schien. Die Flammen waren wie auf wilder Flucht; sie übersprangen ganze Waldpartien und zündeten an neuen, entlegenen Stellen.

„'s ist vorbei, jetzt sind wir fertig!" sagten die Leute, waren ratlos und taten den Mund auf. Ja, wahrlich, es fielen gebratene Vögel aus der Luft. Etliche, als sie die kahlgebrannten Hänge sahen, gewannen sogar ihren Humor wieder und meinten, es müsse schon ein besonderes Fest kommen, daß sich gar die Berge rasierten.

Aschermittwoch, wie sich's zeigte.

Als sich der Orkan gelegt hatte, kam ein Regenguß. Der Regen währte tagelang, und die Wolken stiegen träge auf und nieder. Lange noch mischte sich mit ihnen der Rauch der kohlenden Strünke – endlich war alles Feuer ausgelöscht. über alles legte sich der feuchte, frostige Nebel, es war die herbstliche Zeit.

So ist die Begebenheit hier erzählt. Der Brand unserer Wälder war so großartig, daß er nur mit glühendsten Farben einer wilden Phantasie recht dargestellt werden könnte. Da mir diese nicht zur Hand sind, blieb nichts anderes übrig, als mit dem halbverblaßten Stift der Erinnerung einfach zu skizzieren.

Doch endet der Wald mit seinem Untergange nicht, und nach jedem Ende kommt ein Anfang.

Der Nebel des Herbstes spann den Schnee; im Winter sahen wir von unsern Fenstern aus weit mehr weiße Flächen als sonst. Aber erst als der Lenz kam, sahen wir, was der Waldbrand angerichtet hatte. Überall verkohlter Grund, rostfarbene Steine, halbverbrannte Wurzeln, und darüber ragten die schwarzen Strünke einzelner Baumstämme. – Nun kamen die Leute und rodeten. Sie stachen den schwarzen Rasen um, sie säten Korn in das Erdreich; den Obdachlosen wurden neue Hütten gebaut. Und als der Frühherbst kam, war's eine Herrlichkeit. Kein Mensch in unserem Waldland hatte je eine so große goldgelbe Pracht gesehen, als es das Kornfeld war, das sich über die Berge hinzog. Wir mußten alle zusammenhalten, die Flut der Halme, wovon einer sein schweres Haupt auf die Achsel des anderen legte, einzuheimsen. Ich erinnere mich noch an das Wort, das bei dieser Gelegenheit der Pfarrer sprach: „Der Herr schlägt die Wunden, aber er spendet auch den Balsam, sein Name sei gelobt!" – Am nächsten Tag schickte er seine Knechte, um von der reichen Ernte den Zehent zu holen, und er hat recht getan.

Nach diesen Tagen war vom Filnbaumschlag bis zu unserm Haus heran Feld um Feld, und gegen dreißig Jahre lang gab der Grund des verbrannten Waldes den Menschen Brot. Heute haben sich die Menschen verzogen, zerstreut oder sind gestorben, und neuerdings sproßt auf den Berghöhen der junge, grüne Wald. Neues, unendliches Leben webt darin – eine üppige Pflanzenwelt, ein lustiges Tierreich, eine helle Gottesmorgenfreude.

Aus der Eisenhämmerzeit

Die vierziger Jahre hatten strenge Winter. Im März aber kam stets plötzlich der Föhn und schmolz den Schnee in wenigen Tagen. Wir freuten uns des wieder enthüllten Rasens, der alsbald zu grünen begann; aber damit war die leichtlebige, heitere Winterrast dahin, und die wachsenden Tage brachten arbeitsschwere Zeit des Pfluges und der Egge, der Sichel und der Sense. Diese Zeit der blinkenden Werkzeuge hatte einst ein kleines Vorspiel.

Noch tief in der Nacht weckte mich an einem Frühlingsmorgen mein Vater und sagte, er gehe heute in das Mürztal. Wenn ich mitgehen wolle, so möge ich mich eilig zusammentun, aber die scharfbenagelten Winterschuhe anziehen, es sei der Weg noch eisig.

Sonst, wenn ich in früher Stunde zur Alltäglichkeit geweckt wurde, bedurfte es allerlei Anstrengungen außer und in mir, bis ich die Augen zur Not aufbrachte, um sie doch wieder auf etliche Minuten zufallen zu lassen, denn meine alte Ahne war der Meinung, ein allzu rasches Aus-dem-Schlaf-Springen mache Kopfweh. Heute war ich mit einem Ruck munter, denn ins Mürztal mitgehen, das war in meiner Kindheit das Herrlichste, was mir passieren konnte. Wir waren bald reisefertig, der Vater nahm seinen großen Stock, ich meinen kleinen; die Laterne nahmen wir nicht, weil es sternhell war – und so gingen wir davon. Die erste halbe Stunde war es wie allemal, wenn ich frühmorgens mit dem Vater ging, wir schwiegen still und beteten während des Gehens jeder für sich das Morgengebet. Wir hatten wohl so ziemlich das gleiche, aber ich wurde immer ein gut Teil früher fertig als er und mußte mich dann still gedulden, bis er den Hut aufsetzte und sich räusperte. Das war das Zeichen, daß ich ein Gespräch beginnen durfte, denn ich war fortwährend voll von Fragen und Phantastereien, auf die der Vater bisweilen derart einging, daß alles noch rätselhafter und phantastischer wurde. Gewöhnlich aber unterrichtete er mich in seiner gütigen und klaren Weise, daß ich alles wohl verstand.

Nachdem wir an diesem Frühmorgen etwa zwei Stunden gegangen und hinausgekommen waren über die entwaldete Berghöhe, lag vor uns das weite Tal der Mürz. Von Mürzzuschlag bis Kapfenberg dehnte es sich stundenlang, und wenn ich es sonst im Morgengrauen sah, lag im Tal der Nebel wie ein grauer See, aus welchem einzelne Höhen und die jenseitigen Berge blauduftig emporragten. Heute war es anders, und heiß erschrak ich vor dem, was ich sah. War denn der Franzose wieder im Land? Oder gar der Türk? In Kindberg, das tief unter uns lag, lohte an vielen Stellen glührotes Feuer auf. Auch im oberen Tal, über Mitterdorf, Krieglach und Feistritz und gegen Mürzzuschlag hin waren rote Feuersäulen; im nahen Kindtal sprühten mächtige Garben von Funken empor.

„Närrlein, du kleines!" sagte mein Vater, als ich mich mit beiden Fäusten krampfhaft an seinen Rock hielt, „da ist ja nichts. Das sind ja nur die Eisenhämmer. Lauter Schmiederauchfänge, aus denen Funken springen. Hörst du denn nicht das Pochen und das Klappern der Hämmer?"

„Ich höre es wohl, aber ich habe gedacht, das wären die Kanonen und Kugelstutzen", versetzte ich aufatmend.

„Kind, wo käme denn jetzt der Feind her? Der liebe Herrgott hüte unser Steierland!"

„Aber wie ist es denn", fragte ich, „daß die Dächer nicht brennend werden, wenn so viel Feuer herumfliegt?"

„Die Dächer sind voller Staub und Asche, das brennt nicht. Und dieses Feuer, das so schreckbar wild aussieht, es ist nicht so arg, es ist auch nur glühende Asche, Ruß und Geschlack, wie es aus der Esse aufsprüht, wenn der Blasebalg die Luft dreinbläst."

„Und warum sprüht es denn just in der Nacht so?" fragte ich.

„Es sprüht auch beim Tag so", antwortete der Vater lächelnd, „aber gegen das Sonnenlicht kommt dieser Schein nicht auf, und was jetzt so blutrot leuchtet, das ist bei Tag nur der rußige Rauch, der aus dem Schornstein aufsteigt."

„Tun sie denn in den Schmieden nicht schlafen?"

„Das wohl, aber sie stehen sehr früh auf oder lassen in den größeren Essen gar das Feuer nicht ausgehen, weil es sonst schwer ist und viel Kohlen braucht, bis die Hitze wieder erzeugt wird. Da wachen und arbeiten die einen Schmiede, während die anderen schlafen."

„Gibt's denn so viel Ochsen zu behufen im Mürztal?" war meine Frage, denn ich hatte einmal dem Hufschmied zu Hauenstein zugeschaut, wie er einem Zugochsen Hufeisen an die Klauen nagelte.

„O Knäblein, Knäblein!" rief mein Vater, „die Schmiede haben noch ein wenig mehr zu tun, als wie zu hufen. Du bist ein Steirer; wenn wir auf unserem Gebirge auch nichts haben als Feld und Alm und Wald, solltest du doch schon wissen, wozu die vielen hundert Krippen von Holzkohlen verwendet werden, die unsere Nachbarn Jahr für Jahr ins Tal hinausführen. Solltest auch wissen, daß dein Heimatland Steiermark das Land der Hammerschmiede ist. Wenn du jetzt, bevor der Tag aufgeht, vom hohen Himmel mit sehr guten Augen herabschauen könntest auf unsere Steiermark, so würdest du, besonders im Oberland, auch die anderen Täler so sprühen und leuchten sehen wie hier das Mürztal. Es sprüht in Neuberg und bei Mariazell und in der Veitsch, es sprüht im Ennstal und im Murtal, an der Feistritz, an der Kainach, an der Sulm und an der Sann, wo die Leut schon gar nicht mehr Deutsch sprechen, aber sprühen tut's doch. In Vordernberg, in Eisenerz, in Hieflau sollst es erst sehen, und überall, wo Hochöfen sind. In den Hochöfen wird das Erz, das sie aus dem Gebirg graben, geschmolzen, daß das Eisen herausrinnt wie ein hellglühender Mühlbach. Da sprüht's auch, mein Bübel! Da sind, wenn ihrer zwei, drei Hochöfen nebeneinander stehen, in der Nacht schier die Felsberge rot vor lauter Schein. Und schaust in den Ofen, so siehst ein schneeweißes Licht, blendend wie die Sonne. Das ist ein anderes Feuer als daheim bei unserem Hufschmied. Das Erz graben sie aus dem Erzberg, der weit drinnen im Gebirg steht und mehr wert ist als alles Gold und Silber von Österreich. Das Eisen, das im Hochofen aus dem Erz rinnt, erstarrt in der freien Luft sogleich, wird nachher mit Hämmern zerschlagen und in schweren Stollen durch das ganze Land verführt, zu jedem Eisenhammer hin, wo sie aus diesem Roheisen immer feineres Eisen, das Schmiedeeisen, den Stahl und daraus allerhand Geräte und Werkzeuge machen."

„Auch Schuhnägel vielleicht?" fragte ich, weil mich einer davon durch die Schuhsohle in die Ferse stach.

„Schuhnägel, Messer, Stifte und Eisendrähte, das machen sie draußen bei Stadt Steyr herum. Bei uns im Land machen sie in den Eisenhämmern Pflugscharen, Eggenzähne, Strohschneidemesser, Hacken, Äxte, Drähte, Nägel, Schlösser, Ketten, Pfannen und allerlei, was du aus Eisen an den Häusern und Werkstätten nur sehen und denken magst. Die kleineren Schmiede, die fahren damit auf die

Jahrmärkte. Größere Hämmer gibt's, die machen auch Zeug zum Leutumbringen, mußt du wissen. Das Wichtigste aber, was in den steirischen Hammerwerken gemacht und auch weit in fremde Länder verführt wird, sind Sensen und Sicheln. Millionen Stück werden dir verschickt alle Jahr, und darum können die Hammerherren mit ihren Frauen so vornehm herumfahren mit flinken Rößlein. Und mit dem Geld prahlen sie, daß es nur so prasselt im Land, und wo ein übermütig Stückel aufgeführt wird, da ist gewiß ein Hammerherr dabei. Ist allerweil so gewesen im Land: Wo der Hammerschmied, dort gilt der Bauer nit. – Wird auch einmal besser werden, verhoff ich. Jetzt müssen wir noch froh sein, daß wir unsere Kohlen zu Geld machen können. Gar zu Gescheite sind gewesen, haben es mit Steinkohlen probiert, die tun's aber nicht; das rechte Eisen muß mit Holzkohlenfeuer gearbeitet werden, sonst ist's nichts nutz. Die Holzkohlen, die wir Bauern liefern, die machen es ja, daß steirisch Eisen in der Welt so gut estimiert wird. Kommen halt die polnischen und russischen Juden und türkischen Händler, auch aus Ungarn und Böhmen, werden von den Hammerherren brav bewirtet und kaufen ihnen die Eisenwaren ab, oft zu tausend Gulden auf einmal. Sollen da draußen in einer großen Stadt die Schmiede von der ganzen Welt einmal zusammengekommen sein um einen eisernen Tisch, und jeder wollt die schärfsten Sensen haben, den feinsten Stahl drin. Der steirische Schmied hat nicht mitgestritten, sondern soll zuletzt mit seiner Sense den eisernen Tisch mitten auseinandergehauen haben."

„Wird sie wohl schartig geworden sein, die Sense des Schmiedes. Nicht?"

Ohne auf diese mäßige Frage Antwort zu geben, fuhr der Vater, indem wir im Morgengrauen sachte talab stiegen, fort zu sprechen:

„Wie die Anzeichen sind, wird's nicht immer so dauern mit den Eisenhämmern. Man hört allerlei Sachen. Merkwürdige Sachen, mein Bübel, wie sie unsere Vorfahren nicht gehört haben. Da draußen auf dem flachen Land irgendwo – sie sagen im Mährischen oder wo –, da bauen sie eine Eisenbahn."

„Eine Eisenbahn? Was ist das?"

„Da legen sie auf der Straße hin und hin zwei eiserne Leisten, daß draußen die Wagenräder recht glatt und eben gehen können. Auf diese Weise sollen ein Paar Rösser schwere Wagen fünf und sechs auf einmal ziehen können. Es wird auch gelogen über die Sach, daß sie eine Maschine erfunden hätten, die das Feuer treibt anstatt der Fuhrmann und die vor die Wagen gespannt wird und wie ein

Roß ziehen kann. Sind dumme Sachen, ich sag dir's nur, daß du's nicht glauben sollst, wenn du davon hörst.“

Dreiundvierzig Jahre ist es her, seit von einem zwar einfachen, aber vernünftigen Manne diese Worte gesprochen worden sind, in Steiermark, wenige Stunden vom Semmering.

„Nein, Vater“, antwortete ich, „das werde ich gewiß nicht glauben.“

„Aber das ist wahr“, fuhr er fort, „daß sie jetzt viel mehr Eisen brauchen in der Welt als vor Zeiten. Es werden da und dort auch schon große Eisenhämmer gebaut, wo mehr als hundert Schmiede beschäftigt sind und wo sie extra noch mit Wasserdampf arbeiten sollen, was weiß ich, wie! In diesen großen Werken machen sie alles und weit wohlfeiler als in den kleinen, und desweg wird's ein rechter Schaden sein für unsere Eisenhämmer, und hört man, etliche sollen schon keine Arbeit mehr haben, zugesperrt oder an die großen Werke verkauft werden. Nachher ist's traurig um uns. Weiß Gott, wie's noch wird mit der Welt!“

Mittlerweile war es licht geworden, und wo früher die feurigen Springbrunnen aus den Schornsteinen gestiegen waren, da flog jetzt dünner, brauner Rauch auf. Wir waren in das Tal gekommen, gingen an einem überquellenden Hammerbachfloß entlang und auf glattem, kohlschwarzem Wege einer der Hammerhütten zu, aus deren offenem Tor uns greller Glutschein entgegenleuchtete.

Über dem Tor war das Bergmannszeichen, die gekreuzten Hämmer und Schlegel, über dem schwarzen Dache ragten die weißgetünchten Schornsteine auf, die an ihrer Mündung mit lenkbaren Klappen versehen waren, womit man, wie der Vater belehrte, den Luftzug regeln könne.

So waren wir der Schmiede ganz nahe gekommen.

Ich sagte nichts, denn ich wollte in die Schmiede gehen und hatte doch Angst vor dem Lärm, der drinnen war, und vor den Funken, die durch die finsteren Räume flogen.

Mein Vater sagte auch nichts, sondern führte mich hinein.

Vor dem Tor stand eine Tafel: „Fremden ist der Eintritt nicht gestattet!“ Aber ein Mann, den mein Vater fragend angeblickt, sagte: „Nur zu!“

Was ich zuerst sah, war ein sprühendes Stück Sonne, das von der brüllenden Esse mit Schwung herbeigeholt und auf den Amboß geworfen wurde, tonlos, als wäre es von Teig. Jetzt hob sich auf massigem Hebelbaum der Hammer und fiel nieder in die weiche Masse, daß ein Meer von Funken durch die Hütte schoß. Ich barg mich vor Schreck und Angst hinter den Rücken meines Vaters, aber die Funken waren bereits angeflogen an mein Leiblein, und ich war nur höchlich überrascht, daß ich nicht lichterloh brannte, ja nicht einmal einen Schmerz wahrnahm an den Händen, an welche die feurigen Mücken gesaust waren. Auch der zweite und dritte Hammerschlag jagte ein Heer von Schlacken und Funken hinaus, aber je platter das Eisenstück geschlagen wurde, je rascher der Hammer darauf niederfiel, desto weniger sprühte es. Ein Schmied stand da, der wandte mit langer Zange das Eisenstück hin und her, bis das Geschlacke von allen Seiten herausgehämmert war. Das weiße Glühen war immer roter und matter geworden, und endlich hatte das Stück nur mehr die graue Farbe des Eisens. Es wurde hingeschleudert, der Hammer stand still.

Ich war ein wenig dreister geworden und besah mir jetzt die Dinge, obwohl es ganz dunkel war, wenn das Feuer nicht leuchtete. Vor allem fiel mir ein großer Lederkasten auf, der Atem schöpfte. Der Blasebalg war's, welcher, von Wasserkraft aufgezogen, durch Röhren in die Esse blies. Auf der Erde lag allerlei altes Eisen umher. An den Wänden lehnten und hingen in ganzen Reihen Zangen, Hämmer, Schlegel, Feilen, Hacken, Beile und allerlei, was ich gar nicht kannte. Jetzt erst fielen mir auch die Schmiede auf, über deren rußige Gesichter und entblößte Brust die Schweißtropfen rannen. Wir gingen weiter und kamen zu anderen Essen, wo die Schmiede mit Eisenschaufeln Kohlen in die Glut warfen, die sofort mit glanzloser, blauer Flamme grollend zu brennen begann. In einer Esse glühte man Eisenstücke, die hernach unter kleinere, rascher pochende Hämmer kamen. Hier wurden sie – wie sie der Schmied wendete und drehte – in längliche Formen gehämmert, an denen ich nach und nach die Gestalt der Sense erkannte. Weil das Eisen bald kühlte und noch unrein war, so mußte es immer wieder in die Esse, aus der es glühend und sprühend hervorkam. So wiederholte sich's, bis der Hammer und das kleine Handgehämmer der Schmiede endlich eine vollkommene Sense zuwege gebracht hatten, die dann schrillend auf einen Haufen von Sensen hinfiel.

War der Lärm in der Schmiede auf einen Augenblick verstummt, so hörte man draußen das Rauschen des Wassers, das von hohem Floß auf die Räder niederstürzte. Aber der Lärm ging immer von neuem los, und es geschah an den Essen und Hämmern immer dasselbe. Auch meine Sense, die ich werden sah, war lange noch nicht fertig. Sie wurde neuerdings geglüht und kam unter die

Handhämmer der Schmiede, die sie feiner formend in gleichem Takte bearbeiteten, bis der Henkel und der Rückenrand und die Schneide und die Spitze fertig waren. Sie hatte nun eine Reihe von kleinen Narben bis zur Spitze hinaus und war überlaufen mit einem schönen, violetten Blau.

Mir fielen aber die Schmiede auf. „Warum sie allemal noch einen leeren Schlag auf den Amboß machen, wenn die Sense schon weggezogen ist?“ so fragte ich. Mein Vater antwortete: „Das tun die Schmiede überall; mit dem Schlag auf den Amboß schmieden sie die Kette fester, mit welcher der höllische Drach gefesselt ist; sonst tät sie endlich brechen, und der böse Feind wär los und ledig.“

Nun kam die Sense noch auf einen Schleifstein; der ging so scharf, daß die Stahlschneide, die fest auf ihn gedrückt lag, unter ohrenzerreißendem Geschrille beständig einen Blitzschein von sich gab, was noch das Allerschönste war in der ganzen Schmiede.

Wollte ich's genau nehmen, so müßte ich auch das Personal aufzählen, durch dessen Hände ein Stück Eisen geht, bis es Sense ist, ich müßte den Kohlenbuben, Strecker, Breitenheizer, Abschinner und Kramrichter nennen und vor allem den Obersten, den Essenmeister. Ich müßte auch den Streckhammer, den Breithammer und den Kleinhammer genauer beschreiben, endlich das Abschinnern (Abschaben) der fertigen Sensen und das Stempeln mit dem Firmazeichen und das Kramrichten (das in den Kram-, ins Magazinbringen der Ware).

Ich bin aber kein gelernter Schmiedegeselle und werde wohl manche Handgriffe und Vorgänge übersehen haben, bis das Werkzeug des Mähers fertig war. – Ähnlich, sagte mein Vater, würden auch die Sicheln gemacht, aber ganz anders die Messer und alle Schneidewerkzeuge, die einen federigen Stahl haben.

„Glück auf!“ rief mein Vater den Schmieden zu. Diese hörten nichts. Wir gingen, stets angefochten von sprühenden Funken, ins Freie. Dort war es freilich noch schöner; wir gingen unter Pappeln hin und hörten noch lange das dumpfe Hammerpochen und das Wasserrauschen hinter uns.

Ich hatte ein blauschimmerndes Stück Schlacke mit mir genommen und betrachtete es jetzt wie einen wertvollen errungenen Schatz.

„Das ist nichts“, sagte mein Vater und zog ein Schöllchen Roheisen aus dem Sack. Das war rostfarbig und durchlöchert wie ein Schweizerkäse.

„Wenn's auch nicht so glänzt wie das deinige, es ist doch mehr. Aus diesem Ding – heb einmal, wie schwer es ist! – kann man seine Werkzeuge machen, die wie Spiegel funkeln. Du sollst mir auch noch das Tüchtige vom Schimmernden unterscheiden lernen." Nun gingen wir in den Marktflecken Kindberg hinein.

Wir hörten an allen Ecken die Hämmer pochen, und auf der Straße fuhren schwarze Kohlen- und Roheisenwagen, aber auch fertige Eisenwaren in Kisten, Fässern und Strohgewinden sahen wir schleppen die weiße Reichsstraße entlang gegen Graz und gegen Wien.

Im Brauhaus bekränzten sie das bogenförmige Einfahrtstor mit Tannenreisig und schmückten es mit Fahnen, mit Hämmern, Hacken und Zangen. Mein Vater fragte, was das bedeutete. Ja, morgen hätten die Schmiede hier einen Ball, sagte der Brauknecht.

„Den eigentlichen Ehrentag des Schmiedehandwerks, den feiern sie doch erst zu Jakob!" meinte mein Vater.

Das sei schon richtig – doch zur selben Zeit sei etwas anderes, da hätten die Schmiede einen zwei Wochen langen Feiertag, da täten sie nichts als gut essen und trinken, tanzen und scheibenschießen, und da kämen die Hammerherren von weit und breit, um Schmiede zu werben für das nächste Jahr. Die Geworbenen kriegen den Leihkauf (Handgeld) auf die Hand und werden zum nächsten Silvester durch aufgeputzte Wagen oder Boten an ihren neuen Werksort gebracht. Vom Werksherrn kriegen sie nebst dem vereinbarten Jahrlohn auch die Kost; der Essenmeister speist gar mit der Herrschaft. „Ich weiß das alles", versetzte mein Vater dem gesprächigen Brauknecht, „aber meines Buben wegen ist's mir lieb, daß du's erzählst, der ist schon alt genug, und wenn er gleich Bauer bleiben wird, so schadet es ihm nicht, daß er auch anderer Stände Arbeit und Brauch kennenlernt. Ich hab ihn darum vom Berge herabgeführt."

„Und bei solchem Schmiedefest", erzählte der Mann weiter, „da kommen sie halt zusammen, jeder, der's hat, im Steirergewand, jeder eine kecke Feder oder einen Gamsbart am Hut, jeder eine schwersilberne Uhrkette mit Talerbehängseln an der Brust, jeder eine volle Geldtasche im Sack, jeder sein Mädel am Arm. Schmetternde und trommelnde Spielleute voran, so ziehen sie ins Wirtshaus zum Trunk, zum Tanz und zu anderer Lustbarkeit. Da darf sich kein Bürgerssohn, kein Bauernbursch, kein Holzknecht blicken lassen; denn diese Eindringlinge spotten die Schmiede ob ihrer Schwerhörigkeit, ob ihrer Kröpfe und dergleichen, und ihr Trachten geht dahin, den Hammerschmieden die Dirndlein wegzunehmen. Den Schmieden gehört der Tag und der Marktflecken, und die Leute lassen' sich's gefallen – es springt Geld um. So kohlrabenschwarz sie am Werktag sind, die Schmiede“, schloß der Brauknecht, „am Sonntag gibt's keine hochmütigeren Menschen als diese Rußteufel. Und sind doch so viel Gaggen (Halbkretins) dabei!“ War aber nicht so arg.

Schon jetzt, als wir dastanden und das geschmückte Haustor bewunderten, kamen sie herbei von den unteren und oberen Hämmern, um nachzusehen, wie weit die Vorbereitungen gediehen seien, und um gleichzeitig ein Glas Bier durch die Gurgel zu sprengen.

Da kam plötzlich ein Bote gelaufen, rußig im Gesicht, aber weiß vor Straßenstaub an den Beinen. Einen Sturmhut hatte er auf wie Landwehrmänner zu Kriegszeiten. Ein langes Messer hatte er an der Seite baumeln, und schier atemlos war er, als er rief: „Kameraden! Kameraden!“

„Was gibt's?“ fragten sie ihm entgegen.

„Keinen Schmiedeball gibt's! Kein Flanieren und Karessieren gibt's! Jetzt heißt's Messer, Spieß und Säbel schmieden, Kanonen, Kugeln gießen!“

„Ja“, sagten sie, „wer gibt uns dazu das Privileg?“

„Ich!“ rief der Bote. „Denn der Kaiser Ferdinand ist fort. In Wien ist Revolution!“

Als wir zur Schulprüfung geführt wurden

Öfter als zu oft schon ist von der Schule in Krieglach-Alpel erzählt worden, auf welcher ich mehr gelernt hätte als auf allen übrigen Schulen zusammen. Die Wissenschaften und Künste, die ich mir auf dieser Hochschule angeeignet, sind freilich nicht wieder vergessen worden: Lesen, Schreiben und die absolute Gewißheit, daß zweimal zwei vier ist! – Aber das wissen wir alle.

Und doch wollen wir eins darüber plaudern.

Der Holzbauernhof, in welchem der alte Michel Patterer die Alpelschule eine Zeitlang gehalten hatte, lag dreitausendvierhundert Fuß über dem Meere, und so konnte der Mann, welcher sonst nichts weniger als ehrgeizig war, seinem Institut die Bezeichnung „Hochschule“ mit gutem Fuge beilegen. Dieser Michel Patterer war früher ordentlicher Lehrer in Sankt Kathrein am Hauenstein gewesen; weil er es im Jahre 1848 ein wenig mit der neuen Mode hielt – der alte besonnene Mann wird gewußt haben, warum –, so wurde er von der kirchlichen Behörde kurzerhand abgedankt und langen Fußes davongejagt. Der alte Mann kam nach Alpel, um sich durchzubetteln, allein die Alpler Bauern standen zusammen und sagten: „Bettler haben wir ohnehin zu viele, aber Schulmeister haben wir keinen, und dahier keinen gehabt, seit die Welt steht. Machen wir ihn zum Schulmeister, unsere Kinder sollen Lesen und Schreiben lernen; nützt's nichts, schadet's nichts."

Der Michel blieb in Alpel und ging mit seinen Wissenschaften hausieren von Hof zu Hof. Je eine Woche lang wurde die Schule in einem und dem anderen der dreiundzwanzig Höfe abgehalten, wo die Kinder der Gemeinde in der Gesindestube zusammenkamen, sich um den großen Tisch setzten und lernten. Wenn die Bäurin kam, um auf dem Tische ihren Strudelteig auseinanderzuziehen, oder das Gesinde, um Mittag zu essen, mußte freilich der Tisch geräumt werden. Die Kinder gingen hinaus, aßen ihr mitgebrachtes Stück Brot; der Schulmeister setzte sich zu den Knechten und Mägden und tat etwas, wozu damals nicht jeder Schulmeister das Talent hatte – er aß sich satt. Außer der Schulzeit machte er sich in dem betreffenden Hofe auch noch dadurch nützlich, daß er Streu hackte, Heu machen oder Dung führen half und dergleichen. Dabei hatte er stets die ruppige braune Lodenjacke am Leibe, die er vom Grabenbauer geschenkt erhalten, und den Seidenzylinder auf dem Kopf, den ihm der alte Dechant zu Birkfeld einmal verehrt hatte in früheren Tagen. Lachen und weinen muß ich, so oft ich des guten Michel Patterers gedenke; sein Schicksal ist seltsam, und sein Herz war so tapfer und geduldig! Er hatte niemanden mehr auf der Welt als seine Schulkinder, denen er sein Bestes gab, und wenn er zur nächtlichen Stunde draußen in der Heuscheune lag, ein wenig fröstelnd vor Kälte und ein wenig schwitzend vor Sorge um sein nahes hilfloses Alter, da mag er sich wohl gedacht haben: Wie wunderlich geht's doch zu auf dieser Welt!

Eine längere Zeit war die Schule bei dem obenbesagten Holzbauer eingeheimt, und gerade aus jener Zeit habe ich die kleine Erinnerung, die hier erzählt werden soll.

Jahrelang hatte sich um unsere Alpelschule niemand gekümmert, sie war weder anerkannt noch verboten, und da der Mann von der Gemeinde verköstigt wurde, so ging die Sache weiter eigentlich niemanden was an.

Vielleicht doch! – da ist oben im Gebirge ein Mensch mit dem neumodischen Geiste, und der unterrichtet die Kinder! Da kann etwas Sauberes herauskommen! Wie steht's mit der Religion? Werden die Kinder wohl auch zur heiligen Beichte vorbereitet? Zur Kommunion, zur Firmung? – Das müßte man doch einmal näher besehen! – Und eines Tages hieß es: eine große Geistlichkeit kommt nach Alpel, und es wird strenge Prüfung sein!

Der alte Schulmeister sagte nichts dazu, und es war ihm nicht anzumerken, ob er sich fürchtete oder freute.

Indes schlief alles wieder ein, und die „große Geistlichkeit" kam nicht. Hingegen war im Frühherbste desselben Jahres etwas anderes. Als in der Krieglacher Ortsschule zum Schlusse des Schuljahres der Tag der Prüfung nahte, zu welchem stets auch der Dechant aus Spital erschien und andere Geistliche und Schulaufseher und Lehrer aus Nachbarspfarreien, kam unserem Michel vom Ortsschulrate der Befehl zu, er habe sich mit seinen Schulkindern am Tage der Prüfung im Schulhause zu Krieglach einzufinden. Und jetzt ging die Not an. Die Schule in Alpel war während der dringenden Feld- und Wiesenarbeiten geschlossen gewesen. Der alte Michel mußte nun von Haus zu Haus gehen, um die Kinder zusammenzusuchen und ihnen zu sagen, daß sie sich am nächsten Erchtag (Dienstag) beim Holzbauer zu versammeln hätten, hübsch im Sonntagsgewande, fleißig gewaschen und mit gesträhltem Haar, wie als ob sie am Ostertage in die Kirche gingen. Und die Schulsachen mitnehmen. Wir Kinder wußten nicht recht, was das zu bedeuten habe und was das sei: eine Prüfung? Und unsere Eltern wußten es auch nicht. Aber sie meinten, es würde schon was Rechtes sein, sonst wäre vom Sonntagsgewand nicht die Rede. Nur ein alter Kleingütler, der auf den Häusern umherzuklettern pflegte, um den Bauern ihre Strohdächer auszuflicken, hatte über die absonderliche Sache seine Bedenken. – Eine Prüfung! Ob die kleinen Buben etwa schon tauglich wären zu Soldaten gegen die Franzosen! Man dürfe nicht trauen! Wer heutzutage einen kleinen Buben habe, der solle ihn verstecken! – Solcher Meinung waren die Bauern nicht, und der Heidenbauer sagte frischweg: „Wir von Alpel brauchen unsere Buben nicht zu verstecken, wir können sie schon aufzeigen."

Trotzdem gab es unter den Schulkindern etliche, denen das Ding mit der Prüfung nicht ganz geheuer vorkam. Aber an dem bestimmten Erchtag fanden wir uns fast vollzählig ein beim Holzbauer. Es dürften unser achtzehn bis zwanzig Kinder gewesen sein. Der Schulmeister hatte sich auf das allerbeste zusammengetan. Er hatte blank gewichste Stiefel, hatte ein schwarzes Gewand an, welches er von einem ehemaligen Kollegen, dem Lehrer in Ratten, ausgeborgt; sein mageres Gesicht war glatt rasiert, das dünne graue Haar glatt über den Scheitel zurückgekämmt. Am Halse stand sogar ein schneeweißer Hemdkragen hervor, ähnlich der Halsbinde eines Geistlichen, und als er nun auch den fast ganz glatt gebügelten Zylinder auf das Haupt setzte, da dachte ich mir: Mit unserem Schulmeister brauchen wir uns nicht zu schämen.

Wir hatten jedes zu Hause je nach Umständen unser Frühstück verzehrt, und nachdem der alte Michel das seine vielleicht nur aus der braunhornernen Dose genommen, machten wir uns auf den weiten Weg nach Krieglach. Unterwegs durch die Wälder gab der Schulmeister mehrere Verhaltungsmaßregeln aus: die hohen Herren höflich grüßen, beim Namensrufe sogleich aufstehen (in der Alpelschule blieben wir nämlich beim Ausgefragtwerden sitzen), auf die gestellten Fragen hübsch laut und deutlich antworten; wenn wir was geschenkt bekämen oder gar in Häusern zum Essen geladen würden, fein artig sein und Schön' Dank sagen! Und halt so weiter. Ob von den Prüfungsgegenständen selbst die Rede war, daran kann ich mich nicht erinnern; der Schulmeister schien der Sache sicher zu sein.

Das Wetter war trüb, nebelig, frostig; ohne eigentlich zu regnen, troff es von den Bäumen. Vor dem Orte Krieglach zu Sandbühelkreuz gekommen, wo im Tale das Dorf stattlich vor uns ausgebreitet lag, machten wir halt. Der alte Michel riß Sauerampferblätter ab, um einzelnen der Kinder damit die Schuhe zu reinigen, und auch wo es sonstwo und wie an uns auszubessern und fürsorglich zu schlichten gab, tat er's. Waren ja doch die allermeisten von uns, besonders die Dirndln, das erstemal in der weiten Welt und sahen einem äußerst ungewissen Schicksale entgegen. Enge aneinandergeschlossen marschierten wir hinter unserem Schulmeister drein durch das große Dorf und der Kirche zu, neben welcher das Schulhaus stand. Das war ein anderes Schulhaus, als wir deren in Alpel hatten, das stand mit seiner doppelten Fensterreihe da wie ein Schloß, und jedes Fenster war so groß, daß ein Reiter auf hohem Roß ganz bequem durch dasselbe aus und ein reiten hätte können. Wir durften aber nicht einmal bei der Tür hinein. Denn davor stand eine kleine alte Frau mit Brillen auf der Nase, diese schaute uns prüfend an und sagte, wenn wir die Kinder aus Alpel wären, so sollten wir uns in die Brennholzhütte hineinsetzen und warten, die Herren hätten eben die Dorfkinder in der Arbeit; wenn sie mit diesen fertig wären, würden wir schon gerufen werden. Als wir drin waren, schlug sie das Lattentor hinter uns zu, so daß es spielte, als wären wir eingesperrt.

Im Schoppen waren aufgeschichtete Scheiterstöße, darauf setzten wir uns und waren recht kleinlaut. Der alte Schulmeister war immer unter uns. Er sagte gar nichts, schnupfte aber sehr oft aus seiner Dose. Nach einer Stunde beiläufig, als unsere Beine schon steif und unsere Nasen schon blau gewesen waren, hörten wir vom Hause her ein lebhaftes Getrampel, als ob ein Schock Ziegen über die Stiege liefe. Bald darauf stoben die freigewordenen Dorfkinder auseinander, und wir sahen, wie viele derselben schöne Sachen bei sich hatten, die sie betrachteten und einander zeigten. Da hatten sie Bildchen, rotgebundene Büchlein mit Goldschnitt und in Seidenmaschen gefaßte Silbermünzen. Unser Schulmeister sagte eins, daß solches die Prämien wären, womit die fleißigen Schüler bei der Prüfung beteilt würden. Er deutete nicht an, ob etwa auch uns derlei bevorstünde, für uns gewann aber die bevorstehende Prüfung nun ein anderes Ansehen. Wir wurden gerufen.

Ehrerbietig und leise schritten wir die Treppe hinauf und in das Zimmer hinein. Das war sehr groß und weiß und licht und hatte Bankreihen und roch nach Kindern. Und an der Wand stand eine Kanzel mit Bücherstößen. Und daneben am Schragen lehnte eine große schwarze Tafel, auf welcher noch die Kreideziffern einer Rechnung standen. Beim Anblicke der Zahlen ward mir sofort übel, denn so sehr ich die Buchstaben stets geliebt, so sehr habe ich die Ziffern von jeher gefürchtet. Wir setzten uns auf Befehl stolpernd in die Bänke und packten unsere Schulbücher und Schiefertafeln aus. Der alte Schulmeister war nahe an der Türe stehen geblieben, hatte unsere Ordnung gemustert und machte nun, als die Herren hereintreten, eine tiefe Verbeugung. Die Herren waren freilich danach. Da war ein schlanker ältlicher Priester in schwarzem Talar – der Pfarrer von Krieglach; dann ein junger, ebenfalls schlanker Geistlicher mit einem sehr ernsthaften Aloisiusgesichte, das war der Kaplan; hernach ein wohlbeleibter, rund- und rotgesichtiger Herr mit einer recht großen Glatze – das war der Dechant aus Spital am Semmering. Ferner noch mehrere Herren in schwarzem Gewande und mit dunklen und roten Bärten und funkelnden Augengläsern. Sie musterten uns mit scharfen Blicken, und einer oder der andere zuckte wohl gar ein wenig die Achseln, gleichsam als bedauerte er, solche arme Hascherln so weit hergerufen zu haben für nichts und wieder nichts. Denn es waren gar kümmerliche Figürlein und gar einfältige Gesichtlein unter uns. Man könne sich's ja denken, flüsterte einer der Herren zu seinem Nachbar, wenn die Kinder aufwachsen wie die Tiere im Walde, und ein solcher Lehrer dazu! Man könne sich's denken. Da war unter den würdigen Herren auch ein kleiner dicker

Kumpan mit stets zwinkernden Äuglein und schmunzelnden Lippen. Er war, soviel ich weiß, ein Gerbermeister und „Schulvater"; er war genommen, um bei der Prüfung auch sein Gewicht geltend zu machen. Dieser nun trat alsogleich vor, nahm einen Jungen der ersten Bank aufs Korn und fragte ihn: „Wieviel hat dein Vater Kinder?"

„Mein Vater hat sieben Kinder", antwortete der Kleine.

„Und wieviel hat dein Vater Finger?"

„Mein Vater hat zehn Finger."

„Falsch", rief der dicke Schulvater, „wenn dein Vater sieben Kinder hat, so hat er wahrscheinlich achtzig Finger."

Auf das gab's ein paar laute Lacher, der gefragte Schüler aber schaute verblüfft drein.

Der Fragesteller wandte sich zur zweiten Bank. „Jetzt will ich dem sauberen Dirndl dort eine andere Aufgabe geben. Wenn auf einem Kirschbaum zehn Gimpel sitzen, und ich schieße einen herab, wie viele bleiben oben?"

Das Mädchen stand auf und antwortete: „So bleiben neun oben."

Zog der „Schulvater" ein sehr schlaues Lächeln und sagte: „Ich glaube, es wird gar keiner oben bleiben, denn die neun übrigen werden davonfliegen."

Jetzt trat der alte Michel ein paar Schritte aus seinem Hintergrund und, mit gefalteten Händen gegen den Fragesteller gewendet, sagte er sehr demütig: „Wenn ich recht schön bitten dürfte, die Kinder nicht verwirrt zu machen!"

„Ich meine, daß wir in der Schule sind", nahm nun der Dechant ernsthaft das Wort, „und weil wir gerade auch beim Rechnen sind, so will ich den dort, den Kleinen mit dem roten Brustfleck fragen."

Der Kleine mit dem roten Brustfleck war ich.

„Paß nur einmal auf, mein Kind", sagte der Dechant. „Ein Bauer hat einen Taglöhner, dem er für den Tag sechsunddreißig Kreuzer Lohn gibt; wieviel Gulden Konventionsmünze wird er ihm für die Woche schuldig?"

„Wenn der Bauer", begann ich abzuhaspeln, „dem Taglöhner sechsunddreißig Kreuzer gibt, so wird er ihm in der Woche schuldig – in der Woche schuldig – – " Ich weiß es noch genau, wie mir in jenem Augenblicke zumute war. Als ob ich auf einer sehr hohen Leiter stünde, welche zu schaukeln beginnt. Der alte Michel ruft mir noch zu: „Halt dich fest!“ Aber ich sehe und taste keine Sprossen mehr, alles um mich wird blau und voll kreisender Sterne, ich stürze. – Als ich wieder zu mir kam, hörte ich nur, wie unser Schulmeister entschuldigend sagte: „Das ist halt von den Schwächeren einer.“

Ich setzte mich nieder.

An derselben Frage bissen sich noch ein paar andere die Zähne locker. Der eine antwortete, der Bauer würde dem Taglöhner für die Woche drei Gulden sechsunddreißig Kreuzer schuldig; der andere behauptete, der Lohn für die ganze Woche mache vier Gulden zwölf Kreuzer. Endlich stellte es sich heraus, daß beide recht hatten, nur daß letzterer von der Sonntagsruhe Umgang nahm. Diesen fragte daher der Pfarrer von Krieglach ziemlich scharf: „Wie lauten die zwei ersten der Kirchengebote?“

Rasch antwortete der Schüler: „Erstens, du sollst den Feiertag heiligen, zweitens, du sollst die heilige Messe mit gebührender Andacht hören.“

„Nun also! Da gibt's doch keinen Taglohn! – Jetzt möchte ich von deinem Hintermann hören, wieviel bei den bethlehemitischen Kindermorden der König Herodes Mädchen töten ließ?“

Der Hintermann war wieder ich, aber diesmal kam er mir recht.

„Mädchen gar keins“, war meine Antwort.

„Nun, wie kannst du mir das beweisen?“

„Ich kann's beweisen damit, daß der Herodes nur Knaben aufsuchen und töten ließ, weil er den kleinen Jesus umbringen wollte.“

„Ah, vortrefflich!“ riefen mehrere. Und der Pfarrer sagte gegen den alten Michel gewendet: „Das ist eine Antwort, die ich von Ihrer Schule nicht erwartet hätte.“

Der alte Mann verneigte sich und sagte: „Religion macht den Kindern die meiste Freude. Ich lasse halt das Evangelium lesen und was sie von selber nicht verstehen, das erkläre ich ihnen durch Beispiele.“

„Du, Schwarzäugige, dort unten“, rief jetzt wieder der Dechant drein: „Wie oft soll der katholische Christ beichten?“

„Der katholische Christ soll jährlich wenigstens einmal beichten und zur österlichen Zeit das heilige Sakrament des Altars empfangen.“

Auf dem Gesichte des „Schulvaters“ war die spöttische Miene gänzlich vergangen.

Nachdem in der Religion noch mehrere Fragen klipp und klar beantwortet worden waren, ließ der Pfarrer aus dem Lesebuch ein Stück biblischer Geschichte des Alten Testaments laut lesen, jeden durch die Bank nur wenige Sätze. Das ging flott, und die Herren schauten einander nur so an.

„Wieviel haben Sie in Ihrer Schule Klassen?“ fragte der Dechant unseren Schulmeister.

„Eigentlich nur eine, oder gar keine“, antwortete dieser. „Ich teile nicht ab. Wir arbeiten halt fort, bis sie lesen, schreiben und ein bißchen rechnen können.“

Nun verlangte man, daß wir unsere Tafeln zum Schreiben bereit machten. Der Dechant gab folgendes Diktat: „Der Geist des Herrn wich von Saul und ließ einen bösen Geist über ihn kommen, der ihn plagte. Und siehe, Saul erschlug Tausende und David Zehntausende, denn mit David war der Segen Jehovas.“

Das Diktando war durchgehends fast fehlerlos, nur mir passierte anstatt des heiligen Namens ein dummes „J. Hofers“, was sie aber wieder damit entschuldigten, daß ich einer der Schwächsten sei. Die Schriften der übrigen waren so, daß die Herren untereinander sagten: „In der vierten Klasse einer Bürgerschule selbst wäre ein solches Resultat glänzend zu nennen!“

Unser alter Schulmeister stand immer gleich demütig in seinem Hintergrunde.

„Aha, die hat's doppelt!“ sagte der Pfarrer plötzlich, als er die Schiefertafel eines Dirndls umgewendet hatte und dieselbe dem Dechanten hinhielt. Die kleine Eigentümerin stand auf und sagte: „Das andere gilt heute nicht, das ist noch von der Schul her.“

„Wollen einmal sehen, was ihr in eurer Schule für ein Diktando habt“, sprach der Dechant und las laut die Schrift auf der Rückseite der Tafel: „Edel sei der Mensch, hilfreich und gut, das allein unterscheidet ihn von anderen Geschöpfen.“

Sie neigten die Köpfe, und der Dechant murmelte: „Nicht übel! Nur schade, daß es vom alten Heiden ist.“

Damit war die Prüfung beschlossen. Die Herren hatten sich zusammengestellt und sprachen leise miteinander. Der Pfarrer schüttelte die Achseln und machte mit den ausgebreiteten Händen eine Geste, die wir erst verstanden, als er sich zu uns wendete und sprach: „Liebe Kinder! Wir sind mit euch sehr zufrieden. Es sind euch auch Prämien vermeint, aber ihr müsset warten, wir haben heute schon alle ausgegeben, sie werden euch nachgeschickt werden. Fahrt nur so fort, lernt fleißig und vergesset die Gebote Gottes und die Gebote der heiligen Kirche nicht."

Und dann konnten wir gehen. Der alte Michel machte vor den Herren noch seine ehrerbietige Verneigung und ging mit uns. An der Tür soll ihm im Vorübergehen der „Schulvater" ins Ohr geraunt haben: „Die Prämiierten haben es nicht halb so gut gemacht!"

Hernach standen wir auf dem Kirchplatze noch ein bißchen so herum; endlich fand unser Schulmeister, daß es Zeit sei, den Heimweg anzutreten. Die Wohlhabenden gingen noch in den Bäckerladen um je eine Semmel, wir anderen erquickten uns unterwegs an frischen Quellen und stellten Mutmaßungen an, wann wir die Prämien nachgeschickt erhalten, und worin sie bestehen würden. Der alte Schulmeister nahm aus seiner Dose eine Prise um die andere und schwieg.

Auf die Prämien warten wir noch heute.

Als ich Eierbub gewesen

Meine Mutter hatte im Hofe gewöhnlich drei Hühner gehabt. Waren ihrer bisweilen vier, so beklagte sich der Vater, daß dieses Gefieder zu viel Korn fresse, und gab es gar einmal fünf, dann war schon die Rede vom „schnurgeraden Abhausen", weil die Hühner alles Gesäme auskratzten und vernichteten. So manchmal gab es im Hofe etwas wie einen Hühnerkrieg. Als je schädlicher der Vater dieses flatternde Getier für die übrige Wirtschaft erklärte, je fester mußte die Mutter auf das Vorrecht der Bäuerin bestehen, sich Hühner zu halten. Denn die Eier waren zumeist ihre einzige Einnahmsquelle, von der sie einen Teil ihrer Kleider bestreiten mußte, überdies damit auch noch kleinere Bedarfe für die Kinder anzuschaffen hatte. Doch was der Vater nicht erreichte, das tat der Fuchs, der Iltis, die bisweilen den Hühnerkäfig ausleerten bis auf einige Federn und Knöchlein. Da gab's dann ein großes Klagen, und wenn dabei die Mutter gar mit der Schürze über die Augen fuhr, war der Vater allemal der erste, der von einem Nachbarhofe Hühner heimbrachte mit der Tröstung, daß der Nachbar im Bedarfsfalle auch den Hahn zur Verfügung stellen wolle.

Die gewöhnlichen drei Hühner nun waren das Kapital der Mutter, das im Frühjahr bis in den Sommer hinein höhere Zinsen trug, als heutzutage irgendeine neugegründete Aktienunternehmung bei allem Optimismus in Aussicht stellt. Das möchte ich gerne sehen, wie in unserer Zeit die Steuerbehörde hüpfen würde, wenn ihr ein Denunziant beibrächte, daß in irgendeinem Bauernhause drei wohlfeile Hühner im Monat um einen Gulden Eier legen! Welch hundertfältige Verzinsung! Da kann man ja die hochnotpeinliche Schraube anlegen! – Leider versiegte die Eier- und Steuerquelle allemal schon nach wenigen Monaten. In übriger Zeit machten die Hühner sich nur bemerkbar, da sie in Küche und Stube auf allen Kästen und über allen Töpfen herumflatterten, im Garten Gruben auskratzten und dann von vorbeikommenden Jagdhunden manchmal unter schrecklichem Gegacker bis auf die Dachfirste gescheucht wurden. In fruchtbarer Zeit war dem brummenden Vater der Mund leicht mit einer Eierspeise verstopfbar, aber in den vielen eierlosen Monaten des Jahres mußte die Mutter dann ihre ganze Beredsamkeit aufbieten, um die Hühner zu rechtfertigen. Die Hühner brächten Glück ins Haus, sagte sie einmal, die Hühner seien ein Gottesschutz gegen Seuchen und Blitzschlag und sie wären nach altem Glauben auch die Friedensvögel. – Das war auf dem Geleise des „alten Glaubens“ um ein Wort zu weit gegangen, denn eben zankten sich die Hühner um ein paar Haferkörner, die auf dem Boden verstreut lagen; eine suchte die andere zurückzutreiben, so pickten sie sich gegenseitig mit dem Schnabel, schlugen unhold mit den Flügeln um sich, sprangen mit scharfen Krallen eine auf die andere und machten ein ohrenzerreißendes Gekreische. – „Na ja“, sagte die Mutter, während sie mit der Schürze bledernd die kämpfenden Tiere auseinanderscheuchte, „na ja, raufen tun s' freilich auch. Was rauft denn nit auf der Welt? Sogar immer einmal ein Paar Leut, und haben sich doch gern.“

Also war es ihr stets gelungen, die Hühner zu behaupten, bis sie im März wieder anfingen, Ostereier zu legen. Diese wurden als Erstlinge rot gefärbt und dann verschenkt an arme Kinder, die von Hof zu Hof gingen, um Ostereier zu sammeln, und an die Dienstmägde, die mit solchen Eiern wieder junge Burschen erfreuten. In manchen Gegenden bedeutete es geradezu eine Liebeserklärung, wenn das Mädel dem Buben ein rotes Osterei schenkt. Das berechtigt den Burschen übrigens einzig nur, des Abends manchmal ans Fensterlein zu kommen, um ihr „gute Nacht“ zu sagen. Die Burschen pflegten die geschenkten Eier zu benützen, um untereinander zu „dutschen“. Da werden die Spitzen der

Eier aneinander gedupft; der, dessen Ei ganz bleibt, hat das zerbrochene damit gewonnen, es wird sofort verzehrt. Ein anderes Eierspiel besteht darin, daß einer das rote Ei hinhält, es mit der geschlossenen Hand so weit verdeckend, daß nur eine kleine Fläche offen bleibt. Ein anderer schleudert nun zielend eine kleine Münze darauf hin. Trifft diese die Fläche und bleibt sie im Ei stecken, so gehört es ihm, trifft die Münze nicht, so gehört diese dem Eigentümer des Eies. Ein weiteres Gesellschaftsspiel ist das Eiersuchen. Die Mädchen verstecken Eier in Winkeln, unter Stroh, Busch und dergleichen, und die Burschen müssen dann suchen. Wer eins findet, glaubt bisweilen nicht bloß Eigentümer des Eies zu sein, sondern auch derselben, die es versteckt hat. Sie meldet sich aber nur, im Falle der Bursche recht nett ist. Ansonsten will keine hinter dem gefundenen Ei stehen und der Finder „ist der Narr, frißt den Dotter samt dem Klar". – Mein Vater hat solche Eierspiele zwischen Burschen und Dirndlein nie gern gesehen. Tat man s' aber hinter seinem Rücken, so ward es oft noch bedenklicher.

Waren die Ostern endlich vorüber, dann kam die Zeit der Ernte. Meine Mutter hatte einen semmelgelben Korb mit Henkelreifen. Manchmal am Sonntage füllte sie diesen Korb mit Eiern, streifte den Henkel über den Arm und trug ihn ins Mürztal zum Verkaufe. In den Jahren aber, als die Mutter kränklich war, mußte ich der Eierbub sein. Alle Monate ein- oder zweimal wurde der Korb voll; ich, der zehn- oder zwölfjährige Junge, trug ihn über Berg und Tal nach Krieglach, wo die festen Abnehmer waren, als: die Frau Bürgermeisterin, die Frau Lebzelterin, die Frau Wirtin und die Frau Bäckin. Zwei Kreuzer für das Ei, das war der Preis, keine gab mehr, keine weniger. Nur dazu noch einen „Tragerlohn", der bei einem vollen Korbe in einer Schale Kaffee bestand oder in einem Gläschen Wein oder in einer Semmel. Die Frau Bürgermeisterin gab fast allemal ein Silbergröschlein, weshalb ich den Korb am liebsten zu ihr trug. Der Nachteil war nur, daß ich an solchen Tagen auf der ganzen Wanderung nichts zu essen hatte, weil die Gröschlein für Bücher und Schreibpapier zusammengespart wurden. Daß dem kleinen, kleberen Waldbauernbuben eine Semmel oder eine Schale Milchkaffee besser bekommen hätte als das „Ägyptische Traumbüchel" oder „Die Geschichte der heiligen Monika" oder ein Roman von Eduard Breier, das wollte ich heute schier meinen. Meine damalige Weisheit ging darauf hin, daß man morgen nichts mehr hat von den Schätzen, die man heute verspeist, weshalb man daher die Sachen nicht verspeisen soll, sondern sie für was Beständiges verwenden. Daß eine solche Weisheit allmählich recht mager machte, davon mag dieser Eierbub ein Beispiel gewesen sein. Manchmal bekam ich in Krieglach auch Bücher geborgt. „Bin froh, wenn sie mir weggelesen werden“, sagte die alte Lebzelterin und öffnete mir ihren Dachboden. Er war eine untereinandergeworfene Sammlung von alten Geschichtenbüchern, Gedichtesammlungen, Reisebeschreibungen, Kalendern, Mode- und Theaterzeitungen, Anekdotenschätzen usw. Aus diesem Gelaß, das ich nach Herzenslust beherrschen durfte, ist mir im Laufe der Zeit so viel Geist und Weisheit entgegengeströmt, daß ich fast verrückt geworden bin. Wie ich den Korb voll Eier austrug, so trug ich ihn voll Bücher heim. Den Korb an den Arm gestreift, in einem Buche lesend, so trottete ich über Berg und Tal dem Waldhause zu, und wenn ich etwa einmal stark stolperte, so war ja nun keine Gefahr dabei. Die gelesenen Sachen mengten sich im Kopfe ohnehin zu einem so fabelhaften Weltgetrödel durcheinander, daß sie durch ein wenig Schütteln nicht leicht noch ungeheuerlicher werden konnten. Öfter geschah es auch, daß ich für das gelöste Eiergeld häusliche Notwendigkeiten einkaufen mußte und der Korb mit Band und Zwirn, Kerzen, Salz und dergleichen sich füllte. So war ich das merkantile Organ des Waldhauses geworden zur allseitigen Zufriedenheit. Da kam über den Eierbuben einmal das Verhängnis.

Als ich mit meinem reichlich gefüllten Eierkorb eines Tages wieder einmal auf der Waldstraße ging gen Krieglach hinab, holte mich der Jungfuhrmann Blasius ein mit seinem flinken Rößlein. Da er sah, wie sehr weich und behutsam ich voranschritt, erstens der Eier wegen und zweitens der steinigen Straße halber, deren scharfe Splitter mich in die Barfüße stachen, so hielt der Blasius seinen Wagen an und sagte, ich dürfe aufsitzen.

„Es ist ja schon wer im Wagen“, lachte ich.

„Der liegt“, antwortete er. Denn es war ein abgestochenes Kalb, das er zum Fleischhauer führte. Ein unterhaltsamer Fahrgast war das nicht, aber ich setzte mich zu ihm. Das Kalb schaute mich mit seinen großen, pechschwarzen Augen gleichgültig an, als ich mich so zwischen seine vier ausgestreckten Beine hinschob und den Eierkorb daneben aufs Stroh setzte.

„Hat's dich denn nit derbarmt, Blasius, weil du es hast abgestochen?“

„Gerad weil's mich derbarmt hat, hab ich's abgestochen“, sagte er. „Lebendigerweis auf dem Wagen zum Fleischhacker schleppen oder gar mit einem Hund hetzen, und am End bleibt's ihm doch nit erspart, nur daß es der Fleischhacker vielleicht viel dümmer macht. Da hab ich 's Messer lieber gleich selber hineingeschoben. In zwei Minuten ist's hin gewesen.“

Kaum er's gesagt, bewegte das Kalb den Kopf – es war aber nichts als das Schütteln des Wagens. Der Blasius ließ das Zeug flink vorangehen; mir tat das Sitzen auf dem hüpfenden Wagen sehr wohl. Da kam mir allmählich der Gedanke, es dürfte nicht ungeschickt sein, den Eierkorb auf den Schoß zu nehmen. Aber es war schon zu spät. Die schleimige, gelbliche Flüssigkeit sickerte hervor durch alle Spalten des Korbes.

Auf mein Klagegeschrei riß der Blasius sofort die Halfter zurück.

„Ein Pfund Fleisch hätt ich sollen heimbringen für meine kranke Mutter, und ein Pfund Reis und drei Semmeln, und jetzt ist das Eiergeld hin!"

Der Fuhrmann schaute auf die Bescherung und schwieg.

„Wart, Bübel, das wollen wir gleich machen", sagte er endlich und langte um seinen Geldbeutel.

„Oha!" rief er überrascht, denn das lederne Säcklein mit dem roten Bindriemen war leer. „Macht nichts, ich geb dir meine Taschenuhr. Der Knödel geht eh nix nutz, aber ein paar Gulden ist das Glump noch wert. Verkauf sie in Krieglach und kauf Fleisch für deine Mutter. Fleisch da aus dem Kalb schneiden, wenn wir könnten! Ist eh dumm, daß wir Kalbfleisch hinführen, das Pfund nit teurer als etwa fünfzehn Kreuzer und dort mußt du's sicher um zwanzig zahlen."

„Ich kann von dir nichts verlangen, Blasius. Die Eier sind wegen meiner Leichtsinnigkeit zerbrochen."

„Dummes Zeug! Der Wagen hat sie zerschüttelt, und wenn ich dich nit auf den Wagen steigen hätt heißen, so wär den Eiern nix geschehen. Ich bin schuld, seh, da hast die Uhr!" Ich nahm sie leihweise, und wir fuhren weiter.

Als wir zur Seßlerschen Kohlenbrennerei kamen, wo neben einer verfallenden Hütte zwei Meiler dampften, hielt der Blasius wieder an. Er stieg ab, nahm den triefenden Korb und rief durch die offene Tür in die finstere Köhlerhütte hinein: „Susanna! Hörst du? Bist daheim, so komm heraus, und bist nit daheim, so sag's. Bis wir nach vier Stunden zurückkommen, sollst du uns eine Strauben (Eierkuchen) backen."

Daß aus einer kohlrabenfinsteren Hüttentür ein blühröserlrotes Dirndlgesicht hervorgucken kann, sollte man sich nicht denken.

„Eine Strauben?" fragte sie zurück. „Hast Eier?"

Der Jungfuhrmann hielt ihr den Korb entgegen. Sie schlug die Hände zusammen: „Aber Jesseles na! Was habts denn da angstellt?“ Sie kam mit einer blumigen Tonschüssel und schüttete das Gemenge hinein: Klar, Dotter, Schalen, alles durcheinander. Es hatte in der Schüssel nicht Platz, sie füllte auch noch einen Milchtopf. Und wurde es festgemacht: nach vier Stunden kommen wir, die Strauben zu essen. Es fanden sich noch Eier, denen nichts geschehen war, diese nahm ich im Korbe wieder zu mir, und so fuhren wir weiter talabwärts.

In Krieglach angekommen, nahm der Blasius seinen Weg zum Fleischhauer, ich ging mit meinem Korb zur Bürgermeisterin. Da sie sich verwunderte über die geringe Anzahl der Eier, die ich heute brachte und wohl auch die Spuren des Mißgeschickes sah, erzählte ich ihr das Malheur.

„Ja“, lachte die Frau, „Bübel, da hast heut ein gutes Lehrgeld gezahlt. Jetzt wirst dir's wohl merken, daß man den Eierkorb nicht in einen Kälberwagen hinstellt.“

Da der Erlös für die Eier durchaus nicht reichen konnte für ein Pfund Kalbfleisch und für ein Pfund Reis und drei Semmeln, so zog ich die Sackuhr aus der Tasche und fragte, was die Frau dafür geben wolle. Die Uhr gehe zwar nicht, weil sie das Fahren gewohnt sei, aber sie koste drei Gulden, mindestens zwei. Wenn der Frau das zu viel sei, so sei sie auch um einen Gulden zu haben, oder wie viel man halt dafür geben wolle.

Das kam der Frau nicht recht vor, sie rief den Bürgermeister. Der kam aus seiner Kanzlei heraus, setzte sich auf der breiten Stumpfnase die Hornbrille zurecht und fragte kurz und schneidig: „Bub, woher hast du diese Uhr?“

Erschrocken stotterte ich, ein Fuhrmann hätte sie mir geschenkt. „Das ist nicht wahr. Fuhrleute schenken keine Uhren. Du bleibst da, bis wir wissen, von wem du die Uhr hast!“

Die Bürgermeisterin wollte besänftigen, doch der Herr war überwältigt von seinem Richterberufe, er ließ schon den Gemeindediener rufen, der mich in den Kotter stecken sollte. – Es ist gefährlich, jetzt vor den Fenstern den Blasius vorbeifahren zu lassen, weil in solchen wahrhaftigen Erzählungen der Zufall nie eine zu auffallende Rolle spielen sollte, aber er fuhr doch vorbei. Erstens, weil der Blasius bei seinem Fleischhauer schon fertig war, und zweitens, weil die Straße da vorüberkam. Wie glaubte ich es der heiligen Kirche, daß Sankt Blasius ein Nothelfer ist, wie rief ich ihn an durch das Fenster. „Blasius, komm herein und sag, von wem ich die Uhr hab!“

Da hat sich denn rasch und schön alles aufgeklärt. Und als die Frau Bürgermeisterin hörte, alles sei darum, daß die kranke Mutter daheim Fleisch, Reis und Semmeln bekomme, rief sie lebhaft, das hätte ich gleich sagen sollen, und gab Geld her. Abzahlen sollte ich es mit Eiern, recht langsam und kleinweise, daß es mir nicht weh täte.

So steckte der Blasius seine Uhr wieder ein, ich ging ins Dorf, um meine Einkäufe zu machen, und dann setzten wir uns auf den nun leeren Wagen und fuhren heimwärts.

Der Korb stand unter den Füßen, und nun vertrug er die Püffe und Stöße ohne alle Gefahr. Der Jungfuhrmann fragte mich, was beim Fleischhauer das Pfund Kalbfleisch gekostet hätte.

„Fünfunddreißig Kreuzer."

„Was sagst du? Fünfunddreißig das Pfund? Fünfunddreißig Kreuzer, sagst du? Und mir hat er's am Kalb um vierzehn abgedruckt, das Pfund. Ist das ein Lump! Der ist ja für den Galgen zu schlecht! Und hat mir nicht einen Kreuzer ausbezahlt. Weil ich ihm schuldig bin gewest. Fünfunddreißig hast du ihm geben müssen für das Batzel? Und noch ein Knochen dabei. Sind doch Erzräuber, diese Fleischhacker, diese gottverfluchten Wuchererbuben, diese kreuzweis verdammten!"

Mit heiligem Schauder blickte ich auf. Als ob ein wildes Wetter mit Blitz, Donner und Hagel vom Hochgebirg herabkäme, so schreckbar erhaben kam mir dieser Fluch vor. Bei uns daheim wurde so was nie gehört. „Sapperawold nohamol!" war schon der höchste Zornesruf, dessen mein Vater in den widerwärtigsten Momenten fähig war. Später freilich habe ich die Fleischer noch ganz anders verfluchen hören, und man kann begierig sein, wie es diesen feisten Leuten ergehen wird am Jüngsten Tage, wenn die Teufel mit ihren neunmalhunderttausend Gehilfen in großen Krenzen (Rücktragkörben) all die Flüche vor den Richter schleppen werden, die je gegen die Fleischwucherer ausgestoßen worden sind. Ein halbdutzend Krenzen dürften allein von den meinen schon voll werden.

Als wir in die Nähe der Kohlenbrennerei kamen, wurde der Blasius sänftiglich. Mit dem Peitschenstab zog er sich von einem Vogelbeerbaume einen Ast nieder, pflückte eine Rispenblüte und steckte sich dieselbe auf den Hut, dann drehte er seinen falben Schnurrbart in Spitzen, was bei den widerspenstigen Haaren, wovon jedes für sich Spitze sein wollte, nicht sonderlich gelang.

Als wir aus der dunklen Hüttentüre den zarten blauen Rauch hervorsteigen sahen, schnalzte der Blasius mit der Zunge. Die Strauben war fertig und lag gleichsam wie ein goldener Turban (deren gab's in meinem Buch von dem Türkenkrieg) auf dem Porzellanteller. Auch überzuckert war er. Das Dirndl hatte sich ebenfalls bereitet, schön die blonden Haare geflochten und eine Steinnelke hinters linke Ohr gesteckt. Ich weiß von ihr nicht viel zu beschreiben, als daß sie wie ein lichtes Röselein in der dunklen Hütte stand. Wir setzten uns um etwas, das sie Tisch nannte, einer nahm die eiserne Gabel zur Hand und begann den stattlichen Kuchen zu zerreißen. Wir aßen mit Andacht und Dank gegen die brave steinige Waldstraße, die den Wagen hatte holpern und die Eier in süßer Wehmut hatte zerfließen gemacht.

Das Köhlerdirndl aß auch mit, und als dann die Abrechnung kam, was wir schuldig wären für das Kochen und für das Schmalz und für den Zucker, schickte der Blasius mich hinaus, um aufzupassen, daß das Pferd nicht davongehe. Weil das Tier ganz ruhig stand, so dachte ich, er habe mich fortgeschickt, um in seiner Großmut die Zeche allein zu bezahlen. Es war vielleicht nicht genauso. Um die Ecke – damals hatte ich noch ein scharfes Ohr – hörte ich folgendes, wenn auch nur geflüstertes Gespräch:

„Wie soll ich dir die Strauben denn bezahlen, Susanna?“

„Ja, das mußt du wissen, wohlfeil wird sie nit sein.“

„Ist dir's derweil genug, wenn ich die Sackuhr da laß?“

„Uh, was brauch ich denn eine Uhr, die nit geht?“

„Weißt, Dirndl, gehen tut gar keine Uhr. Jede muß man tragen.“

„Schau, wie du gscheit bist! Kannst denn so viel Gescheitheit derführen mit deinem Einspänner?“

„Ich tät schon auch lieber zweispännig fahren“, sagte er, und wie mir schien, legte er gleich seinen Arm als Joch um ihren Hals. Nach ihren halblauten Einwänden zu schließen, suchte sie sich einer solchen Zweispännigkeit zu entwinden.

Sprechen hörte ich nichts mehr. An einem der Kohlenmeiler, die neben der Hütte rauchten, war eine Glutstelle offen geworden, aus der Funken stoben. Ich wußte von meinem Vater her, der auch das Köhlern verstand, daß solches nicht sein dürfe, und rief laut: „Köhlerin, das Feuer tut Schaden!“

Darauf sind beide hervorgekommen aus der Hütte, nicht wenig verwirrt und erschrocken darüber, daß der Meiler zu Schaden brenne!

Na, dann gegen Abend, bin ich glücklich nach Hause gekommen. Es war ja soweit alles gut abgelaufen, aber als nach einem Monat wieder der Eiertag kam, habe ich mir doch gesagt: Einem Fuhrmann sitze ich nicht wieder auf!

Hoffentlich hat die junge Kohlenbrennerin nicht einen ähnlichen Vorsatz zu fassen gehabt.